本书为河北省人文社科基地河北经贸大学"金融与企业创新中心"研究成果

本书为河北省社科基金项目研究成果（HB14GL055）

财务困境公司脱困后业绩状况及提升研究

Caiwu Kunjing Gongsi Tuokunhou
Yeji Zhuangkuang Ji Tisheng Yanjiu

和丽芬 何傲帆 薛雪 田甜甜 著

西南财经大学出版社
Southwestern University of Finance & Economics Press

图书在版编目(CIP)数据

财务困境公司脱困后业绩状况及提升研究/和丽芬等著.—成都:西南财经大学出版社,2016.9
ISBN 978-7-5504-2544-6

Ⅰ.①财… Ⅱ.①和… Ⅲ.①企业管理—财务管理—研究 Ⅳ.①F275

中国版本图书馆 CIP 数据核字(2016)第 177192 号

财务困境公司脱困后业绩状况及提升研究

和丽芬 何傲帆 薛雪 田甜甜 著

责任编辑:刘佳庆
封面设计:杨红鹰 张姗姗
责任印制:封俊川

出版发行	西南财经大学出版社(四川省成都市光华村街55号)
网 址	http://www.bookcj.com
电子邮件	bookcj@foxmail.com
邮政编码	610074
电 话	028-87353785 87352368
照 排	四川胜翔数码印务设计有限公司
印 刷	郫县犀浦印刷厂
成品尺寸	170mm×240mm
印 张	12
字 数	220 千字
版 次	2016 年 9 月第 1 版
印 次	2016 年 9 月第 1 次印刷
书 号	ISBN 978-7-5504-2544-6
定 价	78.00 元

1. 版权所有,翻印必究。
2. 如有印刷、装订等差错,可向本社营销部调换。

前　言

财务困境是每个企业在经营过程中都可能会遇到的问题，尽最大努力脱困也是这些公司陷入困境之后的最直接行动。但迄今为止，相关研究和实践更多地聚焦于构建精确的困境预测模型和采取相应措施谋求公司脱困，对公司脱困后业绩提升的研究却寥寥无几。现实中，困境公司脱困策略固然非常重要，然而脱困公司业绩提升更是保证其后续持续健康发展的必要前提。本书以"财务困境公司脱困后业绩状况及提升研究"为题，针对公司脱困之后的业绩状况进行分类追踪，详细对比不同业绩水平脱困公司的重组方式，提出财务困境公司脱困后的业绩优化与提升策略，不仅为脱困公司的业绩提升提供实证借鉴，同时为困境公司股东、管理者和其他利益相关者提供发展思路，并为证券市场监管提供决策支持。本书的主要研究内容包括：

第一，财务困境公司的脱困途径分析。针对财务困境公司脱困途径——重组策略与方式进行分类追踪，分析不同方式的脱困策略实施效果，并对这些方法策略进行分类总结。

第二，财务困境公司脱困后的业绩状况衡量。针对脱困公司的短期市场业绩、长期经营业绩进行衡量，区别不同重组方式对其脱困后业绩影响的差异状况，判断脱困后业绩水平与重组策略之间的关系。

第三，财务困境公司脱困后的业绩提升策略。针对财务困境公司脱困后第1年至第4年的业绩状况进行分类追踪，将其分为业绩良好、业绩中等、业绩较差三组，探求不同组别之间的差异，并实证分析财务困境公司脱困后的业绩提升途径。

本书立足于我国证券市场的ST或*ST公司，基于这些公司摆脱困境后的业绩状况进行分析，力图在以下方面有所创新：①基于不同的脱困方式和重组策略，对脱困公司的市场业绩和经营业绩进行分类别评判，确定不同重组策略与脱困公司业绩之间的关系，为困境公司脱困的行为选择提供思路；②基于盈利、风险、增长三方面进行脱困公司长期经营业绩衡量的指标设计，克服以往主要关注盈利指标的不足，全面反映脱困公司的长期绩效；③针对财务困境公司脱困之后的业绩水平提升进行实证分析，为公司脱困之后的业绩优化与提升提供实证借鉴结果。全书共6章内容和7个具体附录：第1章 绪论；第2章 财务困境公司的脱困策略分析；第3章 财务困境公司脱困后的短期市场业绩；第4章 财务困境公司脱困后的长期经营绩效；第5章 财务困境公司脱困后的业绩提升；第6章 结论与建议；7个具体附录为笔者针对河北省上市公司中曾被ST或*ST公司的财务困境历程、脱困方式及脱困后的业绩分析案例。

  本书为河北省人文社科基地河北经贸大学"金融与企业创新中心"的研究成果，为笔者承担的2014年河北省社科基金项目"财务困境公司脱困后业绩状况及提升研究"（HB14GL055）的成果。河北省人文社科基地河北经贸大学"金融与企业创新中心"基金资助。在撰写本书过程中，我们参考了很多国内外学者的著作和成果，从中获得启发并进行借鉴，在此向这些文献的作者表示衷心感谢。由于我们的水平有限，加之财务困境脱困在我国还是一个比较新的研究角度，直接文献较少，需要后续多方位、多角度的思考，书中难免存在缺陷，希望广大读者批评指正。

和丽芬
2016年6月

目 录

1 绪论 / 1
- 1.1 概念界定 / 1
- 1.2 研究背景 / 3
- 1.3 研究意义 / 4
- 1.4 文献综述 / 5
- 1.5 研究思路与方法 / 7

2 财务困境公司的脱困策略分析 / 9
- 2.1 财务困境公司脱困重组的制度背景 / 9
- 2.2 财务困境公司脱困重组的理论分析 / 14
- 2.3 财务困境公司的脱困重组策略及方式 / 15
- 2.4 理论分析框架 / 23

3 财务困境公司脱困后的短期市场业绩 / 25
- 3.1 摘帽公告效应 / 25
- 3.2 交易量和市场溢价 / 35
- 3.3 多元线性回归 / 39

4 财务困境公司脱困后的长期经营绩效 / 43
- 4.1 经营绩效衡量指标选择 / 43
- 4.2 指标纵向定比分析 / 45

  4.3 指标横向因子分析 / 55

5 财务困境公司脱困后的业绩提升 / 65

  5.1 财务困境公司脱困后的业绩分类分析 / 65

  5.2 财务困境公司脱困后的业绩提升分析 / 70

6 结论与建议 / 78

  6.1 研究结论 / 78

  6.2 相关建议 / 79

  6.3 主要贡献 / 81

附录 / 82

  附录1 ST宝石的重组选择及脱困之路：从ST宝石到东旭光电 / 82

  附录2 宝硕股份的重组脱困之路 / 94

  附录3 东方热电的财务困境及脱困之路 / 108

  附录4 天威保变从退市预警到成功摘帽 / 123

  附录5 ST国祥的重组选择及脱困之路：从ST国祥到华夏幸福 / 137

  附录6 ST建通脱困路径及脱困后业绩状况 / 151

  附录7 ST天业的重组选择及脱困路径 / 165

参考文献 / 179

后记 / 187

1 绪论

1.1 概念界定

1.1.1 国外学者对财务困境脱困的界定

研究财务困境脱困,首先得从财务困境界定着手。国内外学者对财务困境的理解既有相同又有不同之处,主要包括破产、现金流不足、失败、亏损、连续负 Z 值几个方面。其中,国内学者又根据我国证券市场特征进行了特殊界定。

国外学者对财务困境界定较早见于 Altman(1968)发表的《财务比率、判别分析和公司破产预测》一文,其将"破产"理解为财务困境。此后,Aharony、Jones(1980),Frydman、Altman & Kao(1985),Aziz、Lawson(1989)相继采用"破产"概念来表述公司财务困境;Wruck(1990),Datta(1995),Ward 等(1997),Turetsky 等(2001)将"现金流不足"界定为财务困境。他们基于现金流量角度讨论问题,认为"持续经营的现金流急剧下降是财务困境开始的信号";Deakin(1972),Blum(1974)则从"失败"角度理解财务困境。他们认为"失败"包括破产、无力(或不能)偿债、迫于债权人利益清算(或进入破产程序)。Argenti(1976)、Zimijewski(1984)也把"失败"界定为财务困境;Chalos(1985)、DeAngelo(1990)、Hill、Perry and Andes(1996)、Kahya、Theodossiou(1996)、Platt 等(2002)将"亏损"界定为财务困境,以累计亏损次数或连续几年负的经营收入作为困境判断标准;Altman、Haldeman & Narayanan(1977)后来使用 Z 值模型判断公司是否陷入财务困境,Shrieves & Stevens(1979)、Taffler(1983)、Sudarsanam 等(2001)也利用该方法展开研究,定义"如果两个年度连续负 Z 值后有一个最低 Z 值年度,则企业处于困境之中"。

对财务困境理解的不相同，导致国外学者对财务困境脱困的解释也存在差异，但主要立足于两个方面：

第一，从《中华人民共和国破产法》（以下简称《破产法》）第十一章成功走出。Bibeault（1982），Hong（1984）曾将重组成功和破产清算作为区分脱困与未脱困公司标准，Robbins（1992），Yehning、Weston & Altman（1995），Chatterjee 等（1996），Ashta、Tolle（2004）也分别将《破产法》第十一章重组成功的公司定义为脱困公司。

第二，亏损转为盈利。Lai、Sudarsanam（1997），Barker、Patterson & Mueller（2001）将连续亏损转为连续盈利定义为脱困，DeAngelo 等（2002），Lasfer、Remer（2010）在其研究中将连续 3 年亏损转为连续 3 年盈利作为脱困样本。

1.1.2 国内学者对财务困境脱困的界定

国内学者对财务困境的理解早期与国外相同，基本涵盖"破产"（吴世农等，1987）、"失败"（傅荣、吴世农，2002）、"亏损"（吕长江等，2004）、流动性不足（李秉祥，2004）几个方面。这些理解以国外学者的财务困境界定为依据，相对多元化，没有形成统一标准。1999 年，陈静在《上市公司财务恶化预测的实证分析》一文中，根据我国证券市场特征，采用 ST 公司作为财务恶化公司的样本，取得较好的研究效果。之后，国内学者将财务困境基本等同于被特别处理（ST、*ST）[①] 公司研究。吴世农、章之旺（2005），吕峻（2006），鲜文铎等（2007），潘越等（2009），廖义刚等（2010），徐全华（2011），章铁生等（2012），祝继高等（2015）众多学者在自己的研究中，将 ST、*ST 公司看作是陷入财务困境公司。

国内学者对财务困境脱困的界定非常统一。中国特别处理制度为 ST 公司的脱困研究提供了宝贵的数据资料，尽管研究数量有限，但现有研究绝大部分以 ST 或 *ST 的摘帽作为脱困界定标准。赵丽琼（2008，2009），路璐（2010），颜秀春、徐晞（2012），和丽芬、朱学义、王传彬（2014），马若微、魏琪瑛（2015）在脱困样本的确定上均采取了以上方法。

[①] 2003 年 5 月 8 日开始，证交所将对公司股票实行特别处理包括两类：（1）终止上市风险的特别处理（简称"退市风险警示"，启用新标记*ST）；（2）其他特别处理（ST）。自此，ST 成为其他特别处理（ST）和退市风险警示（*ST）的统称。

1.1.3 本书的财务困境脱困界定

本书界定财务困境为由于财务状况异常而被特别处理（包括 ST 和 *ST，以下统称为 ST）的上市公司。将这些公司的最终"脱星摘帽"并恢复正常交易界定为财务困境公司的脱困。

1.2 研究背景

自从 1990 年沪深两个证券交易所成立至今，我国证券市场历经初创、试验、规范、转轨进而进入当前的重塑阶段。伴随着证券市场的发展，上市公司的财务困境问题逐渐引起各方的关注。证券市场上 ST 公司的引致原因、脱困方式、脱困后业绩状况成为困境公司研究的着眼点。

ST 及 *ST 是"special treatment"的缩写。中国证监会 1998 年 3 月 16 日发布《关于上市公司状况异常期间的股票特殊处理方式的通知》，要求上交所、深交所根据其股票上市规则，对异常状况的上市公司股票交易实行特殊处理。其目的主要是保护投资者利益和相关信息及时披露。1998 年 4 月 28 日，"辽物资 A"因连续两年亏损，被深交所实施特殊处理，股票名称前冠以"ST"，成为中国证券市场历史上第一只 ST 股票。

1999 年 7 月 3 日，上交所和深交所分别发布《股票暂停上市有关事项的处理规则》和《上市公司股票暂停上市处理规则》，根据《中华人民共和国公司法》（以下简称《公司法》）《中华人民共和国证券法》（以下简称《证券法》）和《股票上市规则》有关规定，对股票暂停上市做出具体的处理细则，并对此类公司股票的投资者提供"PT 服务"。"PT"是特别转让"particular transfer"的缩写，指连续 3 年亏损的上市公司被暂停上市之后，证交所和相关会员公司在每周五为投资者提供的一种交易服务。

随着证券市场发展，投资者呼吁建立退出机制。2001 年 2 月 22 日，证监会发布《亏损上市公司暂停上市和终止上市实施办法》，对连续三年亏损的上市公司暂停上市、恢复上市和终止上市的条件、法律程序、信息披露、处理权限等做出详细规定。该办法的实施，标志着我国股市的退出机制正式出台，证券市场"只进不退"的现象将成为历史。

2001 年 6 月，上交所、深交所修改股票上市规则，增加对财务状况异常和其他状况异常的解释。其中财务状况异常主要包括：①最近两个会计年度审计结果净利润均为负值;②最近一个会计年度审计结果股东权益低于注册资本;③CPA 对最近会计年度报告出具无法表示意见或否定意见审计报告;④调整后最近一个年度股东权益低于注册资本;⑤调整后连续两个会计年度亏损;⑥其他财务状况异常。明确了特别处理的两大类别。

2002 年 1 月,修改后的《亏损上市公司暂停上市和终止上市实施办法》正式实施。同年 2 月,上交所、深交所再次修改上市规则,取消 PT 制度,规定上市公司连续三年亏损,暂停其股票上市,暂停上市后其股票停止交易。

2003 年 5 月,沪深交易所第六次修订股票上市规则,关于特别处理的规定如下:上市公司出现财务状况或其他状况异常,导致其股票存在终止上市风险,或投资者难以判断公司前景,其投资权益可能受到损害的,证交所将对该公司股票交易实行特别处理:终止上市风险的特别处理(简称"退市风险警示",即 *ST)和其他特别处理(ST)。自此,我国证券市场上开始了 *ST 与 ST 并存的局面,每年都会出现因各种原因而被 ST 或 *ST 的公司。

上市公司被 ST 或 *ST 之后,其竞争能力弱化,偿债能力、获利能力下降,想要生存下去必须采取相应措施。现实中,一部分公司通过改善经营,提高收入、降低成本费用而脱星摘帽,但大部分 ST 或 *ST 公司采取了不同方式的资产重组策略来谋求脱困。2012 年 7 月,上交所和深交所先后颁布并实施了新退市制度,ST 与 *ST 公司更是面临前所未有的压力,其重组活动和重组力度愈加频繁。这些重组很多是缘于控股股东的支持,也有一部分发生了控制权转移和控股股东变更。发生重组的 ST 或 *ST 公司有些成功脱困,有些则未能成功脱困,而脱困公司的市场绩效与经营绩效也存在相应差异,这些现实引发我们一系列的思考:上市公司陷入财务困境之后,采取了哪些重组策略?这些重组策略对脱困公司业绩水平存在何种影响?财务困境公司脱困后业绩如何提升?本书在借鉴国内外学者相关成果的基础之上,针对上述一系列问题展开研究。

1.3 研究意义

上市公司作为国民经济持续发展的价值支撑,构成整个市场经济的微观基石,其财务状况直接影响到证券市场的发展水平。每个上市公司在生产经营过程中都有可能会遇到财务困境,而想方设法谋求脱困也是这些公司的最直接行动。当公司被 ST 或 *ST 之后应采取何种策略脱困,这一问题已经引起很多学者的探讨和关注。然而，脱困后这些上市公司的业绩状况到底如何提升？研究者非常寥寥。公司脱困后的业绩是保证其后续持续健康发展的重要前提。因此，研究财务困境公司脱困后的业绩状况，提出财务困境公司脱困后的业绩优化与提升策略，对于当前的财务困境研究无疑是非常必要的补充。

1.4 文献综述

1.4.1 国外研究

国外对财务困境的研究始于20世纪60年代，对困境公司脱困的研究则始于80年代，针对脱困公司业绩的研究主要集中于困境公司重组之后的绩效状况。包括市场绩效和经营绩效。市场绩效主要体现在股票价格上，根据期限长短，又可分为短期市场绩效（也称公告效应）和长期市场绩效。

在短期市场绩效即公告效应方面，国外的文献主要针对破产公告和重组公告。Clark & Weinstein（1983）使用数据，对破产公告前后的超额收益进行了研究，发现破产公告前1天到公告后1天的累计超额收益为-0.47%；Lang & Stulz（1992）在研究破产公告对破产企业竞争对手权益价值的影响时，也发现从公告前5天到公告后5天之间、公告前1天到公告日当天，破产企业经历了平均28.5%和21.66%的损失。由于破产企业的恢复没有明确界定日期，国外对于该方面的市场效应研究主要针对并购重组而展开，而且并没有将重组对象限定在财务困境公司。Dodd（1980）针对1971—1977年间的美国上市公司并购重组进行研究，发现并购方的累计超额收益率在公告日前40天为5.37%。Jensen & Ruback（1983）研究也发现，重组采用兼并方式时目标公司股东享有20%的超额报酬，采用接管方式时目标公司股东享有30%的超额报酬。

长期市场绩效方面，国外学者很多针对财务健康公司的重组效应进行研究。如Franks & Harris（1989）在分析接管公司的股东财富后发现，并购创造价值，被并购方获得长期超额收益。Agrawal & Jaffe（2000）通过总结1974—1998年的22项收购公司长期市场绩效研究文献发现，兼并的长期超额收益为负，而要约收购的长期超常收益非负甚至为正，现金支付的并购长期超常收益为正，股票支付的并购长期超常收益为负。Moeller等（2003）以1980—2001年发生的并购事件为样本，研究发现小规模公司在并购重组中获得较明显的股东财富增加，大公司却遭受了显著的财富损失。

国外对困境摆脱后经营绩效的衡量也主要针对困境公司的破产重组而展

开。James & David（2000）针对澳大利亚困境公司的研究发现，重组成功公司的利润更高，短期清偿能力更好；Sudarsanam & Lai（2001）考察了166家财务困境公司的重组策略，发现脱困公司和非脱困公司采用了非常类似的策略组合，只是非脱困公司重组效率远低于脱困公司；Bergstrom & Sundgren（2002）研究28家财务困境公司的重组类型、组织结构变化及其对业绩的影响。结果表明，重组前后公司的绩效没有显著变化。Laitinen（2005）针对财务困境公司的重组效果进行研究，发现债务重组对财务绩效有积极的促进作用。

1.4.2 国内研究

国内脱困公司业绩研究主要针对ST公司的重组或摘帽展开，大部分支持绩效未改善观点。陈劼（2001）运用超额收益法针对我国A股市场的特别处理公告反应进行研究，发现市场对该公告有显著的负反应；王震（2002）选取1998—2000年被ST的公司作为样本，详细分析被特别处理公司公告的信息含量，发现ST公告的（-40，+40）事件窗口期内的累计超额收益为负。尽管ST公司摘帽有明确的公告及日期界定，但国内对ST公司脱困的短期市场效应研究依然主要针对公司的重组公告而展开：陈收、邹鹏（2009）的研究发现，牛市中ST公司的重组公告对其股票价格产生负的冲击，而熊市中则产生正的冲击；刘黎等（2010）以1995—2005年间发生资产重组的ST公司为样本，发现在重组公告（-30，+30）窗口期内，重组ST公司的短期绩效为正。也有学者针对ST公司的摘帽公告进行专门研究：唐齐鸣、黄素心（2006）针对我国证券市场ST公布和ST撤销事件的市场反应进行研究发现，市场对摘帽消息反应延迟，对戴帽消息则反应过度；孟焰、袁淳、吴溪（2008）的研究发现，非经常性损益制度监管之后，ST公司摘帽的市场正向反应明显减缓。这两项均是从我国证券市场的有效性以及制度完备角度所做的研究，没有针对ST公司的脱困后绩效展开探讨。

在长期市场绩效方面，国内文献较多地支持重组长期超额收益为负的观点：陈收、罗永恒、舒彤（2004）对1998年实施并购的上市公司进行1-36个月的累积超常收益率和购买持有超常收益率进行实证后发现，收购方企业的累积平均超常收益率不显著异于0，收购后3年的购买持有超常收益率显著为负；吕长江、宋大龙（2007）针对1999—2002年控制权转移的重组案例进行分析，发现投资者持有控制权转移后企业股票短期能够获得超额收益，长期则不能实现超额收益。也有学者针对ST公司的重组或摘帽而进行的长期市场绩效分析：陈收、张莎（2004）用事件研究法对2000年发生重组的28家ST公司进行研究，发现重组公告后3年内的累计超额收益率为11.44%，显著为正；赵丽琼（2011）以2003—2007年ST公司为样本，研究其摘帽恢复绩效，发现摘帽当月长期持有超额收益为正，摘帽后三年长期持有超额收益为负，股东财富水平下降2.32%。

经营绩效方面，国内学者大部分支持重组绩效未改善的观点。张玲、曾志坚（2003）对ST公司和非ST公司的重组绩效分别进行分析，结果显示，不论是ST公司还是非ST公司重组的绩效都不理想，ST公司在重组当年获得了业绩的稍许提高，之后又开始下降；吕长江、赵宇恒（2007）针对1999—2001年进行资产重组的78家ST公司进行了研究，发现重组可给ST公司绩效带来即时效应，但并未带来以后年度业绩的全面改善和提高；刘黎等（2010）的研究也发现，ST资产重组第1年业绩改善，第3年经营业绩明显恶化。赵丽琼、柯大刚（2009）以1999—2002年摘帽ST公司的首次重组为起始月，研究脱困后的经营绩效，发现ST公司重组虽然从盈利上达到了摘帽的要求，但摘帽后资金严重不足，没有持续发展能力，业绩没有真正提高。

1.4.3 文献评述

以上分析可知，国内外针对困境公司脱困业绩方面的研究绝大部分都针对这些公司的"重组"，且其研究结论并不一致。James等的研究认为重组后利润会升高，Bergstrom的研究表明重组后困境公司业绩并无显著改善。国内学者普遍认可困境公司重组不能改善其经营业绩，脱困公司的业绩并未好转。但是，上述研究没有就财务困境公司脱困之后的业绩提升与持续发展提出相应的方法，也鲜少有研究针对脱困后的业绩优劣进行分类和追踪，探求困境公司脱困之后的业绩提升问题。而该问题恰恰是财务困境公司脱困之后最应被关注的问题。本书以ST公司作为困境公司样本，以"摘帽"作为困境公司的"脱困"，研究我国ST公司脱困后的短期市场绩效和长期经营绩效，以及这些困境公司脱困后的业绩如何提升。

1.5 研究思路与方法

本书在借鉴前人相关研究成果的基础上，首先对财务困境公司的脱困途径与重组选择策略进行分类，然后，针对脱困公司的短期市场业绩、长期市场业绩、长期经营业绩进行衡量分析，区别不同脱困途径其脱困后业绩的差异状况，判断脱困后业绩水平与重组策略之间的关系；接着，针对财务困境公司脱困之后的业绩表现，将其分为绩优、绩差两组，探求这两组之间的差异特征，实证分析脱困公司业绩优化与提升途径；最后，提出财务困境公司脱困后业绩提升的建议策略。具体研究思路如图 1-1 所示：

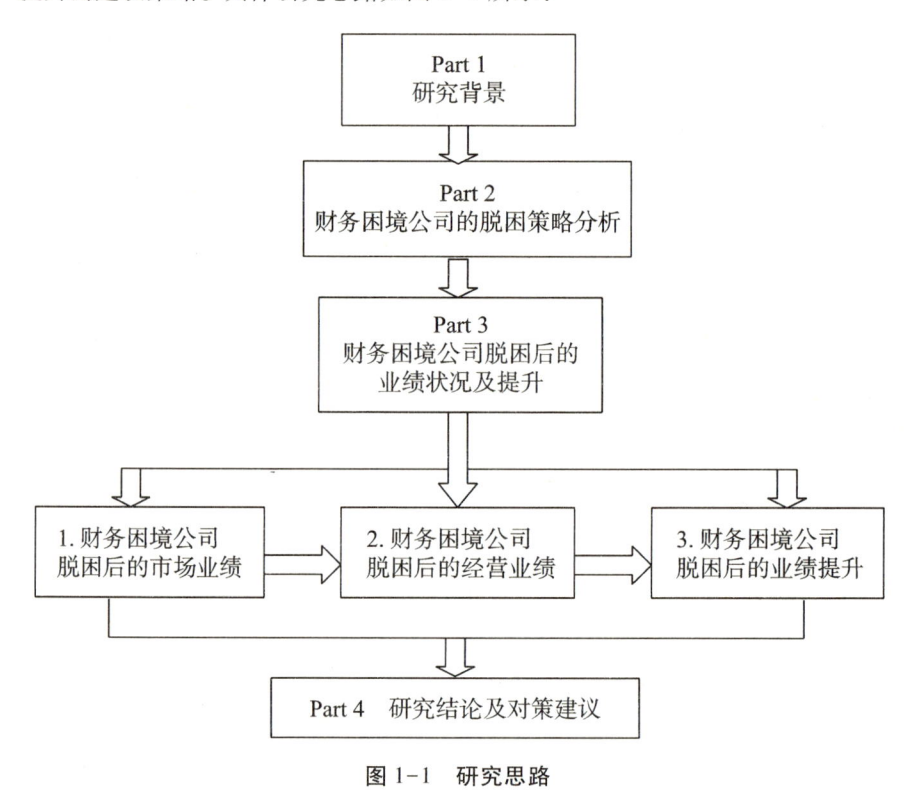

```
┌─────────────────────┐
│      Part 1         │
│     研究背景         │
└─────────┬───────────┘
          ↓
┌─────────────────────┐
│      Part 2         │
│ 财务困境公司的脱困策略分析 │
└─────────┬───────────┘
          ↓
┌─────────────────────┐
│      Part 3         │
│  财务困境公司脱困后的   │
│   业绩状况及提升       │
└─┬───────┬─────────┬─┘
  ↓       ↓         ↓
┌──────┐ ┌──────┐ ┌──────┐
│1.财务│ │2.财务│ │3.财务│
│困境公│→│困境公│→│困境公│
│司脱困│ │司脱困│ │司脱困│
│后的市│ │后的经│ │后的业│
│场业绩│ │营业绩│ │绩提升│
└──┬───┘ └──┬───┘ └──┬───┘
   └────────↓────────┘
   ┌─────────────────────┐
   │ Part 4  研究结论及对策建议 │
   └─────────────────────┘
```

图 1-1 研究思路

本书采用规范与实证相结合的研究方法。规范研究方法包括理论分析、历史回顾、制度分析；实证研究方法包括描述性统计、比较分析、logistic 回归、因子分析法、事件研究法、会计指标法和多元线性回归等具体方法。

2 财务困境公司的脱困策略分析

2.1 财务困境公司脱困重组的制度背景

纵观国内外财务困境公司的脱困途径，重组可谓其必经之路。财务困境公司脱困重组的制度背景主要包括三个方面：①证券市场 IPO 制度；②退市制度与 ST 或 *ST 制度；③法人大股东的集中控制。

2.1.1 证券市场 IPO 制度

IPO 制度即新股发行制度，作为证券市场的基础制度，其合理性与完善程度直接决定上市公司质量，影响证券市场资源的利用效率，以及资本市场的稳定与国民经济的健康发展。我国的证券市场的 IPO 制度按照管理特征可以分为四个阶段：1991—1998 年的审批制时期；1999—2003 年的核准制时期；2004—2015 年的企业上市保荐制度；2016 年之后的注册制度①。

虽然历经四个阶段，但就当前情况看，尤其是注册制尚未真正实施的当下情况看，前三个阶段的 IPO 审核本质并未改变。我国证券市场 IPO 制度从诞生至目前一直处于各种争议乃至批评中，其根本原因在于，早期基于政府对经济

---

① 2015 年 12 月 9 日，国务院召开常务会议，通过提请全国人大常委会授权国务院在实施股票发行注册制改革中调整适用《中华人民共和国证券法》有关规定的决定草案。草案明确规定，在决定施行之日起两年内，授权对拟在上海证券交易所、深圳证券交易所上市交易的股票公开发行实行注册制度。2015 年 12 月 27 日，第十二届全国人大常委会第十八次会议通过了《关于授权国务院在实施股票发行注册制改革中调整适用<中华人民共和国证券法>有关规定的决定》，对股票上市实施注册制度提供法律调整依据。该决定的实施期限为两年，决定自 2016 年 3 月 1 日起施行。2016 年 1 月，证监会新闻发言人称，全国人大常委会通过的注册制授权决定自 2016 年 3 月 1 日起实行，这并不是注册制改革正式启动的起算点。3 月 1 日是指全国人大常委会授权决定两年内施行期限的起算点，注册制改革实施的具体时间将在完成有关制度规则后另行提前公告。

运行的"父爱"情结而设立的 IPO 审核制已经不能适应当前市场经济的发展。在注册制改革实施的具体时间尚未出台之前，上市门槛依然严苛，壳资源依然值钱，一些已经严重亏损的 ST 公司及其控股股东想方设法要保住上市资格，往往采取大规模资产置换、剥离等重组策略，关联交易严重。甚至一些公司多年来在 *ST 到 ST、再从 ST 到 *ST 之间徘徊而不退市，则不利于证券市场的优胜劣汰。

2.1.2 退市制度与 ST 或 *ST 制度

退市是指上市公司股票在证券交易所终止上市交易，它是资本市场建设的基础性制度之一。退市制度的实施有利于提高上市公司整体质量，以优胜劣汰机制净化市场，从而优化资源配置，提高对投资者的保护和促进证券市场健康发展。

我国上市公司的退市制度源于 1994 年 7 月 1 日起实施的《公司法》。不过，该法只是初步规定了上市公司股票暂停上市和终止上市的条件，可操作性不强。1998 年证监会引进 ST 制度，其核心内容是对两年连亏上市公司实行 ST，ST 公司股票的日涨跌幅度限制为 5%，中期财务报告必须经过审计。2001 年 2 月，证监会发布《亏损上市公司暂停上市和终止上市实施办法》，并于 2002 年 1 月修订实施。该办法规定，若上市公司连续三年亏损，其股票暂行上市，暂停上市期间如果年度净利润依然为负，则被摘牌退市。这是我国证券市场退市制度的正式启动。该退市制度的实施从净利润指标对上市公司暂停上市和退市做出规定，同时也为 ST 公司的摘帽设置了原则性期限。暂停上市和退市的压力促使 ST 公司采取各种措施摆脱困境，重组对于 ST 公司的摘帽具有显著的效果（吕长江、赵宇恒，2007）。

2003 年 5 月，沪深交易所发布《关于对存在股票终止上市风险的公司加强风险警示等有关问题的通知》，开始启动"退市风险警示"即 *ST 制度。从此，我国证券市场上开始了 ST 与 *ST 并存的局面，而且人们习惯将两者合并简称为"ST"。

2012 年 6 月，《关于完善上海证交所上市公司退市制度的方案》《关于改进和完善深圳证券交易所主板、中小企业板上市公司退市制度的方案》相继出台，退市法律规范又一次成为各方关注的焦点。按照新规定，退市标准主要包括：①上市公司最近一年年末净资产为负数，实行退市风险警示；②上市公司最近两年营业收入均低于 1 000 万元，实行退市风险警示；最近三年营业收入均低于 1 000 万元，暂停上市；最近四年营业收入均低于 1 000 万元，终止上市；③连续三年被出具无法表示意见或否定意见的，终止上市。可以说，新的退市规则对 ST 和 *ST 公司的摘帽时间、要求设置了具体的数量和非数量指标，各指标如期达到，则能继续交易，否则面临摘牌退市。因此，ST、*ST 公司面临比以往更加严峻的挑战。作为新的退市制度的缓和，沪深交易所于 2012 年 7 月先后发布再次修改的《股票上市规则》，不再将"扣除非经常性损益后的净利润为正"① 作为 ST 公司摘帽的必要条件。该项规定的变革为 ST 或 *ST 公司的重组摘帽提供了更为充分的运作空间。

2014 年 10 月，证监会发布《关于改革完善并严格实施上市公司退市制度的若干意见》（以下简称《意见》），并于同年 11 月 16 日起施行。该意见主要从五个方面改革完善退市制度：①健全上市公司主动退市制度；②实施重大违法公司强制退市制度；③严格执行不满足交易标准要求的强制退市指标；④严格执行体现公司财务状况的强制退市指标；⑤完善与退市相关的配套制度安排。《意见》的实施，再次强调了资本市场的退市规则及其执行。

2.1.3　法人大股东集中控制

我国证券市场的法人大股东集中控制是由其特殊的历史背景造成的。20 世纪 90 年代初，我国股票市场建立，其直接目的是为国企筹集资金。很多国企经营状况不佳，为了达到规定的上市条件，在改组为股份有限公司之前往往会剥离劣质资产，将符合上市要求的高质量资产注入股份有限公司，原有企业成为股份公司的母公司。后来，随着 IPO 制度的不断发展，一部分在当地做大做强的民营企业集团也在政府支持下采取以上模式将其控股公司成功上市。造就了我国证券市场上法人股东集中控制特征。从图 2-1、表 2-1 可见：2014 年年底的 2 631 家 A 股上市公司中，第一大股东为法人的公司家数为 1 995 家，占比 75.83%。如果扣除中小板和创业板的 1 159 家公司，沪、深主板 1 472 家 A 股上市公司中，第一大股东为法人的公司数量 1 405 家，占比 95.45%，自然人大股东公司比例仅为 4.55%。

---

① 2001 年 6 月开始，沪深交易所将"扣除非经常性损益后的净利润为正"作为 ST 公司的摘帽条件之一。

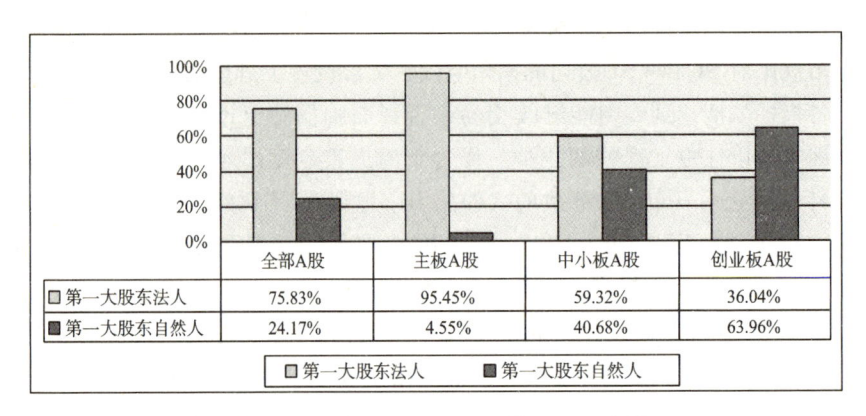

图 2-1　2014 年 A 股上市公司第一大股东情况

第一大股东情况	全部 A 股	主板 A 股	中小板 A 股	创业板 A 股
第一大股东法人	1 995	1 405	439	151
第一大股东自然人	636	67	301	268
合计数量	2 631	1 472	740	419

表 2-1　2014 年 A 股上市公司第一大股东情况

数据来源：国泰安数据库。

另外，这些大股东的持股比例也非常集中。见表 2-2，2014 年年底的 2 631 家 A 股上市公司中，第一大股东持股比例在 50% 以上的公司共 501 家，占全部 A 股上市公司数的 19.04%，其中，最高持股比例达 89.41%；第一大股东持股比例在 30% 以上的公司共 1 539 家，占全部 A 股公司数量的 58.49%，将近 60%；第一大股东持股比例在 10% 以下的公司仅 42 家，占全部 A 股公司的 1.60%。法人大股东集中控制的属性显现无遗。

表 2-2　2014 年 A 股上市公司控股股东持股情况

持股比例	50%以上	40%-50%	30%-40%	20%-30%	10%-20%	10%以下	合计
公司家数	501	465	573	662	388	42	2 631
比例(%)	19.04	17.67	21.78	25.16	14.75	1.60	100

注：此表根据中国证监会《中国证券期货统计年鉴（2014）》与国泰安数据库资料共同计算得到。

事实上，我国证券市场的这种大股东集中控制由来已久，见表 2-3。2005 年及以前，第一大股东持股比例平均均在 40% 以上，而前两大股东持股比例均在50%以上。2005年4月证监会正式启动股权分置改革，2006年的股权过度集中情况稍有缓解，第一大股东持股比例从2006年至2013年一直稳定在36%左右的水平，前两大股东持股比例则在45%左右。2014年稍微下降，第一大股东持股比例为35.48%，前两大股东持股比例为44.83%。然而，结合表2-2、图2-1的情况看，证券市场的法人大股东集中控制特性依然非常明显。

表2-3　　1998—2014年上市公司控股股东持股情况

年份	公司数量（家）	第一大股东持股比例(%)	第二大股东持股比例(%)	前两大股东持股比例(%)	前五大股东持股比例(%)
1998	830	45.66	7.74	53.40	59.57
1999	922	45.44	7.99	53.43	59.69
2000	1 085	44.30	8.24	52.54	58.73
2001	1 133	44.03	8.29	52.32	58.49
2002	1 198	43.45	8.74	52.19	58.65
2003	1 259	42.50	9.26	51.76	58.59
2004	1 346	41.63	9.83	51.46	58.77
2005	1 344	40.30	9.84	50.14	57.46
2006	1 427	36.22	9.20	45.42	52.79
2007	1 545	35.97	8.97	44.94	52.22
2008	1 600	36.26	8.95	45.21	52.32
2009	1 749	36.59	8.94	45.53	52.99
2010	2 051	36.55	9.36	45.91	54.11
2011	2 320	36.18	9.64	45.82	54.31
2012	2 469	36.32	9.69	46.01	54.43
2013	2 514	36.11	9.50	45.61	53.86
2014	2 631	35.48	9.35	44.83	53.08

注：表中1998—2009年数据摘自刘建勇《我国上市公司大股东资产注入动因及经济后果研究》（中国矿业大学博士论文，2011），2010—2014年数据根据《中国证券期货统计年鉴（2014）》与国泰安数据库资料共同计算得到。

Shleifer & Vishney（1986）认为，高股权集中度相对于分散的股权特征，有利于所有者与经营者之间代理冲突缓解。因为大股东有能力且有动力对公司经营者进行监督。然而，股权集中度的提高，也会导致新的代理问题——大股东与小股东的利益冲突出现。因为大股东有足够的能力和动机参与公司治理，在大小股东利益不完全重合的情况下，大股东可能以侵害中小股东利益为代价谋求自身利益最大化。Johnson 等（2000）将该现象定义为"掏空"。La Porta（1997）曾指出：控股股东可以掏空上市公司来获取私人收益，公司的控制权是有价值的。这种掏空和控制权价值主要通过并购重组以及关联方交易来实现。然而，也有研究发现，大股东对上市公司除了掏空之外，也可能提供"支持"（Friedman 等，2003）。即大股东既有把资源从上市公司转移出去的动机，也有向上市公司输送资源的动力。支持的原因是多方面的，比如整合产业链、取得协同效应，获取私人收益（大股东可能会利用其在董事会的权力，负向影响增发新股价格从而换取更多的新发股票数量）（刘建勇、朱学义、吴江龙，2011）。然而，比较令人信服的一种观点是，"支持"是为了使处于困境中的上市公司摆脱困境，满足监管部门对 ST 或 *ST 公司摘帽的明线规定。Johnson、Boone、Breach 和 Friedman（2000）的研究就曾发现：当公司的投资回报率暂时较低，为了保持未来继续掏空的能力，控股股东将采取各种方式支持上市公司。所以，这种支持的目的并非仅为了支持，而是支持后期望上市公司能够为自身带来更大的利益，或者说，为了将来能够更多地掏空。只有将掏空、支持这两种看似相反的动机结合起来，对证券市场中大股东动机的分析才会更加客观和完整。

2.2　财务困境公司脱困重组的理论分析

2.2.1　重组的效率理论

效率理论认为，企业间的重组活动是一种能够为社会带来潜在增量效益的行为。通过重组，公司可以获得管理与资源利用的协同效应，从而为社会创造价值。根据对效率来源的不同解释，效率理论又可以分为效率差异化理论、经营协同效应理论、多角化经营理论和战略规划理论。

（1）效率差异化理论。重组效率理论的最一般解释是：重组双方在效率上存在差别。如 A 公司的管理者比 B 公司的管理者更有效率，那么在 A 公司收购 B 公司之后，B 公司的管理效率会提升至 A 公司的水平，使得 B 公司的管理效率通过重组而得到提升。财务困境公司如果被一家管理效率更高的公司收购，则其提高管理水平和摆脱困境的可能性就大大增强。

（2）经营协同效应理论。经营协同效应是指重组双方通过重组行为使各自的生产经营活动在效率和效益方面有所提升，重组并购会产生优势互补、规模经济、市场占有率扩大等一系列的好处。经营协同效应理论假设行业中已经存在规模经济，而并购前双方经营水平均达不到此规模经济要求，企业进行重组的一个重要的目的，就是为谋求双方的经营协同。如 A 方可以利用 B 方成熟的销售渠道，而 B 方也可利用 A 方高水平的管理团队。经营协同效应不仅可以扩大市场份额和降低成本，而且使重组双方达到各项资源的协同互补。

（3）多角化经营理论。多角度经营理论是基于经济学中"不要将所有鸡蛋放在一个篮子里"的理念，其目的就是扩大市场同时又合理规避风险。公司在单一经营模式下，其管理层和员工会承担较大的风险，一旦环境变化或不利政策出台冲击到公司经营业务，很可能使企业陷于困境。而分散的多角化经营模式可以分散股东投资回报来源，降低企业经营风险。对于困境公司而言，重组所带来的多角化经营会对原有业务的亏损进行补偿，甚而帮助公司盈利并扭转困境。

（4）战略规划理论。战略规划理论认为公司重组可以调整公司的短期或长期战略规划。财务困境公司陷入困境的原因尽管是多方面的，但积极行动、改变战略是其尽快恢复的重要手段。困境公司有时受限于严重亏损和流动性不足不能很好地实施恢复战略，而重组可以为公司注入新的动力和资源，以促进公司调整战略和尽快脱困。

2.2.2　重组的信号传递理论

重组的信号传递理论认为：上市公司进行并购重组，无论其重组行为最终成功与否，目标公司股价也会在收购过程中被重新提高估价（Dodd and Richard，1977）。该理论在我国证券市场实践中的体现尤其明显。当 ST 或 *ST 公司发布重组意向公告，股价会在短时期内异动上涨。这是由于市场对重组信息的分析，考虑到重组后困境公司摘帽和双方业务领域合作的美好前景，以及当前公司股票价格可能被低估的可能性，投资者会加大该股票的持有量从而导致公司股票市场价格的上升。当然，如果重组未能成功或是即使成功而 ST 公司未能如期摘帽，股价又会迅速回跌，但是，一部分内幕信息拥有者却已获得了超额的回报。

2.3　财务困境公司的脱困重组策略及方式

财务困境公司的脱困重组策略及方式，是指上市公司被 ST 或 *ST 之后所进行的重组策略的选择。本书对困境公司的重组行为策略分为两大类：内部重组，指通过公司自身的管理效率提高和业务整合而应对困境的一种重组行为，在内部重组下，公司与其他法人主体之间不发生资产转移、股权转移等联系；外部重组，指公司与其他法人主体之间发生资产转移、股权转移等联系。其中，外部重组又分为三类：①支持性重组，指ST或*ST公司在股东支持下发生的各种资产重组，具体包括吸收合并、债务重组、资产剥离、资产置换、非控制权转移的股权转让。②放弃式重组，指控股股东将所掌握的ST或*ST公司的控制权进行转让，由新的股东来控制该困境公司，并帮助其尽快脱困，其实质是控制权转移的一种股权转让重组方式。③一般性重组，指公司依靠自身资产与外部法人主体之间发生的各种资产重组，既不涉及控股股东的支持，也不涉及公司控制权变更。

在对财务困境公司的重组策略进行分析之前，我们首先界定本书的基础研究样本。沿用国内学者的研究惯例，以上市公司特别处理（ST和*ST）作为其陷入财务困境标志，以"摘帽"作为其脱困的标志。选取2012年1月1日至2012年12月31日成功摘帽的ST或*ST公司。之所以选择2012年度作为样本来源期，是缘于当年退市新规出台对财务困境公司的制度压力，众多困境公司纷纷采取各种方法摘星脱帽和恢复正常交易，以避免陷入退市新规的制度囹圄。2012年当年从财务困境中成功脱困的公司共72家，其中21家公司在脱困后至当前又曾被ST或*ST，51家公司脱困后未再次陷入困境。我们认为再次被ST或*ST的21家公司严格上来说不能称之为脱困公司，故在样本选取中将其删除；51家成功脱困公司中，有2家为B股，其余49家公司为A股上市公司，我们将B股公司去掉，将剩余的49家A股上市公司作为本书的最终研究样本。该49家公司均为主板上市公司，其中14家在深圳主板上市，35家在上海主板上市。这些样本公司的地域、行业情况见表2-4、表2-5。

表2-4　　　　　　　　样本公司地域分布情况

省份	ST公司数量	省份	ST公司数量	省份	ST公司数量
广东	5	新疆	3	重庆	2
上海	5	甘肃	2	北京	1
山东	4	海南	2	福建	1
湖南	3	湖北	2	河北	1
吉林	3	江苏	2	河南	1
辽宁	3	山西	2	黑龙江	1
陕西	3	天津	2	浙江	1

表 2-5　　　　　　　　　样本公司行业分布情况

所属行业	ST公司数量	所属行业	ST公司数量
制造业	31	科学研究和技术服务业	1
综合类	4	水利环境和公共设施管理业	1
农林牧渔业	3	文化体育和娱乐业	1
房地产业	3	信息传输软件和信息技术服务业	1
批发和零售业	2	住宿和餐饮业	1
采矿业	1	合计	49

从表2-4可见：财务困境公司的地域分布较为广泛，遍布21个省、市、自治区，49家样本公司中，广东、上海各5家，山东4家，湖南、吉林、辽宁、陕西、新疆各3家，海南、湖北、江苏、陕西、天津、重庆各2家，北京、福建、河北、河南、黑龙江和浙江各1家。表2-5显示了这些公司陷入财务困境时的行业状况：制造业31家，综合类4家，3家房地产业、农林牧渔业，2家批发和零售业，剩下的采矿业、科学研究和技术服务业、水利环境和公共设施管理业、文化体育和娱乐业、信息传输软件和信息技术服务业、住宿和餐饮业都各1家，共涉及11个行业。

我们再看这些样本公司的性质以及被ST或*ST时的上市年龄。见图2-2、图2-3。49家困境公司中，30家为国有产权公司，占比61.22%，19家为民营产权公司，占比38.78%。这些公司陷入困境时距离上市时间绝大部分为第6至第10年（23家），其次是第11至第15年（18家），一小部分在5年以内和第16年至第20年期间。说明公司上市6年以后是陷入财务困境的高发期，管理者应密切关注经营状况及相关风险，做好困境预防工作。

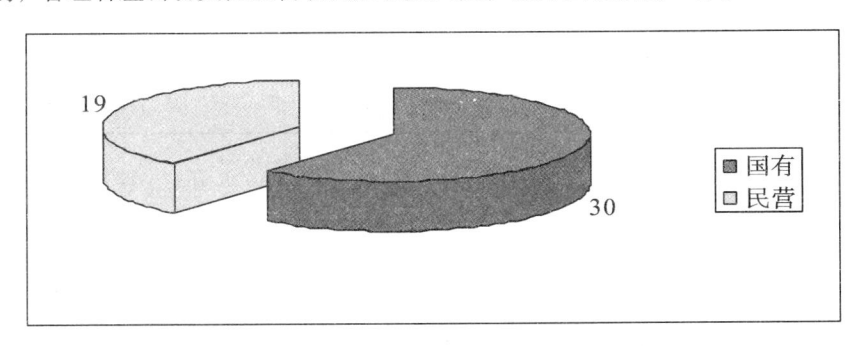

图2-2　样本公司陷入困境时的股权性质

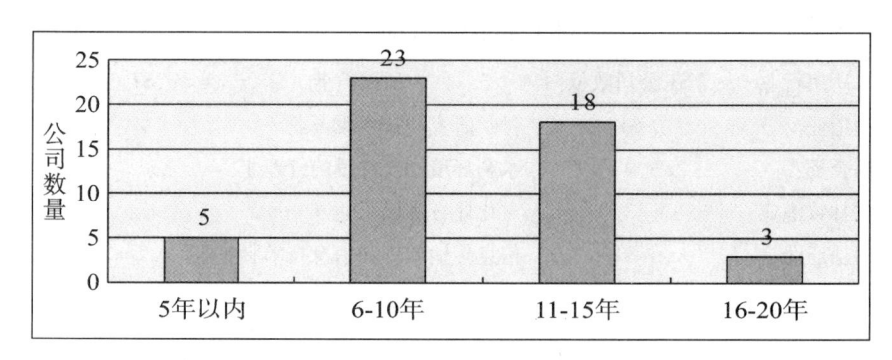

```
25 ┤      23
20 ┤           18
15 ┤
10 ┤
 5 ┤ 5              3
 0 ┴─────────────────
   5年以内 6-10年 11-15年 16-20年
```
公司数量

图2-3　样本公司陷入困境时的股权性质

表2-6显示了这些样本公司陷入财务困境的原因：可以看出，绝大部分公司被ST的原因是因为经营不善而导致利润下降并出现亏损，49家样本公司中的41家陷入困境是因为连续两年亏损，占比83.67%；审计否定、权益缩水、经营受损各占2家，分别占比4.08%；由于信息披露违规以及投资风险而被ST原因各1家，占比2.04%。而2家审计否定、1家信息披露违规公司在被ST不久则又由于连续两年亏损被*ST，因此，严格来说，44家公司陷入困境是由于亏损所致，5家公司是其他财务状况异常原因所致。

表2-6　样本公司被ST或*ST的原因

样本公司被ST原因	数量	占比
两年亏损	41	83.67%
审计否定	2	4.08%
权益缩水	2	4.08%
经营受损	2	4.08%
信息披露违规	1	2.04%
投资风险	1	2.04%
合计	49	100%

我们再看这些困境公司的脱困时间，见图2-4。7家公司在1年内脱困，6家公司在1-2年内脱困，7家公司在2-3年内脱困，5家公司在3-4年内脱困，13家公司在4-5年内脱困，6家公司在5-6年内脱困，剩余5家公司的脱困时间超过6年。这些公司的脱困时间最短半年，最长的一家历经10年，平均脱困时间为4.04年。

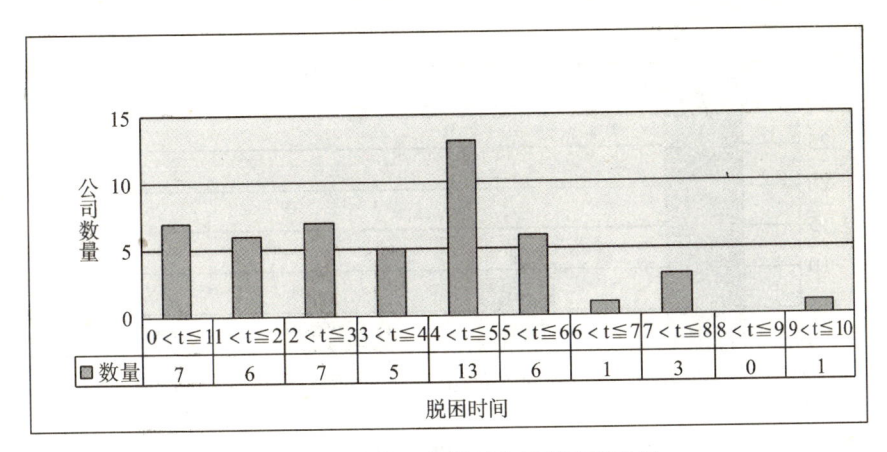

图 2-4 样本公司摆脱财务困境所用时间

2.3.1 重组总体情况

首先,我们看这些样本公司的内、外部重组情况,见图 2-5。49 家脱困公司中,有 46 家公司采取了外部重组策略,占比 93.88%。再次证明了 ST 公司对重组行为的利益趋向。其次,我们看图 2-6 所列示的脱困公司的重组策略选择。49 家脱困公司中,33 家选择了支持性重组,占比 67.35%。内部重整 3 家,一般性重组 4 家,困境公司的重组选择特征非常明显,也说明了控股股东在上市公司陷入困境之后普遍采取了支持策略。

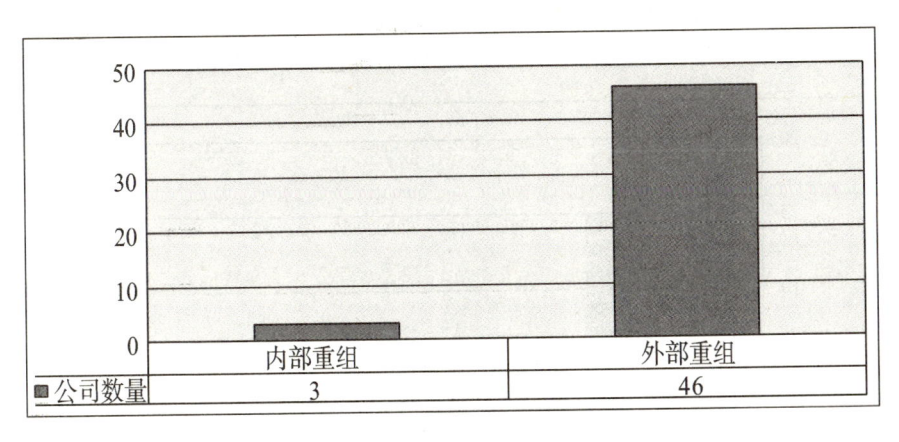

图 2-5 脱困公司的内外部重组情况

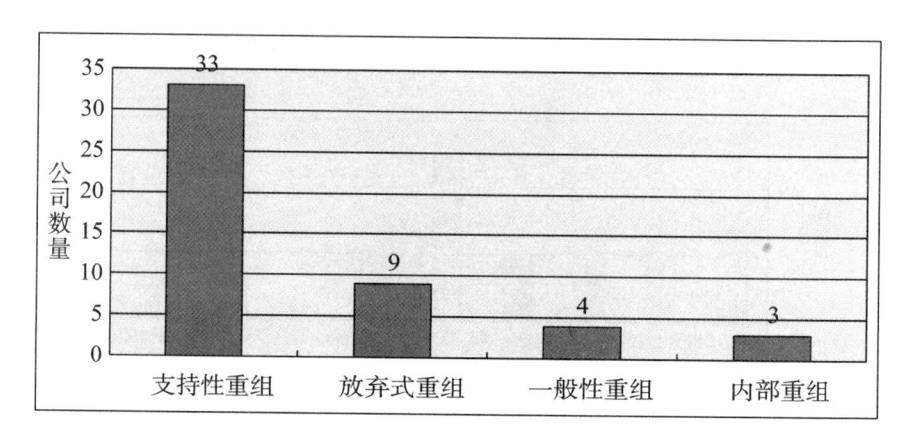

图2-6 脱困公司的重组行为选择

2.3.2 重组次数

从发生外部重组的财务困境公司的重组情况看，46家外部重组公司在其脱困期内共成功启动重组799次，平均每家公司重组17.37次。其中，重组次数最高公司为中源协和（600645），该公司自从2006年5月被戴帽后更名为"ST中源"。自2009年年初开始，公司共进行65次重组，涉及金额2.48亿元。重组次数最少的公司是高淳陶瓷（600562），该公司在困境期间进行了1次股权转让，但涉及金额不高。

图2-7显示了不同重组次数的财务困境公司数量分布状况，困境期间重组次数在1-10次的公司有18家，占比39.13%，困境期间重组次数在11-20

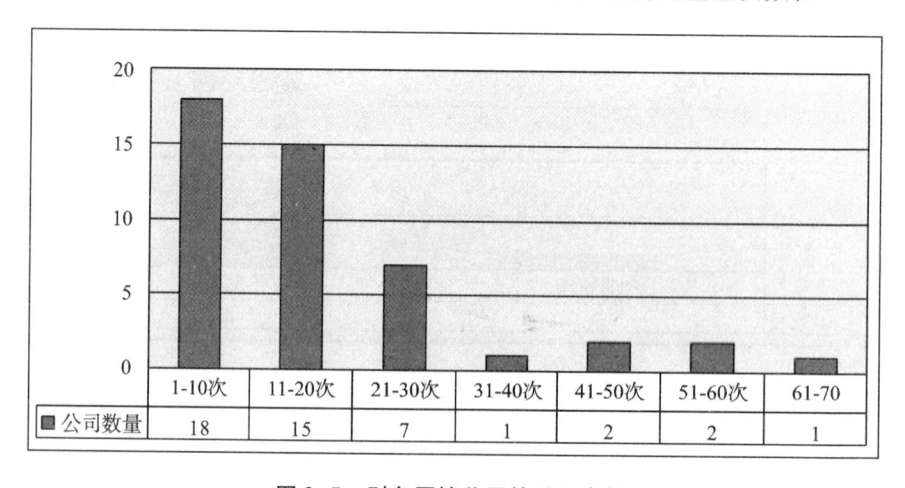

	1-10次	11-20次	21-30次	31-40次	41-50次	51-60次	61-70
公司数量	18	15	7	1	2	2	1

图2-7 财务困境公司的重组次数

次的公司有15家，占比32.61%。70%左右的困境公司重组次数在20次以内，也说明了财务困境公司的重组次数并非越多越好，关键是有效重组的质量和效果。

2.3.3 重组金额

从发生外部重组的财务困境公司的重组金额看，46家外部重组公司在其脱困期内的重组总金额为678.82亿元，平均每家公司重组金额14.76亿元，重组金额比较高。图2-8则显示了这些发生外部重组的46家困境公司每种重组方式所发生的金额情况：资产收购方式的重组金额最高，为324.47亿元，平均每家公司7.05亿元；资产剥离重组方式金额居于第二位，总金额126.33亿元，平均每家公司发生金额2.75亿元；其余三种方式：资产置换总金额93.16亿元，平均每家2.03亿元；股权转让总金额75.30亿元，平均每家1.64亿元；债务重组总金额59.56亿元，平均每家1.29亿元。可以看出，无论哪种重组策略，其重组总金额和公司平均发生额均非常可观，再次印证了财务困境公司的重组摘帽驱动动机。

	股权转让	债务重组	资产剥离	资产收购	资产置换
重组金额（亿元）	75.30	59.56	126.33	324.47	93.16

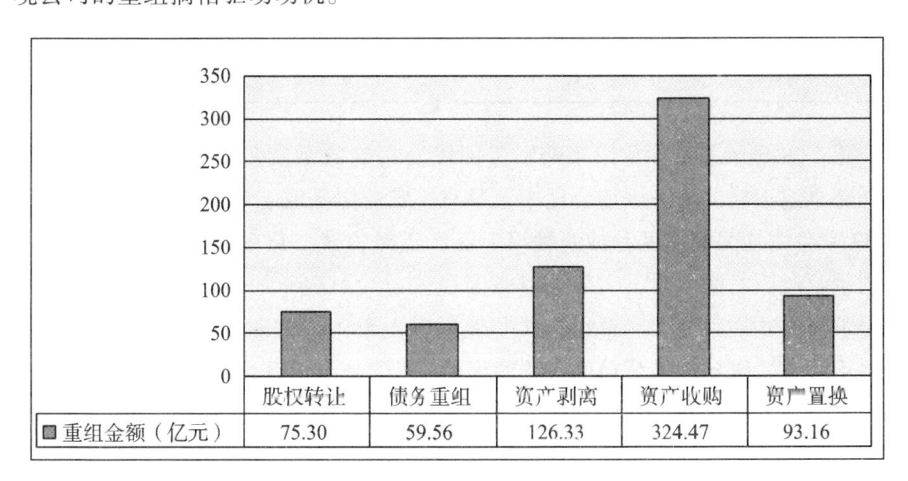

图2-8 财务困境公司不同重组方式的重组金额

2.3.4 具体重组方式

从49家财务困境公司的重组选择方式及策略看，3家公司未发生与外部其他法人主体的重组关系，依靠自身努力而脱星摘帽。其余46家公司采取了不同方式的外部重组策略，涉及的具体策略包括股权转让、吸收合并、债务重组、资产剥离、资产收购、资产置换。这些具体策略的被实施次数情况见表

2-7。股权转让重组次数最高，涉及公司数量也较多，平均每家公司8.54次；资产剥离重组次数217次，居于第二，涉及公司数量最多，共42家，资产收购重组次数139家，涉及公司32家。债务重组实施次数95次，涉及公司19家。另外两种方式的资产重组实施次数较少：资产置换12次，涉及公司9家，吸收合并3次，仅涉及1家公司。可以看出，公司陷入财务困境后最常采用的外部重组策略为股权转让，通过交替更换不同类别股东，为公司寻求更多角度的所有者支持；其次是剥离劣质资产，迅速提升业绩水平；再次是进行资产收购，尽快获取符合公司战略发展的优质资产，谋求脱困。

表2-7　　　　　　　　财务困境公司的重组策略

具体重组策略	实施次数	涉及公司数量	平均次数/家
股权转让	333	39	8.54
吸收合并	3	1	3.00
债务重组	95	19	5.00
资产剥离	217	42	5.17
资产收购	139	32	4.34
资产置换	12	9	1.33

图2-9显示了不同重组策略财务困境公司的数量及脱困时间。46家采取了外部重组策略的财务困境公司中，只有4家公司采取了单一重组方式，其余的42家公司均采取了两种或两种以上资产重组方式。从图2-9的重组方式公司数量及脱困时间来看，大部分财务困境公司（41/46＝89.13%）采取了两至四种重组方式，采取单一重组方式与五种以上重组方式的公司比较少。而且，单一重组方式财务困境公司的平均脱困时间为3.5年，采用两种重组方式的财务困境公司其平均脱困时间显著降低，为1.8年；随着重组方式的增多，财务困境公司的脱困时间又在逐渐上升。这说明在实践中，ST公司重组的主要方式只有2-4种，且并非重组方式越多，公司脱困越快，重组方式过多有可能意味着前期的重组未能达到预期效果，而公司为了摆脱困境，不得不继续采取其他的重组策略。

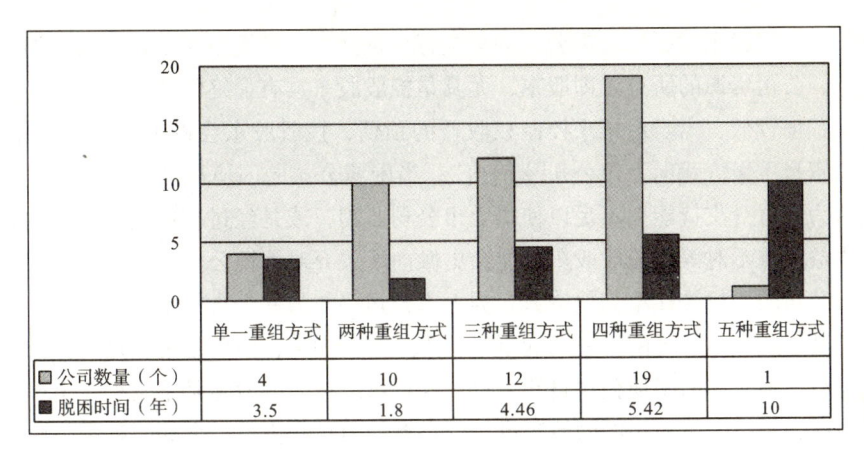

	单一重组方式	两种重组方式	三种重组方式	四种重组方式	五种重组方式
公司数量（个）	4	10	12	19	1
脱困时间（年）	3.5	1.8	4.46	5.42	10

图 2-9 不同重组方式财务困境公司的数量及脱困时间

2.4 理论分析框架

以上的理论分析表明，重组由于对财务困境公司的业绩提升具有相应积极作用，无论是基于重组的效率理论还是信号传递的正能量作用，财务困境公司都具有重组的主动意愿。我们之前对制度背景的分析表明：新的退市制度出台以及 ST、*ST 制度规定使得财务困境公司面临"扭亏避退"的巨大压力，法人大股东集中控制、IPO 制度严格造成上市公司壳资源的珍贵和稀缺，又为财务困境公司重组渠道的开拓提供了便利和可能。因此，重组成为财务困境公司最频繁使用的恢复策略和手段。

Chong-en、Qiao and Frank（2004）曾以"控制权竞争"来解释中国 ST 公司的重组行为本质。我们认为，即使是股权分置改革已经完成，我国证券市场上大股东的集中控制依然存在，控制权的争夺在我国证券市场上短期内会很少出现，"控制权竞争"对该问题缺乏解释力。就 ST 公司频繁重组的本质而言，本研究更认同"支持性重组"观点（李哲等，2006）。鉴于控制权私有收益在我国较大规模存在（马磊，2007），而 ST 或 *ST 公司重组的对象选择会受到诸多限制，即便是重组成功，其摘帽与否也未可知。因此，控股股东的支持尤为重要。

然而，大股东的支持并不是无限制的。Polsiri 和 Wiwattanakantang（2004）曾对东南亚金融危机中泰国公司的重组行为进行研究，认为重组行为的本质是大股东对金融危机做出的反应。本文认为，这一论断颇具洞察性。财务困境公司的重组本质，其实是大股东面对上市公司困境时所做出的反应，这种反应最终体现在大股东对困境上市公司的重组行为选择上。困境公司是否重组、如何重组，公司资源的所有者即股东，尤其是控股股东具有最终的话语权。当公司困境程度较低，出于对未来控制权收益的预期，控股股东会做出支持性选择，通过资产重组方式向上市公司"输血"；当困境公司的困境程度加重，控股股东认为其自身支持能力不足以使得上市公司脱困，或是经过权衡这种支持的成本收益严重不对等，控股股东可能会更倾向于放弃对困境公司的控制权，即将上市公司的股权转让给其他法人，为上市公司寻找另一个支持主体。

基于此，本书对困境公司的重组行为分为两大类：内部重组，是一种无须支持也无须转移的困境公司自我重整，这种重组行为一般是基于两种完全不同的情况：一是困境公司的困境程度较低，有能力自我恢复，另外一种则是由于困境公司的困境程度过高，正常的支持无法令其脱困，而转移控制权的重组却无人接手；外部重组，指公司与其他法人主体之间发生资产转移、股权转移等联系。其中，外部重组又分为三类：①支持性重组，指 ST 或 *ST 公司在股东支持下发生的各种资产重组，具体包括吸收合并、债务重组、资产剥离、资产置换、非控制权转移的股权转让。②放弃式重组，指控股股东将所掌握的 ST 或 *ST 公司的控制权进行转让，由新的股东来控制该困境公司，并帮助其尽快脱困，其实质是控制权转移的一种股权转让重组方式。③一般性重组，指公司依靠自身资产与外部法人主体之间发生的各种资产重组。既不涉及控股股东的支持，也不涉及公司控制权变更。不同的重组选择方式会对财务困境公司的脱困业绩产生影响。故本书的理论分析框架如图 2-10 所示。

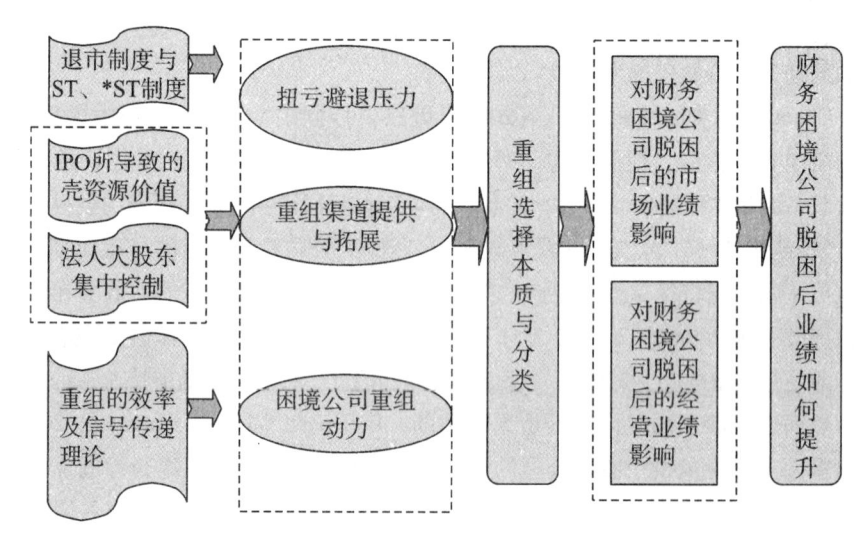

图 2-10 理论分析框架

3 财务困境公司脱困后的短期市场业绩

上市公司的市场业绩主要体现在股票价格上,根据期限长短,可分为短期市场业绩(也称公告效应)和长期市场业绩。由于股票价格体现在公告短期内的效应较大,故此处我们主要针对财务困境公司脱困后的短期市场业绩进行分析。

3.1 摘帽公告效应

我们以在退市新规出台的 2012 年度内成功脱困的 49 家 A 股上市公司为样本,采用事件研究法研究这些公司摘帽公告的市场反应。事件研究法主要用以衡量某一事件发生后的公司股票价值表现。其核心是计算超额收益率和累计超额收益率。该方法主要检验"事件"宣布前后企业普通股收益是否高于根据市场风险与收益关系所测算的预测值。在这里,我们采用短期事件研究法考察上市公司摘帽公告公开披露后的市场反应。借鉴前人的研究经验,选取 [-90,-21] 作为清洁期估算正常收益率,以 [-20,20] 作为研究的事件窗,采用困境恢复公告日前后 20 天的市场超额收益率(AR)以及累计超额收益率(CAR)衡量财务困境公司脱困后的短期市场绩效。其中,超额收益率的计算采用市场模型法,市场模型为:

$$\hat{R}_{it} = \alpha_i + \beta_i R_{mt} \tag{3.1}$$

式中,$\hat{R}_{it}$ 为股票 i 在 t 日的个股实际收益率,R_{mt} 为市场在 t 日的综合指数收益率,α_i、β_i 为市场模型中的待估参数。

首先,根据清洁期即事前估计期的数据进行回归,得出 α_i 和 β_i,进而预测出窗口期[-20, 20]内每只股票的预期正常收益。

然后,计算股票i在窗口期内的超额收益为:

$$AR_{it} = R_{it} - \hat{R}_{it} \quad (3.2)$$

式中,R_{it}表示股票i在t日的实际收益率,$\hat{R}_{it}$表示股票i在t日的估计正常收益率。

接下来,可以计算样本公司股票的日平均超额收益率及累计超额收益率,计算方法见式(3.3):

$$\overline{AR_t} = \frac{1}{N}\sum_{i=1}^{N} AR_{it} \Rightarrow CAR_i = \sum_{t=B}^{E} AR_{it} \Rightarrow CAR = \sum_{t=B}^{E} \overline{AR_t} \quad (3.3)$$

式中,B、E分别为研究窗口的开始与结束时刻。

3.1.1 全部样本的公告效应分析

表3-1表明,全部样本公司在摘帽公告日前后20天共计40个交易日[①]内的超额收益率(AR)大部分为正,且从公告前9天开始至公告后3天的日超额收益率均为正,并在公告后第1天显著为正,说明摘帽公告的市场效应显著存在。另外,在整个事件期内,从公告日前3天开始至公告日后的20天内,累计超额收益率(CAR)始终为正,并保持较高水平,说明在公告日后市场上的投资者获得了显著的正超额回报,摘帽向市场传递了积极信号,增加了股东的短期财富。

表3-1 全部样本摘帽公告的超额收益率及累计超额收益率

日期	AR	T值	CAR	日期	AR	T值	CAR
-20	-0.72%	-4.174	-0.72%	1	42.97%**	45.605	44.90%
-19	-0.39%	-2.074	-1.11%	2	1.50%	1.067	46.40%
-18	-0.26%	-1.474	-1.38%	3	0.13%	1.006	46.53%
-17	-0.54%	-1.784	-1.92%	4	-0.20%	0.991	46.32%
-16	-0.42%	-1.438	-2.34%	5	-0.44%	0.981	45.88%
-15	-1.07%	-1.919	-3.41%	6	0.41%	1.018	46.29%
-14	-0.51%	-1.297	-3.92%	7	-1.09%	0.953	45.20%
-13	-0.19%	-1.099	-4.11%	8	1.12%	1.05	46.32%
-12	0.02%	-0.992	-4.10%	9	0.65%	1.028	46.97%

---

① 根据股票上市规则规定,上市公司宣告摘帽公告当天其股票停牌一天,故摘帽日(即0时刻)的交易数据未被捕捉。

表3-1(续)

日期	AR	T值	CAR	日期	AR	T值	CAR
-11	-0.04%	-1.022	-4.14%	10	0.03%	1.001	47.00%
-10	-0.22%	-1.105	-4.36%	11	0.03%	1.001	47.03%
-9	0.29%	-0.867	-4.07%	12	-0.35%	0.985	46.68%
-8	0.58%	-0.716	-3.49%	13	-0.43%	0.981	46.24%
-7	0.65%	-0.626	-2.84%	14	0.14%	1.006	46.38%
-6	0.37%	-0.741	-2.47%	15	0.03%	1.002	46.41%
-5	0.65%	-0.475	-1.82%	16	0.62%	1.027	47.03%
-4	1.49%	0.632	-0.34%	17	-0.05%	0.998	46.98%
-3	0.59%	2.51	0.25%	18	0.07%	1.003	47.06%
-2	0.74%	6.869	1.00%	19	-0.89%	0.962	46.17%
-1	0.93%	2.872	1.93%	20	0.71%	1.031	46.88%

注：表中的***、**、*分别表示差别在1%、5%、10%水平上显著。

图3-1可以更清晰、更直观地看出财务困境公司的摘帽脱困对市场形成的显著影响。公告日前和公告日后的超额收益率在基本在［-1%，1%］之间徘徊，但公告日后的第1天，超额收益率高达42.97%。这使得公告日前累计超额收益率一直呈上升趋势，并在摘帽公告日后的第1天达到最高水平，且在整个研究窗口内后续一直保持为正值。不过，从公告日之前和公告日第2天开始后的超额收益率情况看，投资者对这些脱困公司的态度除了在摘帽宣告之后的第一个交易日表现出较高的热情，其后就热情减退。但是，相对于公告日之前的20天，公告日后20天内的超额收益率正多负少，也说明了这些困境公司的脱困公司的摘帽确实给股东带来了超额财富。

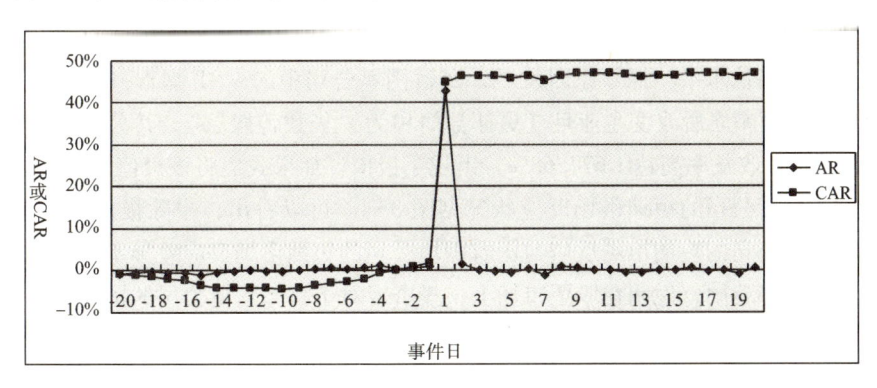

图3-1 全部样本公司摘帽公告的市场反应

3.1.2 分类样本的公告效应分析

为了进一步分析财务困境公司摘帽脱困的短期市场效应以及不同重组行为选择对摘帽恢复的影响，我们将财务困境公司按照控股性质、重组方式、脱困期间进行分类，分别考察这些脱困公司的超额收益率和累计超额收益率。

首先，从这些公司的控股股东性质来看，国有控股的财务困境公司，其摘帽脱困的短期市场反应比较正常。超额收益率在公告日之前虽有小的上下波动，但总体呈上升趋势，从公告日前第 11 天一直到公告日后第 3 天均大于 0，且在公告日后第 1 天最高；累计超额收益率公告日前 12 天左右开始上升，一直到公告日后第 4 天，之后有反复，但在整个时间期内，累计超额收益率为正。见图 3-2。

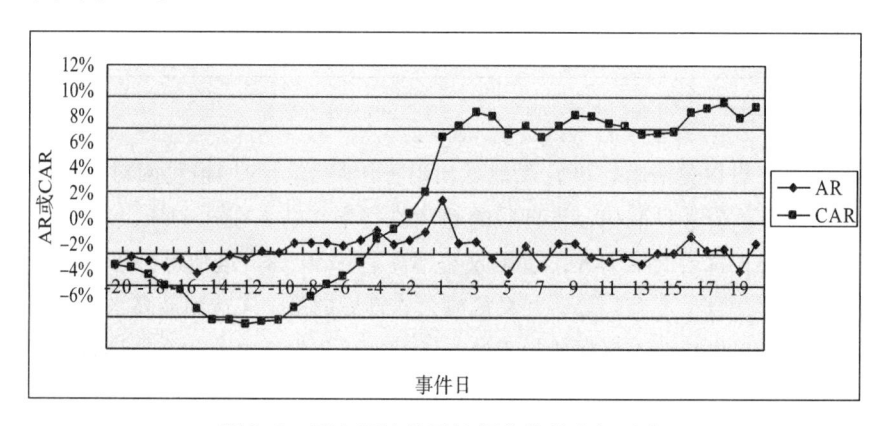

图 3-2 国有困境公司摘帽公告的市场反应

图 3-3 则显示了民营困境公司脱困公告的市场反应状况。公告日前、公告日后第 2 天至第 20 天，超额收益率一直在 [-1%, 1%] 之间徘徊，但在公告日之后的第 1 天突然增高且超过 100%，使得累计超额收益率在公告日之后一直保持在高位水平。探寻原因发现，民营困境公司中的 *ST 嘉瑞（证券代码000156，摘帽之后改变主业且变更证券简称为"华数传媒"），其公告日后第 1 天的差额收益率高达 1 677.68%，出现了极值。如果我们将该极值公司去掉，则剩余民营公司的短期市场反应状况见图 3-4。可以看出，去除极值公司后，民营困境公司的短期市场反应与国有困境公司的短期市场反应差异不大。两者的变动趋势趋同，说明在股票市场上，投资者对于财务困境公司的摘帽反应在国有与非国有之间没有差别，投资者没有特别明显的公司控制权属性的偏好。

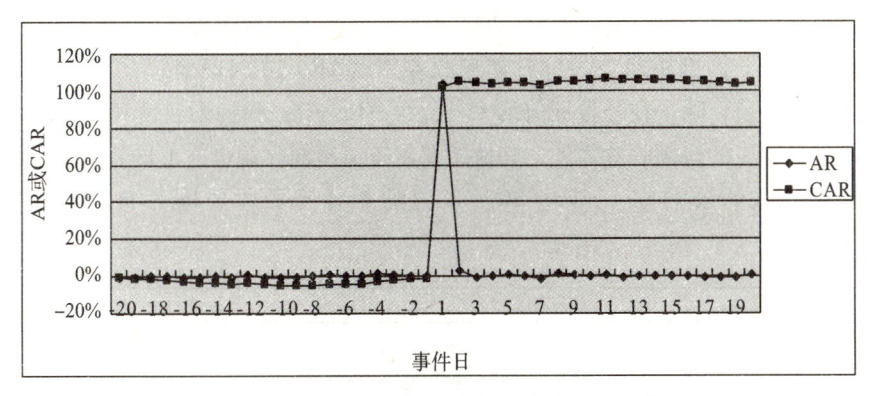

图 3-3　民营困境公司摘帽公告的市场反应

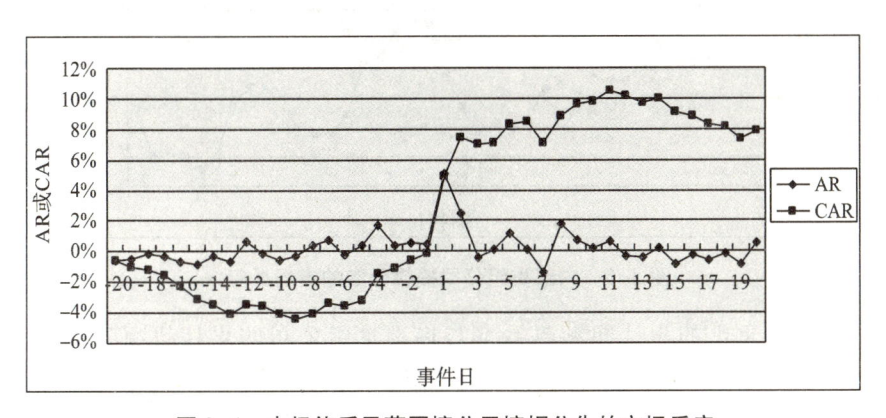

图 3-4　去极值后民营困境公司摘帽公告的市场反应

其次，从困境公司的重组方式看①，无论是何种重组模式，其摘帽公告在 [−1，1] 期内的超额收益率均为正值，见表 3-2。进一步验证了财务困境公司摘帽脱困的短期市场效应。即无论财务困境公司采取何种重组行为而脱困，投资者在 [−1，1] 期内均做出了积极反应。

表 3-2　不同重组方式公司的摘帽公告在 [−1，1] 期内的超额收益率

统计量	内部重组		一般性重组		支持性重组		放弃式重组	
	−1	+1	−1	+1	−1	+1	−1	+1
AR	1.72%	2.31%	1.87%	5.63%	0.91%	3.94%	1.11%	4.51%
T 值	1.497	0.665	1.034	1.018	−0.810	−1.443	1.202	1.047

---

① 此处的分析已去掉极值公司数据，本章的以下分析同理。

但是，从整个研究窗口期［-20，20］来看，不同重组方式的摘帽公告反应存在差异。内部重组公司的日超额收益率（AR）在时间窗口［-20，20］内很多为负值，除了在公告日前第15天、［-1，+3］和摘帽后［10，12］日内出现显著正的超额收益之外，其他的偶尔正值超额收益也并不显著，采用该种重组方式的公司在［-20，20］日内的累计超额收益率为负，详情见图 3-5。

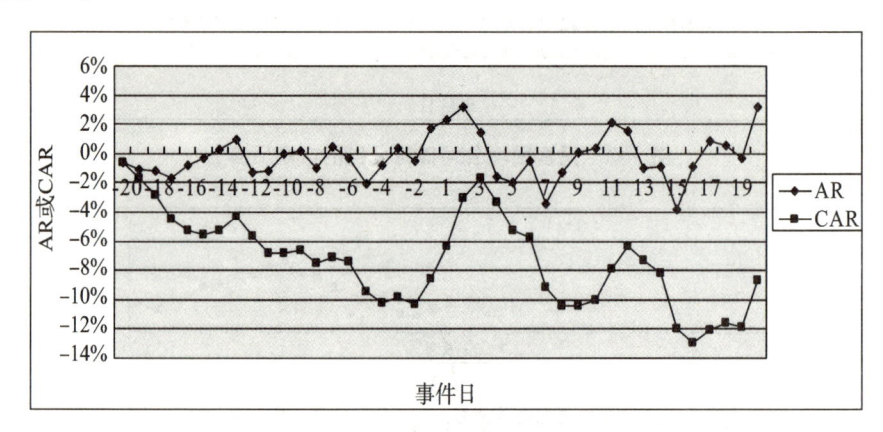

图 3-5　内部重组公司摘帽公告的市场反应

一般性重组的累计超额收益率与内部重组公司的累计超额收益率在［-20，3］期间变动基本相似，都是先下降、再上升。但是，一般性重组公司的日超额收益在［-4，3］、［8，11］、［14，15］期间明显大于0，导致该种重组方式在整个窗口期内的累计超额收益率高于内部重组公司的累计超额收益率，不过依然为负。见图3-6。以上分析说明投资者并没有从内部重组公司和一般性重组公司的摘帽事件中获得超额收益。这一点在现实中很容易理解：公司陷入财务困境后，没有经过重大重组变革而摘帽脱困，投资者对其脱困的质量及持续性表示怀疑，对其股票的投资价值也并不认同。导致依靠自我重整或一般性重组而摘帽公司的短期市场绩效较低。

支持性重组公司与放弃式重组公司的摘帽所引起的短期市场表现与内部重组和一般性重组呈现较为明显的差异特征，且支持性重组与放弃式重组的公告效应走势基本一致，见图3-7、图3-8。日超额收益率在摘帽公告日之前呈逐渐上升趋势，在摘帽日之后则有正有负，但累计超额收益率从摘帽公告日前15日左右开始上升，且在整个窗口期内均为正值，且放弃式重组公司的累计超额收益率高于支持性重组公司的累计超额收益率。这说明投资者对股东支持下的困境公司重组以及控股股东发生转移的放弃式重组给予了较高的认可，并从这些公司的投资中获取了较高的投资收益。

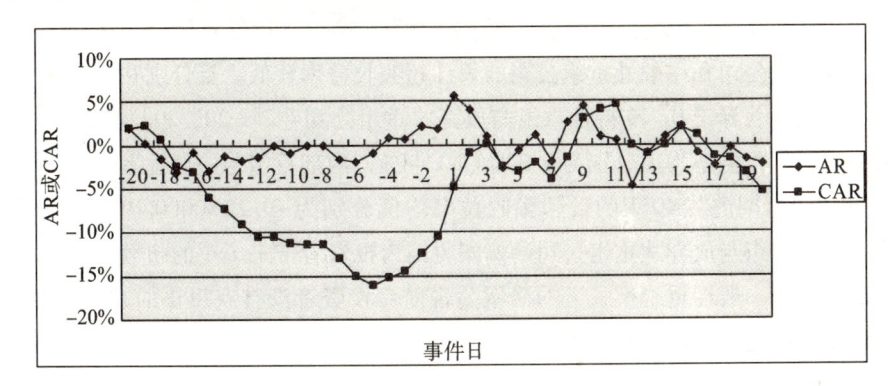

图 3-6　一般性重组摘帽公告的市场反应

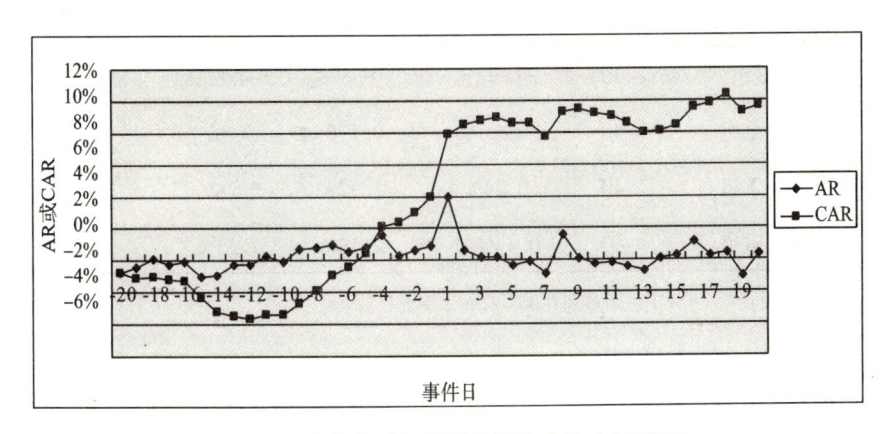

图 3-7　支持性重组公司摘帽公告的市场反应

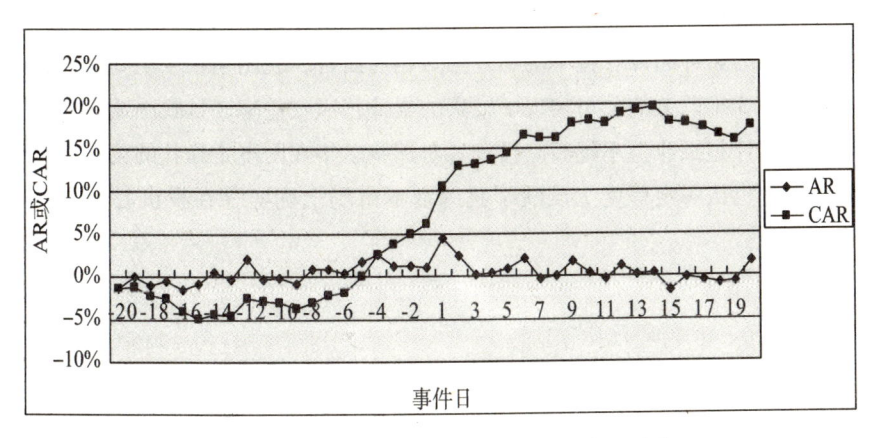

图 3-8　放弃式重组公司摘帽公告的市场反应

我们再看不同重组行为选择样本的 AR、CAR 均值及单样本 T 检验结果，见表 3-3。放弃式重组公司的累计超额收益率最高，支持性重组公司次之，内部自我重组公司和一般性重组公司的累计超额收益率较低，且分别在 5%、1% 的水平上显著异于 0。支持性重组与放弃式重组公司在 [-20, 20] 期内共 40 天的日超额收益率均值分别为 0.24% 和 0.44%，内部重组与一般性重组公司在 [-20, 20] 期内共 40 天的日超额收益率均值分别为 -0.22% 和 0.01%。这说明支持性重组与放弃式重组公司的摘帽脱困为投资者带来了正的超额收益，而内部重组和一般性重组模式下的摘帽公告前后投资者没有获得正的超额收益，相反获得的是负的累计超额收益。

表 3-3　不同重组选择样本的 AR、CAR 均值及 T 检验结果

重组行为选择	N	AR	T 值	CAR	T 值
内部重组	40	-0.22%	-0.898	-4.80%**	-2.245
一般性重组	40	-0.01%	0.170	-0.16%***	-5.060
支持性重组	40	0.24%	1.729	3.98%***	4.797
放弃式重组	40	0.44%**	2.198	7.55%***	5.066

注：表中的 ***、** 分别表示差别在 1%、5% 水平上显著。

最后，我们来看不同脱困期的困境公司市场反应。从图 3-9 至图 3-14 可见，无论脱困时间是长还是短，公告日前后的超额收益率均为正值，说明困境公司摘帽的市场反应在宣告日附近比较显著。但是，4 年内脱困的公司中，除了脱困期在 1 至 2 年内的公司实现了比较明显的累计超额收益率之外，其余脱困时间公司的累计超额收益率均不理想。相对而言，脱困期在 4 至 5 年的公司和脱困期为 5 年以上的公司实现了较高的累计超额收益率。且脱困期越长，事件期内的累计超额收益率越高。投资者对那些多年在困境中挣扎的公司更加情有独钟，这也从一定程度上反映了我国资本市场上确实存在投机心态和投机行为。

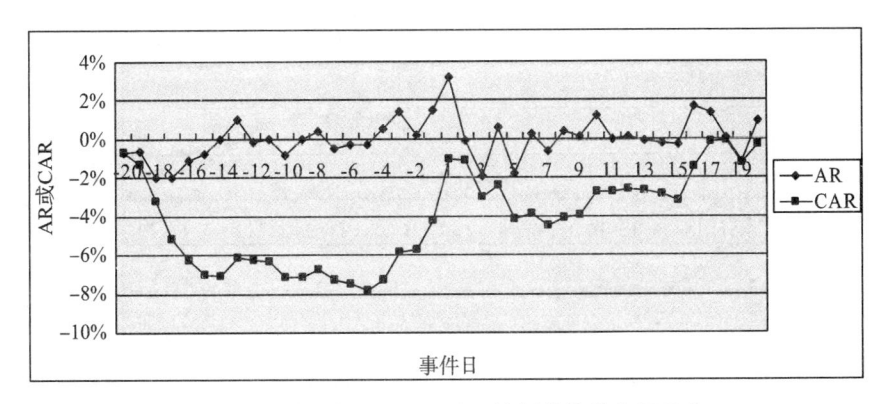

图 3-9　脱困期 0< t ≤ 1 公司摘帽公告的市场反应

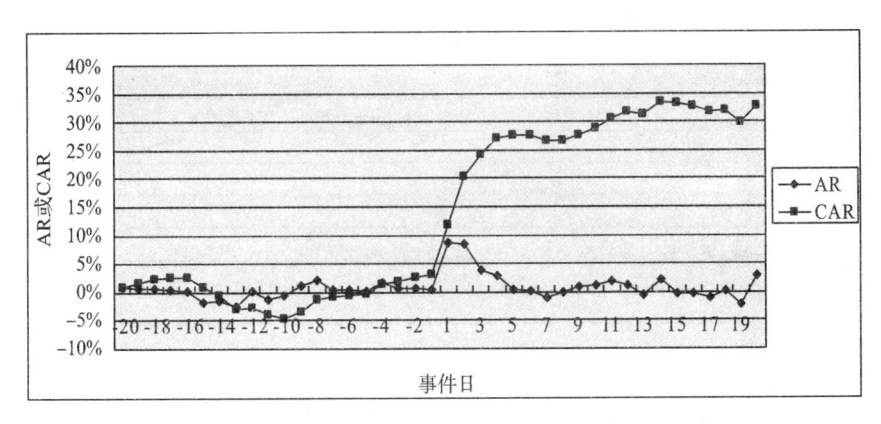

图 3-10　脱困期 1< t ≤ 2 公司摘帽公告的市场反应

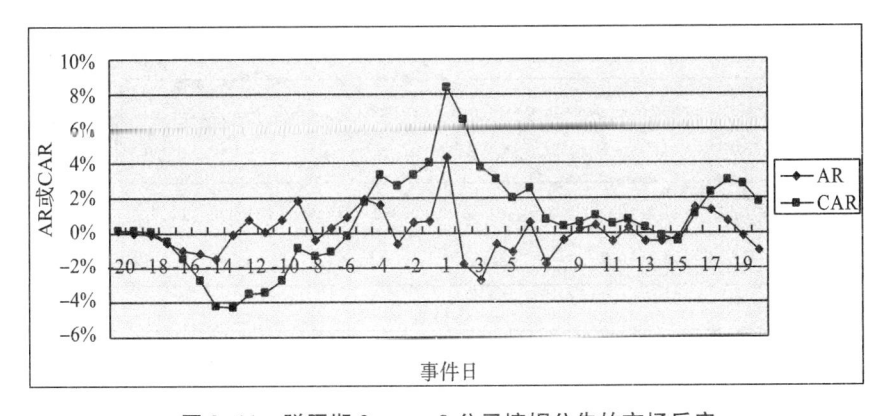

图 3-11　脱困期 2< t ≤ 3 公司摘帽公告的市场反应

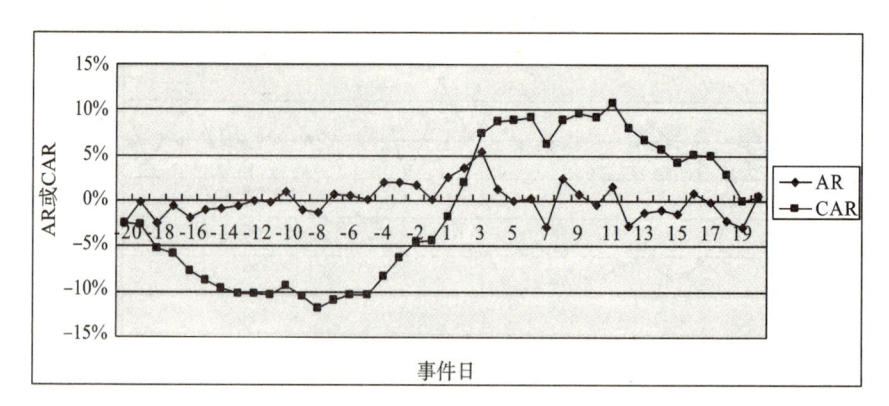

图 3-12　脱困期 3< t ≤ 4 公司摘帽公告的市场反应

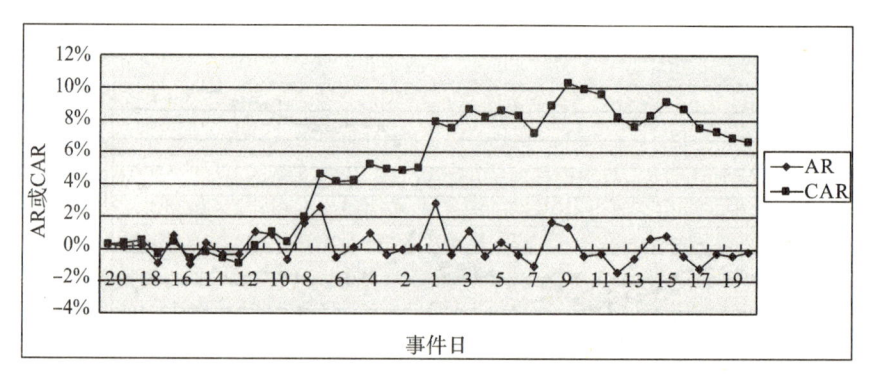

图 3-13　脱困期 4< t ≤ 5 公司摘帽公告的市场反应

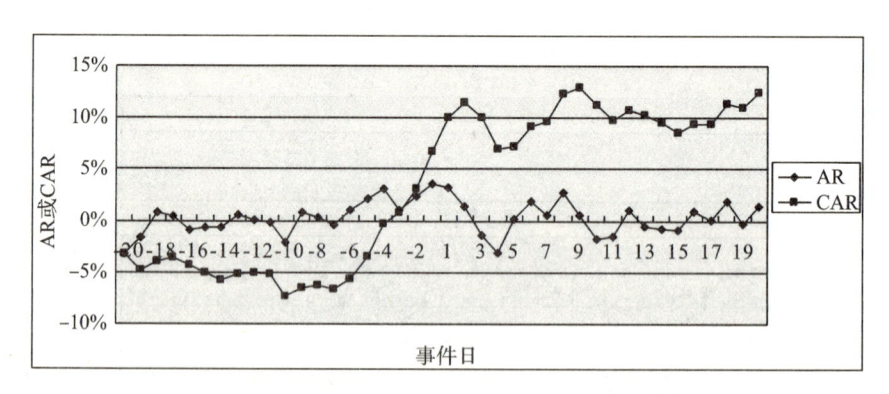

图 3-14　脱困期 t >5 公司摘帽公告的市场反应

3.2 交易量和市场溢价

接下来,我们从交易量和市场溢价来分析财务困境公司脱困后的短期市场业绩。其中,交易量包括交易额和交易数量,市场溢价则以市盈率、市净率、考虑现金红利再投资的年个股回报率指标来体现。

3.2.1 交易量分析

2012年度,49家脱困公司全年的股票交易总金额为 6 450 313.56 万元,股票交易总股数为 43 341 641.78 万股;平均股票交易额为 131 639.05 万元,平均交易股数为 884 523.30 万股,见表3-4。

表3-4　　　　　　　　脱困公司2012年度交易状况

项目	股票交易总额（万元）	股票交易总数量（万元）	平均股票交易额（万元）/家	平均交易股数（万元）/家
金额/股数	6 450 313.56	43 341 641.78	131 639.05	884 523.30

我们按照困境公司控股股东性质将困境公司分国有和民营两类进行交易量分析,见图3-15。民营困境公司的日交易股数、股票日交易金额①分别为 8 040 826.41 万股、58 876 715.38 万股,均高于国有控股的困境公司。说明投资者在资本市场上对国有属性上市公司并没有投资偏好,民营困境公司的交易量更加活跃。

再看不同重组方式困境公司的交易量状况,见图3-16。一般性重组的日交易股数最高,支持性重组次之;从困境公司的日交易额看,放弃式重组的日交易额最高、支持性重组次之、一般性重组排第3位。内部重组公司的日交易股数和日交易额均是最低的。再次说明投资者对短期内依靠自我重整而脱困的公司存在不信任感觉,其交易量较低。

---

① 日交易股数=全年股票交易股数/交易日;股票日交易金额=全年股票交易额/交易日。

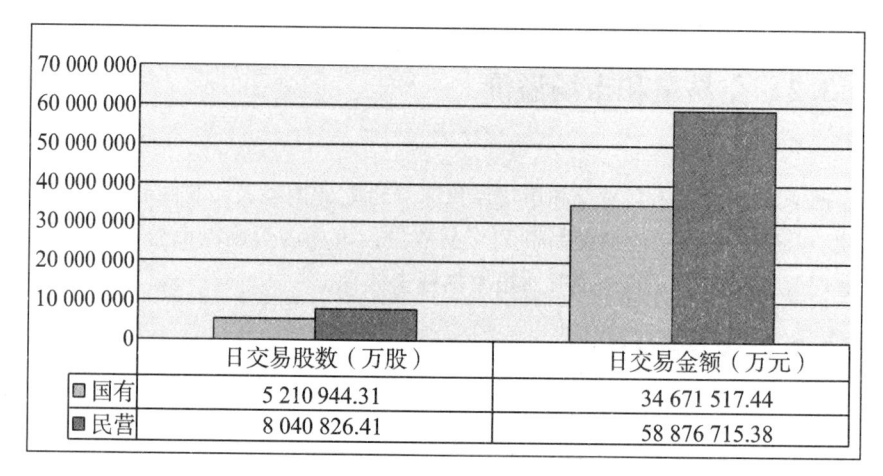

	日交易股数（万股）	日交易金额（万元）
国有	5 210 944.31	34 671 517.44
民营	8 040 826.41	58 876 715.38

图 3-15　不同控股属性困境公司的市场交易量状况

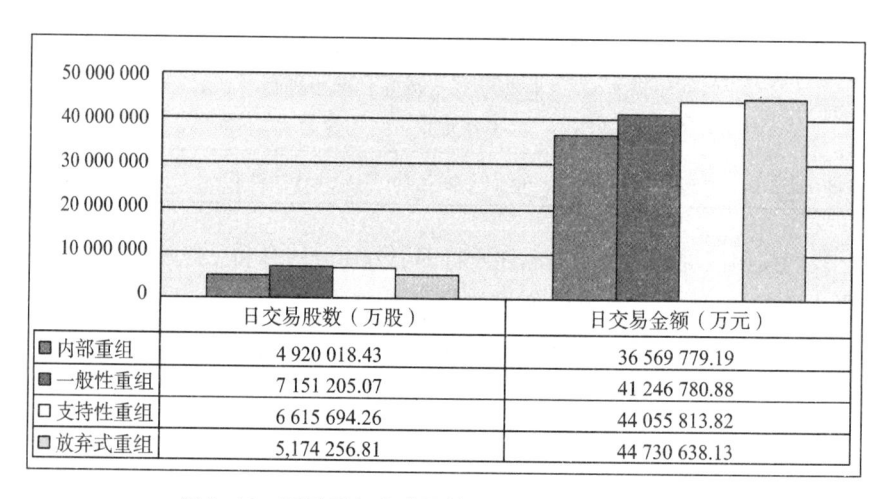

	日交易股数（万股）	日交易金额（万元）
内部重组	4 920 018.43	36 569 779.19
一般性重组	7 151 205.07	41 246 780.88
支持性重组	6 615 694.26	44 055 813.82
放弃式重组	5,174 256.81	44 730 638.13

图 3-16　不同重组方式困境公司的市场交易量状况

3.2.2　市场溢价分析

困境公司的市场溢价以市盈率、市净率、年个股回报率指标来体现。它们分别体现了公司股票市场价格与净收益、净资产之间的关系以及股东对该公司股票投资的回报水平。此处，

$$市盈率 = \frac{年末每股收盘价}{上年净利润／本年末实收资本}$$

$$市净率 = \frac{年末每股收盘价}{年末所有者权益／年末实收资本}$$

年个股回报率以考虑现金红利再投资的年个股回报率表示。其计算公式为：

$$r_{n,t} = \frac{P_{n,t}}{P_{n,t-1}} - 1 \qquad (3.4)$$

其中：$P_{n,t}$ 为股票 n 在 t 年最后一个交易日考虑现金红利再投资的日收盘价的可比价格；$P_{n,t-1}$ 为股票 n 在 $(t-1)$ 年最后一个交易日考虑现金红利再投资的日收盘价的可比价格。

49家脱困公司在脱困当年年末的市盈率平均为110.16，市净率平均为7.22，全年投资回报率平均为55.33%，实现了较高的股东回报。但是，股东回报并不均衡，最高、最低值的差距较大，见表3-5。

表3-5　　　　　脱困公司的总体市场溢价状况

项目	市盈率	市净率	年投资回报率
均值	110.16	7.22	55.33%
中位数	37.66	3.96	23.58%
极大值	927.91	73.25	1 185.49%
极小值	-585.27	1.07	-21.86%
标准差	233.39	10.84	169.81%

我们看不同控股属性的困境公司市场溢价状况，见表3-6。30家国有属性困境公司的市盈率、市净率、年投资回报率分别为61、7.32、27.41%，19家民营属性困境公司的市盈率、市净率、年投资回报率分别为187.78、7.05、99.41。除了在市价净值比上民营的稍低外，在市价盈余比及投资回报方面，民营困境公司远高于国有困境公司。这也说明资本市场上，对这些ST公司进行投资的股东更具有风险偏好性，偏向于投资民营的、高估值的ST股票，也得到了较高的回报。

表3-6　　　　　脱困公司的总体市场溢价状况

项目	公司数量	市盈率	市净率	年投资回报率
国有	30	61.00	7.32	27.41%
民营	19	187.78	7.05	99.41%

接下来，看不同重组方式的市场溢价表现。从图3-16、图3-17、图3-18可见，支持性重组公司投资回报率均居于最高，市净率居于第2位，表明对控

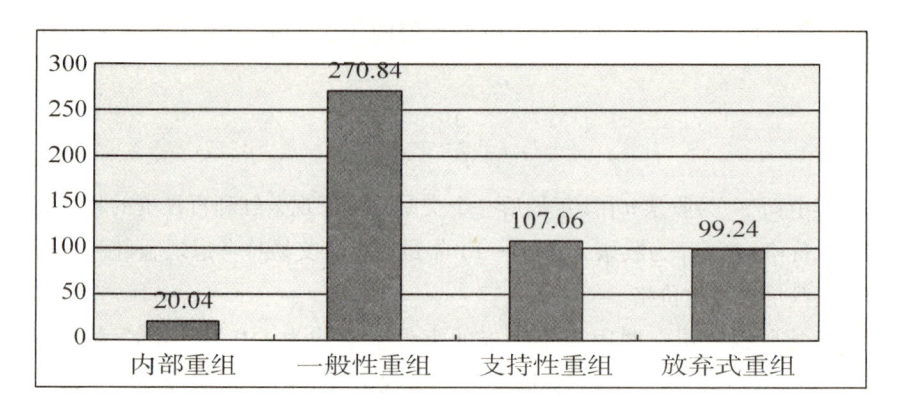

图 3-16　不同重组方式困境公司的市盈率

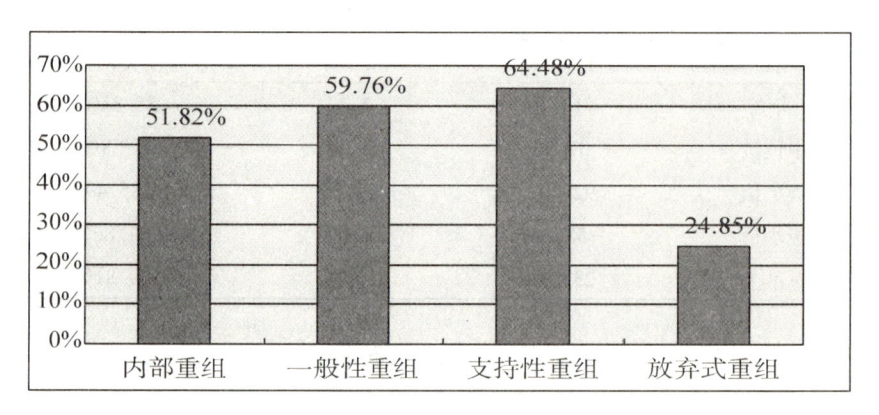

图 3-17　不同重组方式困境公司的市净率

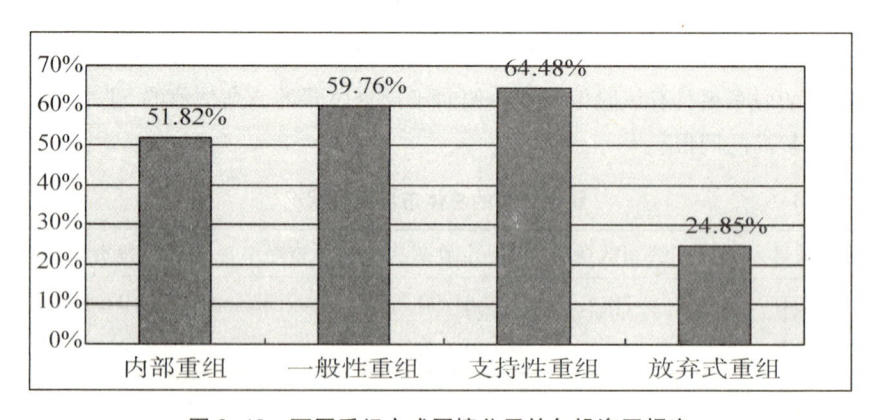

图 3-18　不同重组方式困境公司的年投资回报率

股股东支持的困境公司，投资者的认可度较高，其市场溢价较为显著。内部重组的市盈率、市净率均居于最低，表明这些公司的市场溢价较低，不过其年投资回报率水平尚可；一般性重组的三个指标表现较为均衡，实现了较高的市场溢价和投资回报水平；放弃式重组的市净率最高、市盈率一般，年投资回报率最低，表明这类困境公司尽管在公告期内为股东带来了较高的财富，但从整个脱困年度看，其投资回报水平并不理想，不过其市价净值比较高。

3.3 多元线性回归

为了分析脱困公司市场绩效的影响因素以及不同重组方式对脱困绩效的影响，本研究还采用多元线性回归方法进行重组方式与市场业绩之间关系的实证研究。

3.3.1 公司特征

表3-7列示了脱困公司的各特征变量的均值。所有数据均来源于困境公司脱困前一年即2011年年底。其中公司规模取总资产的对数。从表可见：内部重组公司的规模最高、资产负债率最高，放弃式重组的资产规模最小、资产负债率最低、营运资金比例最高，这也能够解释控股股东能够成功放弃的原因，公司规模小，且财务风险低，接收人取得控股权的成本相对较低且财务风险可控。从基金持股比例看，内部重组公司的基金持股比例最高，放弃式重组的基金持股比例最低，但不存在显著差异。

表3-7 样本公司特征变量均值

特征变量	全部公司(49)	内部重组(3)	一般性重组(3)	支持性重组(33)	放弃式重组(10)
公司规模（SIZE）	9.049	9.618	9.282	9.023	8.894
控股股东性质（CSN）	0.612	1.000	0.667	0.606	0.500
资产负债率（LEV）	0.680	0.910	0.717	0.736	0.416
营运资金比率（WCR）	-0.099	-0.308	-0.084	-0.156	0.148
流通股比例（TSR）	0.792	0.831	0.934	0.762	0.836
基金持股比例（INSTIHR）	1.084	3.133	1.027	1.169	0.206

3.3.2 回归分析

为全面考察财务困境公司脱困的短期市场绩效影响因素,我们在前述计算超额收益、累计超额收益及其交易情况分析基础上,控制公司规模、控股属性、资产负债率、营运资金比率、流通股比例、基金持股比例等相关因素,建立多元回归模型,进行进一步分析。

$$CAR_i = \alpha_0 + \alpha_1(INTR, NORR, SURPR, ABONR) + \alpha_2 SIZE_i + \alpha_3 CSN_i$$
$$+ \alpha_4 LEV_i + \alpha_5 WCR_i + \alpha_6 TRS_i + \alpha_7 INSTIHR_i + \varepsilon_i \quad (3.5)$$

$$CAR_i = \alpha_0 + \alpha_1 RAS + \alpha_2 SIZE_i + \alpha_3 CSN_i$$
$$+ \alpha_4 LEV_i + \alpha_5 WCTA_i + \alpha_6 TRS_i + \alpha_7 INSTIHR_i + \varepsilon_i \quad (3.6)$$

上式中,CAR_i 为股票 i 在研究窗口 [−20, 20] 内的累计超额收益率。$SIZE$ 为公司规模,取总资产的自然对数;CSN 为控股股东性质;LEV 为资产负债率;WCR 为营运资金资产比,取营运资金与流动资产的比率;TRS 为流通股比例;$INSTIHR$ 为基金持股比例;以上指标均取公司脱困年度的前一年年末数据(即 2011 年年末);$INTR$、$NORR$、$SURPR$、$ABONR$ 为财务困境公司的重组方式,此处为虚拟变量,分别表示内部重组、一般性重组、支持性重组、放弃式重组。具体分类方式见本文第二章。如果样本公司的重组选择为该方式取 1,否则取 0。RAS 为重组方式,当财务困境公司选择内部重组取 1,选择一般性重组取 2,选择支持性重组取 3,选择控制权转移的放弃式重组取 4。公司规模($SIZE$)、控股股东性质(CSN)、资产负债率(LEV)、营运资金比率(WCR)、流通股比例(TSR)、基金持股比例($INSTIHR$)为控制变量。模型的多元回归分析结果见表 3-8、表 3-9。

表 3-8　　　　　　　　模型 3.5 的回归结果

变量	模型 3.5-①	模型 3.5-②	模型 3.5-③	模型 3.5-④
Constant	−8.000 (−0.088)	7.745 (0.089)	16.857 (0.196)	−59.666 (−0.554)
INTR	−9.958 (−0.564)			
NORR		−2.924 (−0.180)		
SURPR			5.325 (0.611)	

表3-8(续)

变量	模型3.5-①	模型3.5-②	模型3.5-③	模型3.5-④
ABONR				8.926 (0.640)
SIZE	0.888 (0.086)	-0.897 (-0.091)	-1.346 (-0.139)	4.867 (0.591)
CSN	-1.348 (-0.152)	-2.224 (-0.254)	-2.339 (-0.268)	4.508 (0.422)
LEV	-9.159 (-0.433)	-7.832 (-0.369)	-7.918 (-0.376)	-0.690 (-0.079)
WCTA	-8.723 (-0.391)	-6.871 (-0.309)	-7.179 (-0.325)	-8.626 (-0.412)
TRS	15.881 (0.884)	15.712 (0.860)	13.784 (0.764)	-9.781 (-0.443)
INSTIHR	-0.884 (-0.659)	-1.008 (-0.760)	-1.013 (-0.768)	17.023 (0.947)
F 值	0.400	0.356	0.409	0.561
Adj. R^2	-0.111	-0.120	-0.109	-0.091

表3-8 显示了四种不同的重组方式 INTR、SURPR、NORR、ABONR 分别进入模型回归的结果：内部重组、一般性重组对累计超额收益率产生负作用，而支持性重组与放弃式重组对累计超额收益率产生正向作用，虽然结果并不显著，但与我们之前的分析结果是一致的；将涵盖三种模式的重组行为选择方式 RAS 引入模型，见表3-9，其回归结果与上述回归结果相同，即随着变量 RAS 的值增加，累计超额收益率也会增加，即放弃式重组、支持性重组相较于内部重组和一般性重组方式，更能促进困境公司摘帽脱困公告期前后累计超额收益率的提升，但这三种不同重组行为选择方式对 CAR 的影响差异也不显著。其他控制变量在两个模型的回归中均不显著。也从一定程度上说明，ST 公司的脱困公告所产生的累计超额收益与公司规模、控股股东性质、资产负债率、营运资金比率、流通股比例、基金持股比例等关系并不密切，投资者可能在资本市场上购入这些 ST 股票的目的就是因为"摘帽""重组"题材的炒作。

表3-9　　　　　　　　　　　　模型3.6的回归结果

变量	模型6.8（多元线性回归）		
	B	t值	
Constant	8.100	1.256	
RAS	4.710	0.445	F值
SIZE	-0.456	-0.053	0.593
CSN	-9.092	-0.439	
LEV	-9.997	-0.457	
WCR	18.050	1.016	Adj. R^2
TRS	-0.646	-0.486	-0.073
INSTIHR	-70.126	-0.665	

4 财务困境公司脱困后的长期经营绩效

4.1 经营绩效衡量指标选择

财务困境公司脱困后的长期经营绩效，采取与短期市场绩效相同的研究对象，即以2012年成功脱困的49家A股上市公司为样本，自摘帽前一年（2011年）至2015年年底，可获得摘帽后4年和摘帽前1年共5年的经营业绩数据，便于对长期经营绩效的研究。

对于ST公司重组或摘帽的经营绩效衡量，最常用的是获利能力指标，如每股收益（EPS）、资产净利率（ROA）（万潮领，2001；赵丽琼，2010）。也有学者将资产负债率、每股经营活动现金净流量纳入考核范畴（吕长江等，2007），但并不多见。本书在前人研究的基础之上，设计公司经营绩效衡量的指标体系见表4-1。该指标体系考虑了以下几个方面的因素：数据可得性、全面性、代表性，尽可能全面地考虑了公司的盈利、风险、增长状况，并涵盖相关方面的主要核心指标。由于2010年度（摘帽前2年）报表中，很多公司净利润数据为负，致使净利润增长率在2011年度失去意义，故在增长指标中没有设净利润增长率，以营业收入增长率配合盈利指标中的营业利润率可以反映净利润增长信息。

表 4-1　　　　　　　　　　经营绩效衡量指标

指标类别	指标名称	指标符号	指标定义
盈利	资产净利率	ROA	净利润/平均资产总额
	净资产收益率	ROE	净利润/平均净资产
	营业利润率	OPR	营业利润/营业收入
	成本费用利润率	PTC	利润总额/（营业成本+销售费用+管理费用+财务费用）
风险	资产负债率	LEV	负债总额/资产总额
	速动比率	CUR	（流动资产-存货）/流动负债
	利息保障倍数	TIED	（净利润+财务费用）/财务费用
	现金流量比率	CFR	经营活动产生的现金流量净额/流动负债
增长	资本保值增值率	EGR	年末所有者权益合计/年初所有者权益合计
	营业收入增长率	SGR	（本年营业收入-上年营业收入）/上年营业收入

采用会计数据研究方法，选择摘帽前 1 年（2011 年度）及摘帽后 4 年（2012—2015 年）共 5 年的财务数据指标，考察财务困境公司摘帽后与摘帽前各指标之间的纵向定比情况。其次，针对各年度指标进行因子分析，计算不同重组方式脱困公司的绩效得分，并对其进行横向比较与分析。由于 49 家脱困公司中的九发股份（证券代码：600180）在 2011 年、2012 年的指标数据不全，故在分析时将其删除，剩余 48 个脱困样本公司。这些脱困样本公司的控股股东性质及重组方式情况见表 4-2。

表 4-2　　　　　　　　　　脱困样本公司构成情况

脱困样本公司	控股股东性质		重组方式	数量
48 家	国有	29（60.42%）	内部重组	3
			一般性重组	2
			支持性重组	20
			放弃式重组	4
	民营	19（39.58%）	内部重组	0
			一般性重组	1
			支持性重组	13
			放弃式重组	5

4.2 指标纵向定比分析

4.2.1 盈利指标定比分析

由表 4-3 可知，除成本费用利润率指标以及 2013 年、2015 年度资产净利率指标差值之外，财务困境公司摘帽当年及以后 3 年内的其他各盈利指标与摘帽前 1 年的差值基本为正值，表明摘帽确实使企业的盈利水平较之在困境中有显著提升。尤其是营业利润率指标，摘帽以后各年度相对于摘帽前 1 年度的指标差值最高。表 4-4 的摘帽前后各年盈利指标均值与中位数也说明了这一点，ROA 在 2011 年均值为 3.51%，2013 年与 2011 年基本持平，2015 年比 2011 年要低，2012 年、2014 年度均高于摘帽前 1 年数据；ROE 在摘帽之前均为负值，摘帽后各年度无论均值还是中位数均为正值。OPR 在摘帽前 1 年为负值，且数据极低，摘帽后其均值和中位数都远高于 2011 年度数据。成本费用利润率（PTC）的表现则不理想，表 4-3 和表 4-4 都可以看出，摘帽当年及摘帽后 3 年内的成本费用利润率与摘帽前 1 年的差值均为负值，摘帽后各年均值与中位数均呈下降趋势。这说明 ST 公司在脱困摘帽之后的盈利水平尽管较摘帽前有一定提升，但其利用成本费用获取利润的能力却显著下降。

表 4-3　摘帽后各年盈利指标与摘帽前 1 年定比分析

指标差值	2012-2011	2013-2011	2014-2011	2015-2011
N	48	48	48	48
资产净利率（ROA）差值				
Mean	0.008	-0.000 4	0.001	-0.015
T 值	0.284	-0.016	0.026	-0.504
正值比率	50.00%	45.83%	35.42%	35.42%
净资产收益率（ROE）差值				
Mean	0.141	0.112	0.127	0.074
T 值	0.987	0.793	0.919	0.535
正值比率	47.92%	35.42%	35.42%	33.33%
营业利润率（OPR）差值				
Mean	55.067	54.986	55.056	54.859
T 值	1.002	1.001	1.002	0.998
正值比率	43.75%	43.75%	43.75%	45.83%

表4-3(续)

指标差值	2012-2011	2013-2011	2014-2011	2015-2011
成本费用利润率（PTC）差值				
Mean	-0.082	-0.138	-0.146	-0.225
T值	-0.588	-0.855	-0.986	-1.181
正值比率	43.75%	47.92%	39.58%	52.08%

注：表中的 Mean 指各指标差值的均值；T 值为各指标差值的比较均值（单样本 T 检验，与 0 比较）t 值；正值比率是各指标差值中正值的比率。

表4-4　　　　摘帽前后各年盈利指标均值与中位数

指标		2011年	2012年	2013年	2014年	2015年
ROA	均值	3.51%	4.32%	3.47%	3.59%	2.05%
	中位数	2.42%	2.90%	3.13%	2.39%	2.04%
	标准差	0.210	0.090	0.093	0.068	0.091
ROE	均值	-5.58%	8.52%	5.57%	7.12%	1.86%
	中位数	5.83%	9.16%	6.42%	4.95%	4.05%
	标准差	0.952	0.228	0.174	0.115	0.208
OPR	均值	-5 500.70%	6.01%	-2.05%	4.94%	-14.82%
	中位数	2.23%	4.36%	3.53%	3.52%	3.37%
	标准差	380.750	0.297	0.545	0.316	0.946
PTC	均值	29.44%	21.19%	15.64%	14.83%	6.90%
	中位数	3.42%	5.90%	5.48%	5.02%	5.30%
	标准差	1.137	0.610	0.539	0.394	0.568

图 4-1 至图 4-5 清晰地反映了摘帽前 1 年（2011 年）及之后 4 年内各盈利指标均值与中位数的走势。除了成本费用利润率（RTC）指标，其余盈利指标摘帽当年（2012 年）的均值和中位数均比摘帽前 1 年有较大幅度提升，成本费用利润率尽管从均值上看 2012 年低于 2011 年，但由于其均值和中位数存在较大差异，是缘于个别公司数据的拉动，故此处中位数更符合实际情况。从图 4-6 的成本费用利润率中位数看，2012 年要高于 2011 年度；资产净利率（ROA）、净资产收益率（ROE）在 2012 年度最高，2013 年开始下降，尽管在 2014 年有所回升，但之后的 2015 年度又开始下降至低于 2012 年水平。图 4-3 中营业利润率（OPR）的均值与中位数图形，因 2011 年均值过低而使得该图形不能显示摘帽后指标变化趋势，我们单独针对营业利润率（OPR）的

2012—2015年均值（见图4-4）以及2011—2015年的中位数进行分析（见图4-5），发现营业利润率的均值和中位数的变化趋势与ROA、ROE的变动趋势相似，即2012年度大幅上升，2013年度下降，2014年度再度上升，2015年度又下降至低于2012年度水平。成本费用利润率（PTC）的均值则从2012年度提高之后一直处于下降趋势，其中位数也是2012年较2011年提高后基本处于下降趋势，尽管2015年有一个特别小幅的提升（2015年为5.30%，比2013年的5.02%稍高），但依然低于2012年度水平（5.90%）。因此，总体来说，盈利指标在脱困当年（2012年）较脱困前1年（2011年）均有较高提升，表现较好，但2013年就开始下降，2014年又有小幅度提升，但2015年再次下降，且2013年度、2014年度、2015年度无论如何变化，其指标水平均低于2012年度指标数值。这说明这些脱困公司依靠重组而摘帽，但后续盈利能力并不稳定。

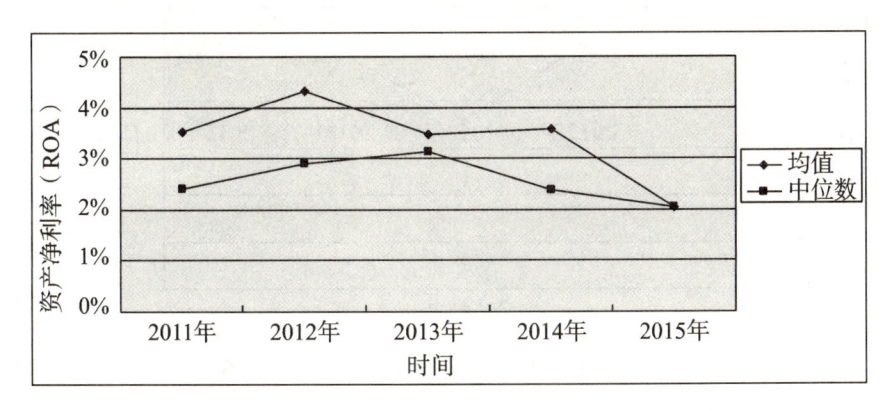

图4-1 脱困公司2011—2015年的ROA均值与中位数

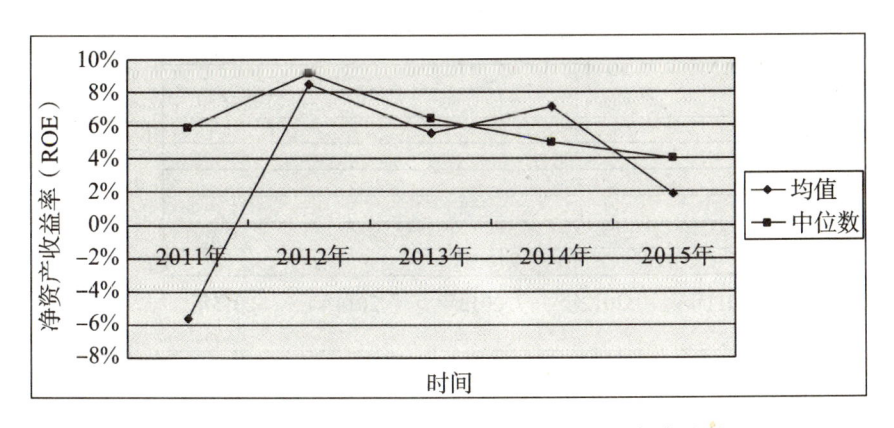

图4-2 脱困公司2011—2015年的ROE均值与中位数

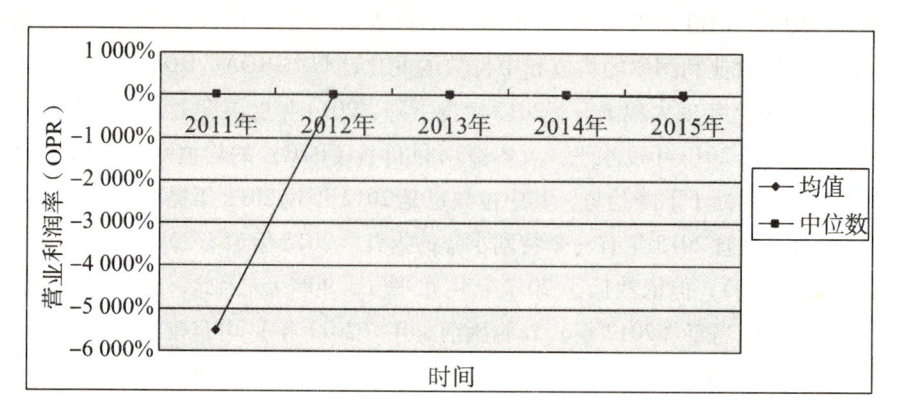

图 4-3　脱困公司 2011—2015 年的 OPR 均值与中位数

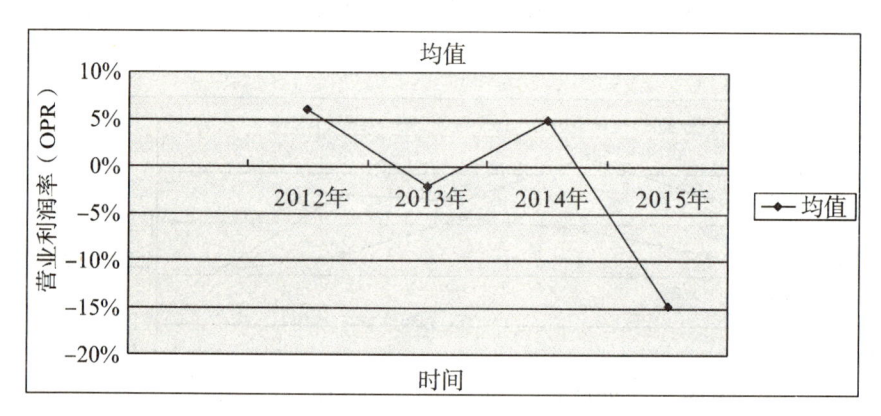

图 4-4　脱困公司 2012—2015 年的 OPR 均值

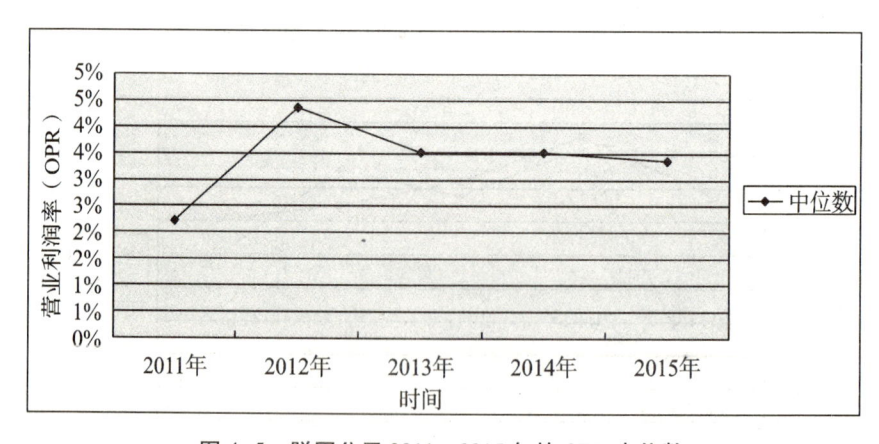

图 4-5　脱困公司 2011—2015 年的 OPR 中位数

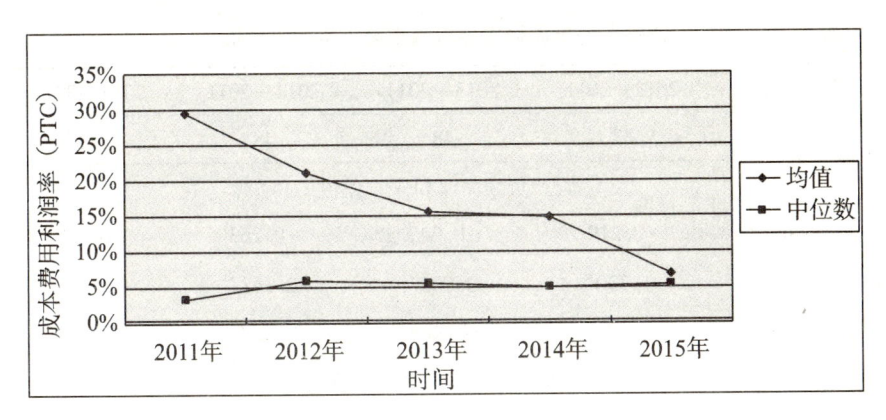

图 4-6 脱困公司 2011—2015 年的 PTC 均值与中位数

4.2.2 风险指标定比分析

从表 4-5 看，资产负债率（LEV）在摘帽当年及以后 3 年内与摘帽前 1 年的差值均为负值，且分别在 10% 或 5% 的水平上显著，速动比率（CUR）在摘帽当年及以后 3 年内与摘帽前 1 年的差值均为正值，且 2012 年在 10%、2015 年在 1% 的水平上显著，2013 年、2014 年的差值尽管表现并不显著，但依旧大于 0。这说明 ST 公司脱困之后各年的资产负债率水平较脱困之前都有明显下降，速动比率则有明显上升，脱困公司的偿付能力在逐渐增强，财务风险逐渐降低。

利息保障倍数（TIED）在摘帽当年（2012 年）与摘帽前 1 年的差值为负，2013 年差值为正，2014 年、2015 年的差值又为负，现金流量比率（CFR）则从 2012 年至 2015 年与摘帽前 1 年的差值一直为负。这表明财务困境公司脱困后尽管其债务比例降低、偿付能力增强，但保证偿付能力的收益水平与经营现金流量状况却并不理想。

再看表 4-6 与图 4-7 至图 4-11 的各年均值、中位数情况，资产负债率（LEV）逐渐下降、速动比率（CUR）逐步上升，利息保障倍数（TIED）的均值在 2013 年度达到最高，2014 年、2015 年均为负值。因为该指标均值与中位数在 2013 年度相差较大。我们再看利息保障倍数的中位数情况（见图 4-10）：2012 年较 2011 年上升，2013 年再上升，2014 年、2015 年下降，但高于 2011 年度的摘帽前水平。现金流量比率（CFR）则在 2012 年、2013 年度先下降、2014 年至 2015 年又上升。这说明财务困境公司脱困后，其债务水平降低、财务风险降低，但同时也应关注保持这些财务风险降低的收益和现金水平。

表 4-5　　摘帽后各年风险指标与摘帽前 1 年定比分析

指标差值	2012—2011	2013—2011	2014—2011	2015—2011
N	48	48	48	48
资产负债率（LEV）差值				
Mean	-0.210	-0.243	-0.263	-0.267
T 值	-1.730*	-2.005**	-2.148**	-2.146**
正值比率	39.58%	33.33%	31.25%	27.08%
速动比率（CUR）差值				
Mean	0.183	0.426	0.417	0.687
T 值	1.857*	1.110	1.644	3.520***
正值比率	56.25%	62.50%	68.75%	72.92%
利息保障倍数（TIED）差值				
Mean	-5.669	64.716	-9.350	-22.664
T 值	-0.175	0.878	-0.287	-0.621
正值比率	60.42%	52.08%	50.00%	58.33%
现金流量比率（CFR）差值				
Mean	-0.047	-0.082	-0.025	-0.016
T 值	-0.727	-0.604	-0.187	-0.127
正值比率	41.67%	50.00%	50.00%	54.17%

注：表中的 Mean 指各指标差值的均值；T 值为各指标差值的比较均值（单样本 T 检验，与 0 比较）t 值；正值比率是各指标差值中正值的比率；***、**、* 分别表示差别在 1%、5%、10% 水平上显著。

表 4-6　　摘帽前后各年风险指标均值与中位数

指标		2011 年	2012 年	2013 年	2014 年	2015 年
LEV	均值	69.37%	48.37%	45.02%	43.06%	42.65%
	中位数	56.14%	46.07%	40.01%	38.24%	34.41%
	标准差	0.888	0.264	0.247	0.247	0.247
CUR	均值	1.17	1.35	1.59	1.58	1.85
	中位数	0.65	0.73	0.79	1.09	1.13
	标准差	1.604	1.964	2.619	1.524	2.170

表4-6(续)

指标		2011年	2012年	2013年	2014年	2015年
TIED	均值	7.51	1.84	72.23	-1.84	-15.15
	中位数	1.24	2.04	2.39	1.69	1.42
	标准差	220.582	20.400	449.650	29.003	73.611
CFR	均值	22.59%	17.89%	14.36%	20.10%	20.95%
	中位数	4.40%	2.72%	2.04%	6.61%	12.96%
	标准差	0.932	0.976	0.505	0.539	0.591

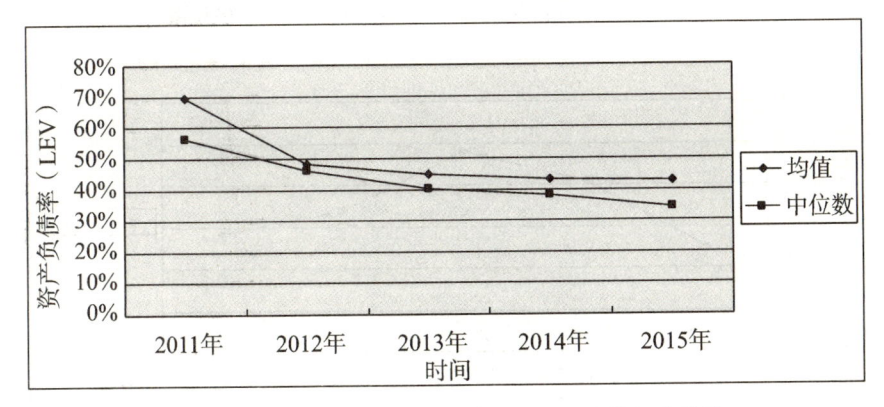

图4-7 脱困公司2011—2015年的LEV均值与中位数

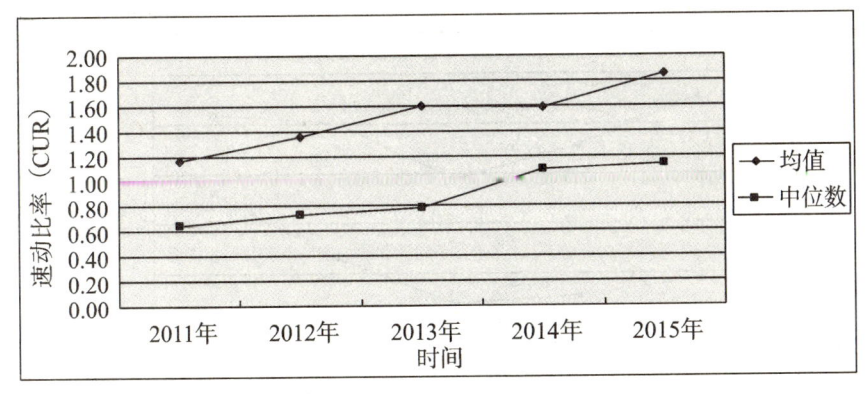

图4-8 脱困公司2011—2015年的CUR均值与中位数

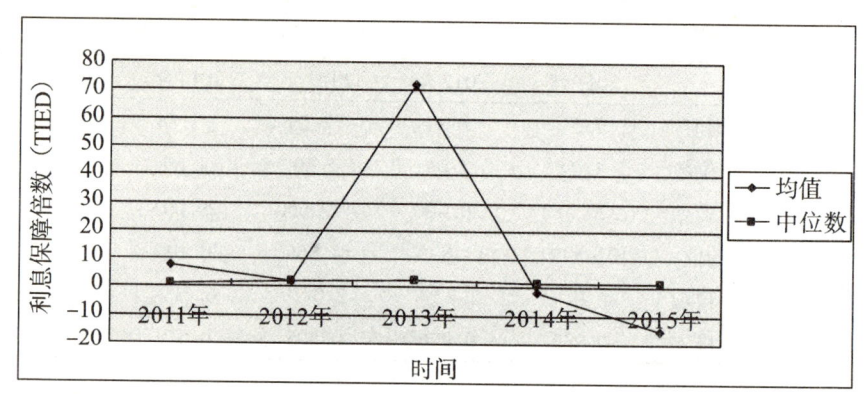

图 4-9 脱困公司 2011—2015 年的 TIED 均值与中位数

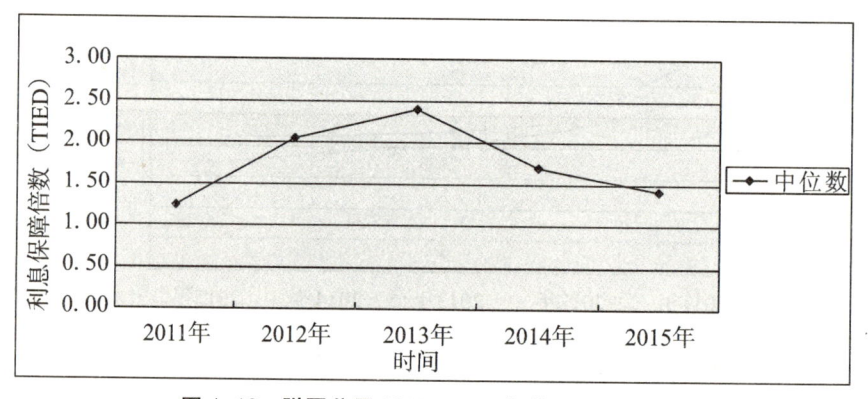

图 4-10 脱困公司 2011—2015 年的 TIED 中位数

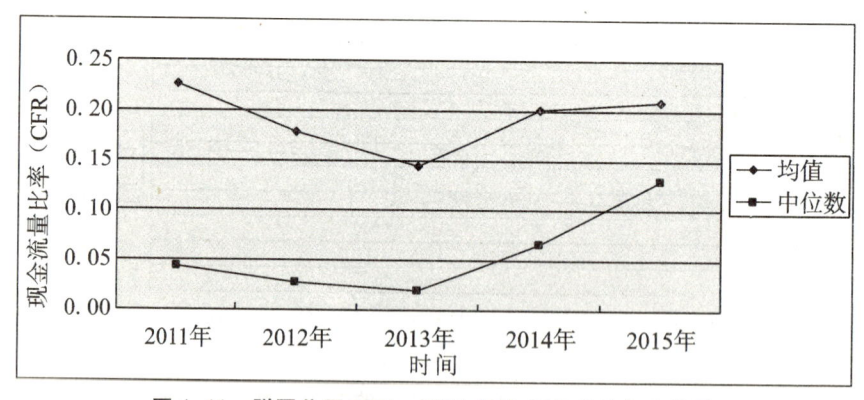

图 4-11 脱困公司 2011—2015 年的 CFR 均值与中位数

4.2.3 增长指标定比分析

从表 4-7 看，资本保值增值率（EGR）在摘帽当年及以后 3 年内与摘帽前

1年的差值均为正值,且在5%水平上显著,说明ST公司脱困之后的净资产得到了显著增长。营业收入增长率(SGR)在摘帽当年的差值为正,之后从第2013年至第2015年的差值均小于0,且在10%水平上显著。这说明营业收入只在摘帽当年实现了较大幅度增长,之后就开始下降。表4-8的均值与中位数配合更能说明这些财务困境公司的增长情况:资本保值增值率(EGR)无论均值还是中位数,摘帽以后各年度的数值都要高于摘帽前(2011年)的水平,尽管从2014年至2015年有所下降,但依然高于摘帽前的水平,说明脱困公司的资本保值增值情况较好;营业收入增长率(SGR)的均值在2011年、2012年出现极高值情况,这是由于有个别公司在困境期间营业收入过低,营业收入增长后显示增长率极高而拉升了均值。所以该指标需要配合中位数判断,营业收入增长率(SGR)的中位数2012年度不及2011年度,2013年度较2012年度有一定幅度提升,但从2014年度又开始下降,且2015年度下降值低于0,即营业收入出现负增长,说明财务困境公司的营业收入在脱困以后状况不理想。

表4-7　　摘帽后各年增长指标与摘帽前1年定比分析

指标差值	2012-2011	2013-2011	2014-2011	2015-2011
N	48	48	48	48
资本保值增值率(EGR)差值				
Mean	1.200	1.637	1.183	1.222
T值	2.136**	2.598**	2.112**	1.964**
正值比率	60.42%	56.25%	54.17%	47.92%
营业收入增长率(SGR)差值				
Mean	2 769.187	-35.146	-35.339	-35.241
T值	0.987	-1.891*	-1.901*	-1.893*
正值比率	39.58%	37.50%	39.58%	31.25%

注:表中的Mean指各指标差值的均值;T值为各指标差值的比较均值(单样本T检验,与0比较)t值;正值比率是各指标差值中正值的比率;**、*分别表示差别在5%、10%水平上显著。

表4-8　　摘帽前后各年增长指标均值与中位数

指标		2011年	2012年	2013年	2014年	2015年
EGR	均值	6.13%	126.17%	169.83%	124.44%	128.36%
	中位数	102.82%	108.82%	108.73%	107.28%	106.30%
	标准差	3.862	0.868	2.304	0.469	0.841

表4-8(续)

指标		2011年	2012年	2013年	2014年	2015年
SGR	均值	3 543.75%	280 462.50%	29.11%	9.86%	19.66%
	中位数	14.90%	12.28%	13.87%	7.19%	−1.08%
	标准差	128.855	19 428.809	0.792	0.494	1.186

图4-12至图4-15更加清晰地描述了摘帽前后增长指标均值与中位数的情况与走势。摘帽前1年ST公司的资本保值增值水平较低,摘帽后公司资本保值增值增长明显,2014年度该指标开始下降,不过依然高于摘帽前的水平;营业收入均值在摘帽当年显著增长,但其中位数却相对下降,之后均值持续下降,中位数有小幅提升之后再次下降,至2015年甚至低于摘帽前的水平。这说明公司脱困之后的营业收入增长与资本资产增长并不匹配,公司在重组后其资本规模扩张,但收入并未有明显增长。

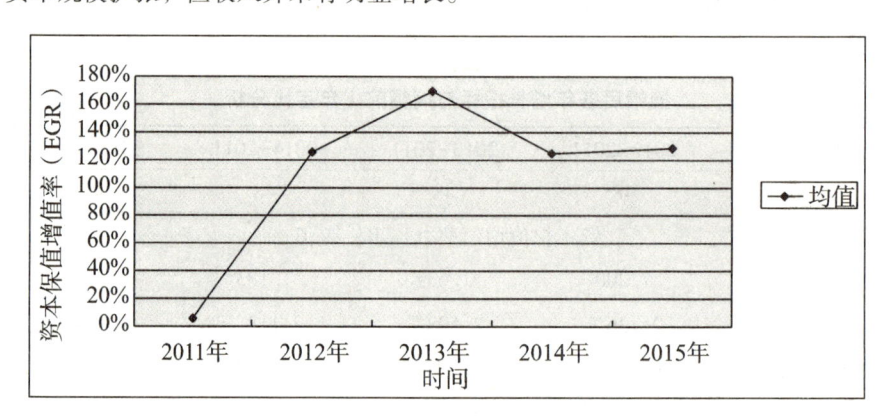

图4-12 脱困公司2011—2015年的EGR均值

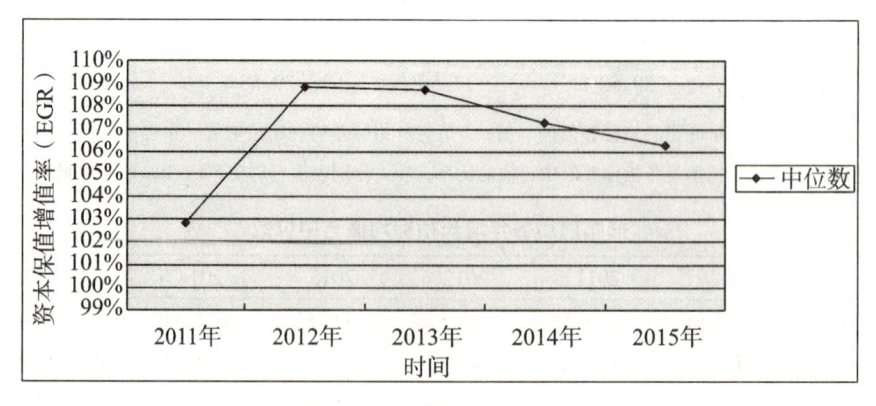

图4-13 脱困公司2011—2015年的EGR中位数

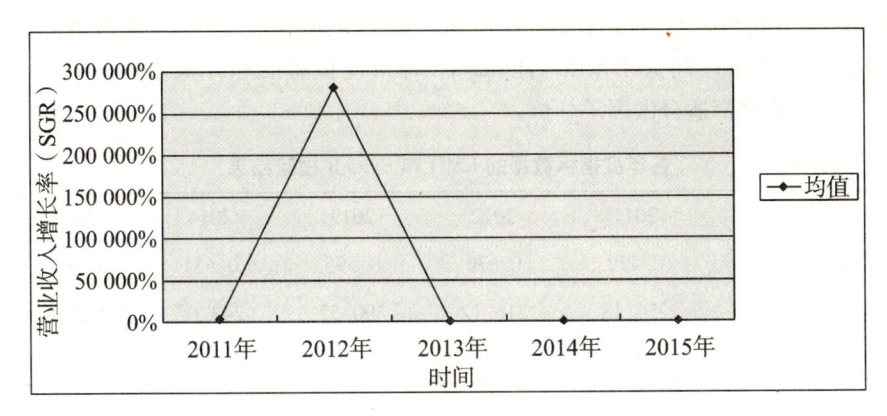

图 4-14 脱困公司 2011—2015 年的 SGR 均值

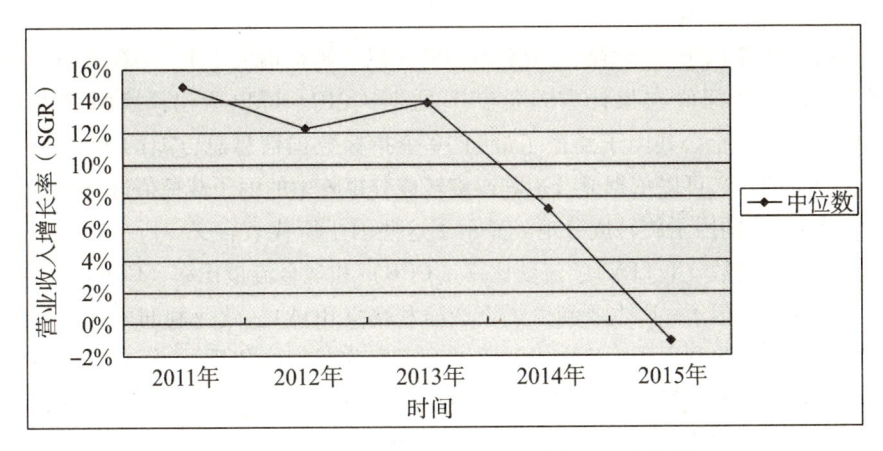

图 4-15 脱困公司 2011—2015 年的 SGR 中位数

4.3 指标横向因子分析

在该部分内容中,我们首先对所选择指标进行正向化处理。10 个指标中只有资产负债率为逆指标,与经营业绩负相关,其他 9 个指标均为正指标,数值越高表明公司经营业绩越好。以该逆指标的倒数(1/资产负债率)来代替原指标,以保证全部指标的可比性。接下来,对财务困境公司摘帽前 1 年(2011 年)、摘帽当年(2012 年)、摘帽后第 1 至 3 年(2013—2015 年),共 5 年的相应指标分别进行因子分析,计算经营绩效得分,并对各年的不同重组选择方式样本的得分情况进行横向比较和分析。表 4-9 列示了各年度指标数据的 KMO 和 Bartlett 检验结果。可以看出，KMO 测度值在 2011 年度接近 0.5，2012 年至 2015 年均大于 0.5，且 Bartlett 球形度检验的相伴概率均为 0.000，说明这些数据都适合做因子分析。

表 4-9　各年度指标数据的 KMO 和 Bartlett 检验结果

检验参数	2011	2012	2013	2014	2015
KMO 值	0.479	0.630	0.595	0.631	0.658
Bartlett 球形度	256.18	216.12	300.52	243.02	192.94
Sig. 值	0.000	0.000	0.000	0.000	0.000

4.3.1　摘帽前 1 年（2011 年）的经营绩效分析

（1）确定因子方差贡献率及载荷矩阵。以"特征值大于 1"为公共因子选择标准，其特征值与累计方差贡献率见表 4-10。可以看出：摘帽前 1 年（2011 年）：5 个公共因子涵盖了最初 10 个指标数据信息总方差的 85.636%。这些因子的含义可以依据成分矩阵或旋转成分矩阵中的因子载荷值进行解释。

表 4-11 的因子旋转成分矩阵显示了这些因子所代表含义。F_1 主要涵盖了资产负债率倒数（1/LEV）、流动比率（CUR）和现金流量比率（CFR），可将其定义为风险因子；F_2 主要涵盖了资产净利率（ROA）、营业利润率（OPR），可将其定义为盈利因子；F_3 主要涵盖了净资产收益率（ROE）、资本保值增值率（EGR），可将其定义为资本收益因子；F_4 主要涵盖了成本费用利润率（PTC）和利息保障倍数（TIED），可将其定义为利息保障因子；F_5 主要涵盖了营业增长率（SGR），可将其定义为营业增长因子。

表 4-10　2011 年因子特征值与累计方差贡献率

因子	提取平方和载入			旋转平方和载入		
	特征值	方差贡献率%	累计方差贡献率%	特征值	方差贡献率%	累计方差贡献率%
1	3.097	30.973	30.973	2.742	27.418	27.418
2	2.011	20.114	51.087	1.629	16.286	43.704
3	1.268	12.680	63.767	1.624	16.243	59.947
4	1.154	11.543	75.310	1.469	14.691	74.637
5	1.033	10.326	85.636	1.100	10.999	85.636

表 4-11　　2011 年因子旋转成分矩阵

指标	F_1	F_2	F_3	F_4	F_5
ROA	0.092	0.770	0.527	0.169	0.119
ROE	0.098	−0.028	0.841	0.073	0.257
OPR	0.030	0.956	−0.095	−0.016	−0.022
PTC	0.292	0.298	0.147	0.743	0.212
LEV	0.971	−0.011	−0.011	−0.064	−0.030
CUR	0.903	0.077	0.081	0.205	−0.084
TIED	−0.040	0.091	0.066	−0.895	0.118
CFR	0.926	0.059	−0.044	0.172	0.001
EGR	0.105	−0.115	−0.772	0.074	0.299
SGR	−0.098	0.041	0.006	−0.006	0.929

（2）计算因子得分及横向分析。因子得分系数矩阵见表 4-12。

表 4-12　　2011 年因子得分系数矩阵

指标	F_1 风险因子	F_2 盈利因子	F_3 资本收益因子	F_4 利息保障因子	F_5 营业增长因子
ROA	−0.020	0.413	0.212	0.022	0.038
ROE	0.039	−0.189	0.554	−0.002	0.215
OPR	−0.031	0.674	−0.223	−0.095	−0.079
PTC	0.002	0.088	0.014	0.479	0.140
LEV	0.399	−0.044	−0.005	−0.190	0.020
CUR	0.324	−0.015	0.034	0.018	−0.058
TIED	0.118	0.123	0.058	−0.693	0.154
CFR	0.343	−0.010	−0.048	−0.010	0.029
EGR	0.052	0.020	−0.507	0.061	0.308
SGR	0.001	−0.030	−0.030	−0.050	0.855

根据表 4-12 列示的因子得分系数矩阵对以上五个公共因子的得分进行计算。各因子得分计算表达式为：

$F_1 = -0.020ROA + 0.039ROE - 0.031OPR \cdots\cdots + 0.052EGR + 0.001SGR$

$F_2 = 0.413ROA - 0.189ROE + 0.674OPR \cdots\cdots + 0.020EGR - 0.030SGR$

$$F_3 = 0.212ROA + 0.554ROE - 0.223OPR\cdots\cdots - 0.507EGR - 0.030SGR$$
$$F_4 = 0.022ROA - 0.002ROE - 0.095OPR\cdots\cdots + 0.061EGR - 0.050SGR$$
$$F_5 = 0.038ROA + 0.215ROE - 0.079OPR\cdots\cdots + 0.308EGR + 0.855SGR$$

依据表 4-10，样本公司的绩效综合得分计算表达式为：

$$F_{综(2011)} = \frac{27.418\%F_1 + 16.286\%F_2 + 16.243\%F_3 + 14.691\%F_4 + 10.999\%F_5}{85.636\%}$$

根据上述计算公式，可以计算得到每一个样本公司的各个公因子得分及绩效综合得分。不同重组选择样本的得分情况横向比较见表 4-13。

表 4-13　　　　　　　　2011 年的因子得分比较结果

因子	指标	内部重组	一般性重组	支持性重组	放弃式重组	P 值
F_1	均值	0.452	1.021	2.317	16.217	0.335
	中位数	0.497	0.921	1.349	1.326	0.294
F_2	均值	-1.347	0.070	-58.315	14.982	0.910
	中位数	-0.572	0.131	-0.032	-0.371	0.848
F_3	均值	-1.771	0.530	15.139	6.754	0.862
	中位数	-1.417	-0.396	-0.457	-0.409	0.848
F_4	均值	-0.591	-0.487	20.222	-86.422	0.975
	中位数	-1.547	-1.174	-1.094	-0.120	0.848
F_5	均值	29.324	-1.177	44.218	19.801	0.434
	中位数	0.686	-1.942	0.629	0.718	0.324
$F_{综}$	均值	3.218	0.206	1.672	2.960	0.606
	中位数	0.115	0.124	0.267	0.351	0.848

注：表中的 P 值指各因子非参数多独立样本检验中 Kruskal Wallis 检验与中值检验的渐进显著性水平。

由表 4-13 的数据可知，摘帽前 1 年，不同重组选择方式的样本公司的因子得分存在差异。从风险因子 F_1 看，放弃式重组得分最高、支持性重组次之，内部重组、一般性重组较低；由于盈利因子 F_2、资本收益因子 F_3、利息保障因子 F_4、营业增长因子 F_4 的均值与中位数差异较大，我们分析中位数。一般性重组的盈利因子得分为正，其余重组方式的盈利因子得分均为负值。所有重组策略的资本收益因子和利息保障因子得分的中位数均为负值，但相对而言放弃式重组的得分稍高。这是由于公司尚处于困境，还没有摘帽脱困，这些公司的盈利能力、资本收益水平和利息保障水平都普遍偏低；从营业增长因子看，放弃式重组和内部重组得分相对较高,一般性重组则相对较低;综合绩效因子得分的均值与中位数差异不太大,我们将两者结合起来进行分析。放弃式重组、内部重组的整体综合业绩水平相对较高,一般性重组最低,支持性重组居中。这种得分情况符合公司的重组方式选择现实:即困境程度低、业绩水平相对较高的公司采取了内部重组或新股东接手,业绩差、困境程度高的公司则只能采取一般性的重组方式。不过,摘帽前1年,不同重组方式之间的业绩得分差异在统计水平上不显著。

4.3.2 摘帽后各年(2012—2015年)经营绩效分析

针对摘帽后各年(2012—2015年)的财务指标数据进行因子分析,方法和过程与2011年相同,此处不再详述。各年因子得分系数矩阵及样本公司的绩效综合得分计算分别见表4-13至表4-16以及$F_{综(2012)}$、$F_{综(2013)}$、$F_{综(2014)}$、$F_{综(2015)}$的表达式。针对2012—2015年样本公司的绩效综合得分进行分析,对比结果见表4-17。

表4-13　　　　　　　　2012年因子得分系数矩阵

指标	F_1 风险因子	F_2 盈利因子	F_3 增长因子
ROA	-0.065	0.338	-0.049
ROE	-0.111	0.297	0.107
OPR	0.016	0.242	-0.025
PTC	0.029	0.285	-0.127
LEV	0.337	-0.090	0.061
CUR	0.317	-0.061	0.085
TIED	-0.205	0.021	0.138
CFR	0.266	0.031	0.022
EGR	-0.057	0.048	0.634
SGR	-0.057	0.099	-0.695

$$F_{综(2012)} = \frac{30.731\% F_1 + 29.736\% F_2 + 10.732\% F_3}{71.199\%}$$

表 4-14　　　　　　　　　　2013 年因子得分系数矩阵

指标	F_1 盈利及现金因子	F_2 利息保障因子	F_3 风险因子	F_4 增长因子
ROA	0.310	-0.030	0.030	-0.023
ROE	0.284	-0.040	0.030	-0.042
OPR	-0.016	0.434	-0.028	0.010
PTC	0.223	0.107	0.015	0.026
LEV	0.050	-0.067	0.498	0.036
CUR	0.027	-0.020	0.494	-0.024
TIED	0.130	-0.508	0.038	0.019
CFR	0.324	-0.200	0.007	0.018
EGR	-0.119	0.178	0.076	-0.703
SGR	-0.136	0.174	0.084	0.689

$$F_{综(2013)} = \frac{30.966\% F_1 + 20.916\% F_2 + 19.897\% F_3 + 10.272\% F_4}{82.05\%}$$

表 4-15　　　　　　　　　　2014 年因子得分系数矩阵

指标	F_1 盈利因子	F_2 风险因子	F_3 营业增长因子
ROA	0.259	-0.056	-0.049
ROE	0.240	-0.131	-0.039
OPR	0.178	0.012	0.335
PTC	0.245	0.019	-0.035
LEV	-0.064	0.461	0.002
CUR	-0.016	0.458	0.044
TIED	-0.157	-0.086	0.346
CFR	0.145	0.188	0.051
EGR	0.084	-0.015	0.082
SGR	0.020	0.041	0.778

$$F_{综(2014)} = \frac{36.866\% F_1 + 20.807\% F_2 + 11.757\% F_3}{69.429\%}$$

表 4-16　　　　　　　　　2015 年因子得分系数矩阵

指标	F₁ 盈利因子	F₂ 风险因子	F₃ 利息保障因子	F₄ 增长因子
ROA	0.199	−0.035	0.237	0.064
ROE	0.080	0.033	0.287	0.247
OPR	0.396	−0.087	−0.299	−0.070
PTC	0.352	−0.012	−0.107	−0.060
LEV	0.045	0.446	−0.128	0.010
CUR	−0.151	0.501	0.039	0.166
TIED	0.131	0.046	−0.740	0.126
CFR	0.171	0.186	0.071	−0.247
EGR	−0.117	0.133	0.048	0.706
SGR	0.012	−0.043	−0.164	0.470

$$F_{综(2015)} = \frac{29.717\% F_1 + 20.592\% F_2 + 13.576\% F_3 + 12.293\% F_4}{76.179\%}$$

表 4-17　　　　　　　　　2012—2015 年的因子得分比较结果

年度	因子	指标	内部重组	一般性重组	支持性重组	放弃式重组	P 值
2012	F₁	均值	−0.001	0.033	−230.442	0.015	0.760
		中位数	0.016*	0.213*	0.204*	0.910*	0.084
	F₂	均值	0.108	0.022	403.528	−0.084	0.786
		中位数	0.099*	0.014*	0.007*	−0.137*	0.075
	F₃	均值	1.290	1.239	−2 833.952	2.015	0.952
		中位数	1.272	1.061	1.188	0.898	0.848
	F综	均值	0.239	0.210	−358.100	0.275	0.793
		中位数	0.240*	0.200*	0.243*	0.526*	0.089
2013	F₁	均值	1.791	2.711	0.575	46.896	0.602
		中位数	1.163	0.628	0.223	0.554	0.789
	F₂	均值	−6.181	−9.849	−1.843	−183.221	0.561
		中位数	−4.632	−1.380	−1.061	−2.251	0.789
	F₃	均值	2.455	2.270	2.790	16.948	0.552
		中位数	1.283	1.898	1.938	3.150	0.638

表4-17(续)

年度	因子	指标	内部重组	一般性重组	支持性重组	放弃式重组	P值
	F_4	均值	-0.386	-0.545	-0.880	6.026	0.889
		中位数	-0.365*	-0.697*	-0.585*	-0.807*	0.094
	$F_综$	均值	-0.353	-1.005	0.314	-24.143	0.563
		中位数	-0.494	0.079	0.120	0.398	0.848
2014	F_1	均值	-1.732	-1.355	0.633	-0.019	0.963
		中位数	-0.357	-0.150	-0.292	-0.656	0.848
	F_2	均值	0.742	0.718	2.648	3.513	0.441
		中位数	0.559	0.783	1.154	2.313	0.638
	F_3	均值	4.097	3.071	-1.213	0.122	0.865
		中位数	1.203	0.366	0.731	0.498	0.848
	$F_综$	均值	-0.004	0.015	0.924	1.063	0.245
		中位数	0.156	0.217	0.328	0.613	0.185
2015	F_1	均值	-3.623	-17.450	-0.998	-1.280	0.595
		中位数	-0.453	0.131	0.136	0.629	0.324
	F_2	均值	0.193	-3.552	2.654	2.356	0.142
		中位数	0.646	1.157	2.280	3.763	0.225
	F_3	均值	18.448	98.829	3.791	5.214	0.482
		中位数	1.107	-1.621	-1.194	-5.703	0.324
	F_4	均值	-2.773	-15.968	0.706	0.425	0.206
		中位数	-0.205	1.034	1.139	3.305	0.294
	$F_综$	均值	1.479	7.269	1.118	1.136	0.619
		中位数	0.298	0.893	0.518	0.101	0.848

注：表中的P值指各因子非参数独立样本检验中Kruskal Wallis检验与中值检验的渐进显著性水平，*表示差别在10%水平上显著。

2012年，仍以"特征值大于1"为标准，得到公共因子3个，其定义如下：F_1为风险因子、F_2为盈利因子、F_3为增长因子。表4-17显示，三种不同重组策略样本公司的风险因子得分、盈利因子得分与绩效综合得分都存在显著差异。放弃式重组的风险因子得分最高，一般性重组和支持性重组次之，内部重组的风险因子得分最低。内部重组的盈利因子得分最高，放弃式重组的盈利因子得分最低，且均在10%的水平上差异显著。再看综合绩效得分，依然是放弃式重组得分最高，一般性重组得分最低。可以看出，在摘帽当年，放弃式重组公司获得了较高的经营业绩水平。这说明了股权变更及控制权转移后，新股东会为困境公司输入大量的资源，对困境公司采取诸多措施，从而提高了这些公司的综合业绩水平。

2013年：以"特征值大于1"标准得到公共因子4个：F_1为盈利及现金流量因子、F_2为利息保障因子、F_3为风险因子、F_4为增长因子。表4-17显示，放弃式重组公司的盈利及现金流量因子得分、风险因子得分均最高，说明该类公司的盈利水平和质量较好，财务风险较低；但是，四种不同重组策略公司的利息保障因子得分均不理想，得分均为负值。不过各因子得分不存在显著差异。从整体绩效得分看，放弃式重组的中位数依然最高，支持性重组居中，自我重整和一般性重组较低。

2014年：仍以"特征值大于1"的因子提取标准，得到3个公共因子：F_1为盈利因子、F_2为风险因子、F_3为营业增长因子。各因子得分及整体绩效得分情况在不同的重组选择样本之间的差异不存在显著性。但就整体情况看，放弃式重组依然最高（综合绩效得分均值1.063、中位数0.613），支持性重组样本其次（综合绩效得分均值0.924、中位数0.328），内部自我重组样本最低（综合绩效得分均值-0.004、中位数0.156）。

2015年：采取与上述相同的因子提取方法，得到4个公因子：F_1为盈利因子、F_2为风险因子、F_3为利息保障因子、F_4为增长因子。各因子得分及总体绩效得分情况见表4-17。可以看出，2015的各因子得分及整体绩效得分在不同的重组选择样本之间不存在显著性差异。但从整体情况看，一般性重组公司的绩效水平开始显著提升，并居于最高，内部重组居于其次。放弃式重组的业绩水平开始下降，与支持性重组的样本水平相当。

表4-18列示了不同重组策略样本公司摘帽当年（2012年）、摘帽后两年（2012—2013年）、摘帽后4年（2012—2015年）的经营绩效平均综合得分情况①。可以看出，摘帽当年，由于获得的新股东的强有力支持或原有股东的支持，支持性重组的综合绩效得分最高，放弃式重组样本次之，内部重组和一般性重组样本得分较低；从摘帽后2年的绩效得分平均情况看，依然是支持性重组最高、放弃式重组次之、内部重组和一般性重组样本得分较低；从摘帽后4年的总体经营绩效平均得分情况看：一般性重组居于最高，支持性重组股和放

---

① 由于48家样本公司中有2家公司的经营业绩得分出现极值（600275在2013年的综合绩效得分、600706在2011年、2012年各因子得分），故此处我们将该2家公司剔除，将剩余的46家样本公司的业绩水平进行对比。

弃式重组次之,自我重组公司的业绩水平最低,说明依靠自我而脱困的公司其后续发展乏力。

表 4-18 不同重组方式公司的经营绩效综合得分比较

综合得分	指标	全部样本	内部重组	一般性重组	支持性重组	放弃式重组
$F_{2012综}$	均值	0.724	0.239	0.210	0.937	0.244
	中位数	0.255	0.240	0.200	0.248	0.492
$F_{12-13综}$	均值	0.397	−0.057	−0.398	0.630	−0.067
	中位数	0.167	−0.113	0.168	0.169	0.394
$F_{12-15综}$	均值	0.810	0.340	1.622	0.837	0.574
	中位数	0.320	0.168	0.439	0.329	−0.239

5 财务困境公司脱困后的业绩提升

5.1 财务困境公司脱困后的业绩分类分析

我们针对财务困境公司脱困后 4 年（2012—2015 年）的综合业绩得分，将脱困公司分为三大类，见表 5-1。

表 5-1　　财务困境公司脱困后的综合业绩状况分类[①]

类别	证券代码	综合业绩得分	类别	证券代码	综合业绩得分
业绩良好公司	000603	6.100	业绩中等公司	002145	0.293
	600757	5.380		600847	0.287
	600894	4.221		600203	0.249
	000722	4.107		600609	0.207
	600506	3.164		000737	0.168
	600130	2.160		000587	0.159
	000607	2.006		600207	0.104
	600080	1.969		000430	0.092
	600490	1.155		600604	0.048
	600209	1.136		600699	0.047
	600890	1.113		600335	0.003

---

① 此处，综合业绩指财务困境公司脱困后自 2012 年至 2015 年的综合业绩得分的平均值；48 家脱困公司是本书第 5 章中进行长期经营业绩分析的 48 个样本公司。

表5-1(续)

类别	证券代码	综合业绩得分	类别	证券代码	综合业绩得分
业绩中等公司	600882	0.851	业绩较差公司	600419	-0.009
	600727	0.819		600094	-0.021
	600365	0.779		600313	-0.153
	600868	0.716		000863	-0.156
	000818	0.551		600149	-0.208
	000007	0.439		000981	-0.216
	600854	0.410		600645	-0.325
	600515	0.399		600800	-0.327
	000048	0.397		600562	-0.363
	600281	0.393		000697	-0.902
	600084	0.330		600355	-0.960
	000156	0.329		600275	-53.348
	600532	0.311		600706	-2 961.666

从表5-1可见，48家脱困公司中，有11家公司的综合业绩得分高于1，我们将其定义为"业绩良好公司"，有24家公司的综合业绩得分处于[0, 1]区间，我们将其定义为"业绩中等公司"，有13家公司的综合业绩得分低于0，我们将其定义为"业绩较差公司"。这些公司的2012—2015年综合业绩得分均值、标准差及中位数情况见表5-2。

表5-2　　　　　财务困境公司脱困后业绩的描述性统计

业绩类别	均值	中位数	标准差	P值
业绩良好公司（11）	2.956***	2.160***	1.766	0.000
业绩中等公司（24）	0.349***	0.320***	0.246	0.000
业绩较差公司（13）	-232.204***	-0.325***	820.232	0.000
业绩较差公司（11）	-0.331***	-0.216***	0.318	0.000

注：表中的P值指各因子非参数独立样本检验中Kruskal Wallis检验与中值检验的渐进显著性水平，*** 表示差别在10%水平上显著。

从表5-2可见，不同业绩类别脱困公司的综合业绩得分均值和中位数存在差异，且在1%水平上显著。11家业绩良好公司的业绩均值为2.956，中位数 2.169；24 家业绩中等水平公司业绩均值为 0.349，中位数 0.320；13 家业绩较差公司业绩均值为 -232.204，中位数为 -0.325；由于业绩较差公司中的 600275、600706 的综合业绩得分极低，属于极值范畴，将其删掉后剩余 11 家公司的业绩得分均值为 -0.331，中位数 -0.216，这 11 家公司的业绩水平和业绩中等、业绩良好公司的业绩水平也存在 1% 水平上的显著差异。

我们接下来对这 46 家公司①的股权性质、重组情况等进行分析。见图 5-1：业绩良好公司共 11 家，其中国有公司 8 家，占比 72.73%，民营公司 3 家，占比 27.27%；业绩中等公司共 24 家，其中国有公司 14 家，占比 58.33%，民营公司 10 家，占比 41.67%；业绩较差公司共 11 家，其中国有公司 7 家，占比 63.64%，民营公司 4 家，占比 36.36%。再看表 5-3 所列的不同股权性质公司的业绩类别构成情况。国有公司共 29 家，其中：业绩良好公司 8 家，占比 27.58%，业绩中等公司 14 家，占比 48.28%，业绩较差公司 7 家，占比 24.14%；民营公司共 17 家，其中：业绩良好公司 3 家，占比 17.64%，业绩中等公司 10 家，占比 58.82%，业绩较差公司 4 家，占比 23.54%。可以看出，业绩较差公司的比例，国有公司和民营公司相差不大，业绩良好公司的比例，国有公司高于民营公司，业绩中等公司的比例，民营公司高于国有公司。因此，总体来说，国有属性的脱困公司其业绩水平要好于民营属性的脱困公司业绩水平。

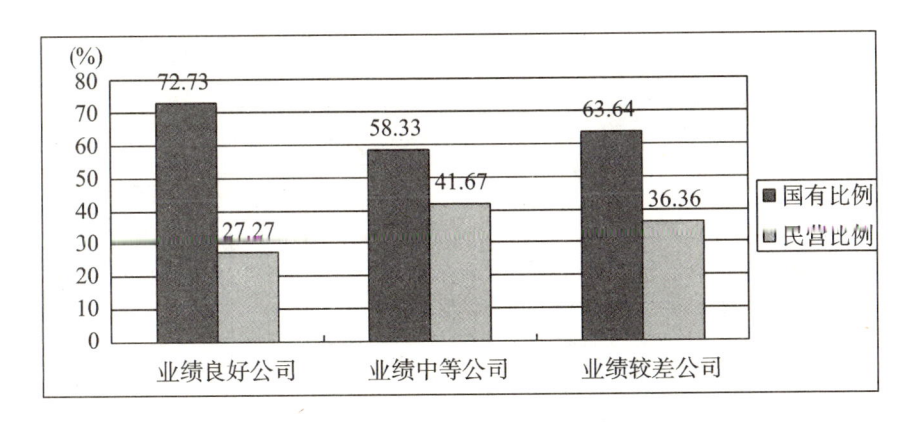

图 5-1 不同业绩类别公司的股权性质

---

① 将 2 家极值公司数据删除后剩余 46 家脱困公司。

5 财务困境公司脱困后的业绩提升

表 5-3　　　　　　　　不同股权性质脱困公司的业绩状况

股权性质	业绩良好公司		业绩中等公司		业绩较差公司	
	数量	占比	数量	占比	数量	占比
国有公司（29）	8	27.58%	14	48.28%	7	24.14%
民营公司（17）	3	17.64%	10	58.82%	4	23.54%

再看图 5-2、表 5-4 的重组策略情况。11 家业绩良好公司中，一般性重组 1 家，占比 9%，支持性重组 8 家，占比 73%，放弃式重组 2 家，占比 18%，内部重组公司为 0；24 家业绩中等公司中，内部重组 3 家，占比 13%，一般性重组 2 家，占比 8%，支持性重组 18 家，占比 75%，放弃式重组 1 家，占比 4%；11 家业绩较差公司中，支持性重组 6 家，占比 55%，放弃式重组 5 家，占比 45%，内部重组和一般重组均为 0。四种重组策略，3 家内部重组公司全部为业绩中等水平；3 家一般性重组公司，其中 1 家为业绩良好、2 家为业绩中等；32 家支持性重组公司，其中 8 家业绩良好，占比 25%，18 家业绩中等，占比 56%，6 家业绩较差，占比 19%；8 家放弃式重组公司，其中 2 家业绩良好，占比 25%，1 家业绩中等，占比 12%，5 家业绩较差，占比 63%。总体来说，一般性重组和支持性重组股的业绩较好，放弃式重组和内部重组相对要差一些。

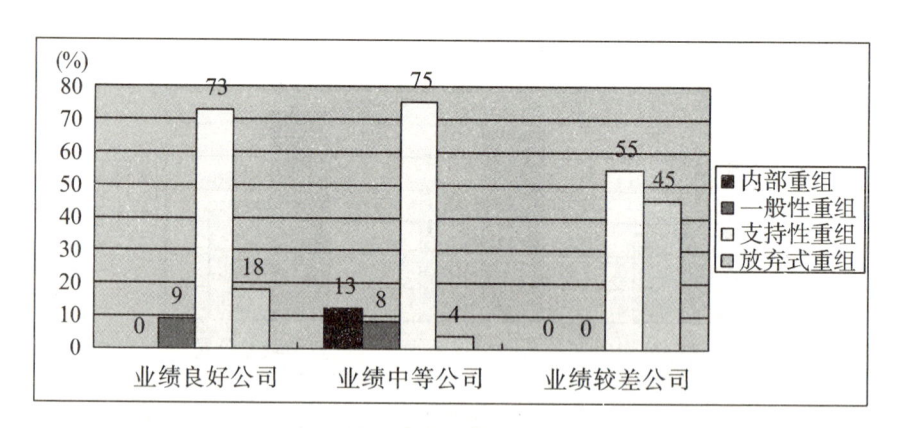

图 5-2　不同业绩类别公司的重组策略

表 5-4　　　　　　　　不同重组策略公司的业绩状况

重组策略	业绩良好公司		业绩中等公司		业绩较差公司	
	数量	占比	数量	占比	数量	占比
内部重组（3）	0	0%	3	100%	0	0%
一般性重组（3）	1	33%	2	67%	0	0%
支持性重组（32）	8	25%	18	56%	6	19%
放弃式重组（8）	2	25%	1	12%	5	63%

财务困境公司重组脱困后有相当一部分变更主业，我们看这些公司的脱困后综合业绩状况，见图 5-3。11 家业绩良好公司中，变更主业公司 4 家，占比 36%，未变更主业公司 7 家，占比 64%；24 家业绩中等公司中，9 家变更主业，占比 38%，15 家未变更主业，占比 63%；11 家业绩较差公司中，2 家变更主业，占比 18%，9 家未变更主业，占比 82%；再看表 5-5：15 家主业变更公司，业绩良好 4 家，占比 26.67%，业绩中等 9 家，占比 60.60%，业绩较差 2 家，占比 13.33%；31 家主业变更公司，业绩良好 7 家，占比 22.58%，业绩中等 15 家，占比 48.39%，业绩较差 9 家，占比 29.03%。总体来说，财务困境公司重组脱困后变更主业的公司，其综合业绩水平要优于未变更主业的脱困公司。

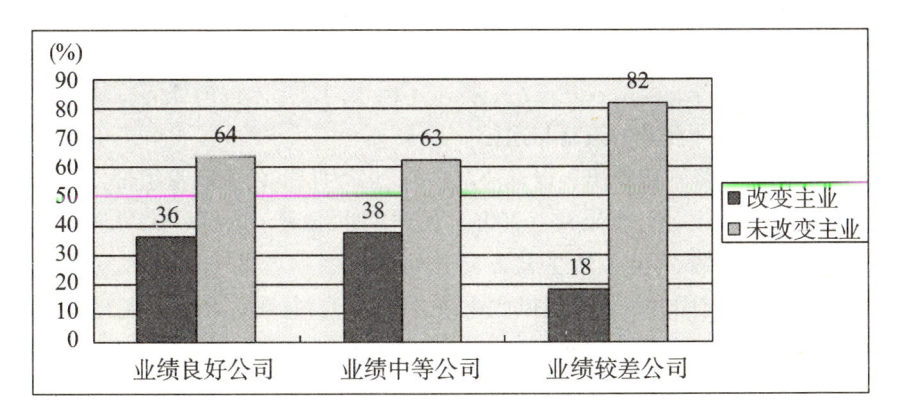

图 5-3　不同业绩类别公司重组脱困后的主营业务状况

表 5-5　　　　　　　　　不同重组策略公司的业绩状况

ST 公司重组脱困后主业变更情况	业绩良好公司		业绩中等公司		业绩较差公司	
	数量	占比	数量	占比	数量	占比
主业变更（15）	4	26.67%	9	60.60%	2	13.33%
主业未变更（31）	7	22.58%	15	48.39%	9	29.03%

5.2　财务困境公司脱困后的业绩提升分析

5.2.1　研究现状与假设

国内外学者对困境公司重组脱困的业绩分析结果并不一致。James 等（2000）的研究认为重组后利润会提高，Bergstrom 等（2002）的研究则表明重组后困境公司业绩并无显著改善。国内学者普遍认可困境公司重组能带来短期市场效应却不能改善其长期的经营绩效，脱困公司的长期经营绩效并未得以好转。以上研究一般以脱困公司的各指标均值（中位数）作为分析手段，对 ST 公司脱困之后的绩效改善与否进行判断，但并未就这些公司摘帽之后的业绩提升与持续发展提出相应的方法，也少有研究针对脱困后的业绩优劣进行分类和分析，探求 ST 公司脱困后的绩效提升问题。而该问题恰恰是 ST 公司摘帽脱困之后最应被关注的问题。本书针对脱困公司摘帽之后的业绩表现，将其分为业绩优良、业绩中等、业绩较差三组，探求不同组别公司之间的差异特征，实证分析脱困公司业绩提升的策略与途径。

Madian（1997）曾提出，以产业调整与创新为目的的资产重组是公司恢复成长能力的有效途径。李秉祥（2003）的研究也发现，重组后业绩改善较明显的公司，一般都发生了从主营方向开始的一系列产业调整和改变。李杭（2004）在其研究中分析，重组以产业结构调整为目标可以使企业突破已结构化的产业约束，提高其业绩水平。上市公司陷入财务困境被 ST，很多是由于产品结构不合理、主营业务盈利差甚至亏损所导致，因此，以重组为手段调整和优化产业结构是 ST 公司摘帽和业绩改善的重要策略。基于此，我们提出假设 1。

H1：重组后产业结构调整公司的业绩水平优于未进行产业调整的公司。

关联交易在我国证券市场普遍存在，上市公司的控股股东既有利用关联交易向上市公司输送利益的动机,同时也存在通过关联交易从上市公司转移利益的行为。很多研究表明,公司陷入困境,控股股东的关联交易大多是"支持"行为,而当公司无保壳之忧时,控股股东的关联交易则多是"掏空"。ST 公司摘帽之后业绩恢复,控股股东先前所付出的"支持"成本在此时要求弥补与回馈,并转化为"掏空"的利益驱动。这种"掏空"无疑会降低公司的业绩水平。基于此,我们提出假设 2。

H2:摘帽后与控股股东的关联交易会影响公司绩效,关联交易额越高,其业绩水平越低。

机构投资者对上市公司的治理与业绩也产生较大的影响。Bushee (1998) 提出,机构投资者促使公司考虑长期利益而加大研发费用投入;Guercio 等 (2008) 的研究表明,机构投资者面对绩效较低公司会联合行动,迫使董事会按照股东利益进行决策;李维安、李滨 (2008) 针对我国证券的研究结果显示,机构投资者持股比例与公司绩效和市场价值之间存在显著的正相关关系。本章的前半部也证实了机构投资者持股比例对 ST 公司摘帽后长期市场绩效的正向作用。基于此,我们提出假设 3。

H3:机构投资者持股对经营绩效具有促进作用,机构投资者持股比例高的公司,其摘帽脱困之后的经营绩效水平要高。

自 1932 年 Berle 和 Means 提出公司治理结构概念以来,公司治理一直被认为是保障科学决策和提升公司业绩与价值的重要工具。已有研究证明,弱化的公司治理结构会诱发财务困境,而完备的公司治理机制又会促进困境公司的成功逆转 (Elloumi, 2001;Alpaslan, 2004;等)。那么,从理论上讲,ST 公司摘帽之后的绩效状况也会受其公司治理结构的影响。

公司治理是一个多层次的体系框架,公司治理与绩效关系的研究也存在多个角度。股权制衡是其中一个重要的方面。Lehmann (2000)、Benjanmin (2005)、白重恩等 (2005) 利用不同国家上市公司的数据证实,股权制衡能够约束控股股东的剥夺行为,提升公司业绩与价值。然而,ST 公司在该方面的表现则正好相反:股权集中有利于业绩提升并成功脱困,股权制衡与公司摘帽负向相关 (见 Claessens, 2000;赵丽琼, 2008;本书第 5 章研究结论)。这是因为,股权集中有利于控股股东的"支持"。当 ST 公司成功摘帽,业绩好转之后,控股股东的"支持"开始逆向转化,股权集中会加速股东的掠夺行为,而股权制衡却可以达到相互牵制和抑制掠夺的作用。基于此,我们提出假设 4。

H4:股权制衡度高的摘帽公司其业绩水平更好。

董事会被认为是公司治理结构的重要组成部分。然而，董事会特征与公司绩效水平的关系一直是学术界存在争议的问题。Chaganti 等（1985）认为，较大规模董事会能够带来多样化专业知识，从而提升公司业绩并降低其失败概率；William（1994）的研究也表明，董事会规模扩大有利于治理效率的提高；然而，相反的观点却大量存在：Lipton & Lorsch（1992）就指出，大规模董事会可能产生沟通与协调问题，从而导致决策效率降低；Yermack（1996），Eisenberg（1998）的研究也证实了董事会规模与公司绩效之间负相关。除董事会规模之外，在独立董事比例与董事长与总经理二职合一的研究上同样存在争议。Baysinger（1985）的研究表明，独立董事在董事会中的构成比例和公司业绩之间呈正相关关系。Agrawal 等（1996）的研究却得出相反的结果：独立董事比例高的公司，其业绩反而更差。Anderson、Lynn Pi 和 Daily 分别就总经理的两职合一与公司绩效之间的关系得出不同的结论：Anderson（1986）认为两职合一会提升公司业绩，Lynn Pi（1993）却坚持两职合一与公司业绩负相关，而 Daily（1997）的研究则发现，是否两职合一与公司业绩之间并无显著关系。基于以上分析，我们提出假设 5 至假设 7：

H5a：董事会规模与脱困公司绩效正相关；

H5b：董事会规模与脱困公司绩效负相关；

H6a：独立董事比例与脱困公司绩效正相关；

H6b：独立董事比例与脱困公司绩效负相关；

H7a：董事长与总经理两职合一与脱困公司绩效正相关；

H7b：董事长与总经理两职合一与脱困公司绩效负相关。

高管激励对公司的绩效也有显著影响。Barro 等（1990）的研究发现，高管薪酬与公司业绩之间存在正相关关系，且高管变更公司其业绩水平一般会提高；Morck、Shleifer 和 Vishny（1998）的研究则证实了高管持股与公司业绩之间的关系，他们发现，随着高管持股比例的增加，其利益与外部股东利益趋于一致，从而提升公司业绩与价值。刘斌等（2003）认为，我国上市公司的 CEO 薪酬状况已体现了一定的激励约束机制，李瑞等（2011）的研究也证实高管薪酬与高管持股对公司绩效产生正向影响。基于此，我们认为，高管激励对 ST 公司脱困后的经营绩效产生促进作用，并以此为基础提出假设 8 至假设 10：

H8：高管变更公司其摘帽恢复业绩较好；

H9：高管薪酬水平与脱困公司绩效正相关；

H10：高管持股比例与脱困公司绩效正相关。

5.2.2 样本公司特征

以 46 家摘帽脱困公司为样本，依据这些公司摘帽后 4 年（2012—2015 年）的经营绩效得分情况均值（0.810），将这些公司分为两大类：绩优组和绩差组。其中，绩优组公司包括 4 年绩效得分平均值高于均值 0.810 的公司共 13 家，绩差组公司包括 4 年绩效得分平均值低于均值 0.810 的公司共 33 家，这些公司的特征情况见表 5-6。

表 5-6　　　　　　　　不同绩效类别公司的特征均值

特征变量	全部公司（74）	绩优组公司（13）	绩差组公司（33）	P 值
公司规模（SIZE）	9.377	9.217	9.441	0.613
控股股东性质（CSN）	0.630	0.769***	0.576***	0.005

*** 表示差别在 1% 水平上显著。

由表 5-6 可见：绩优公司的控股股东性质均值为 0.769，绩差组公司的控股股东性质均值为 0.576，双方在 10% 水平上存在差异，说明国有控股属性的公司其脱困后的总体绩效水平更高；绩优公司的资产规模均值为 9.217，绩差公司的资产规模均值为 9.441，说明规模小的公司其脱困后业绩更容易提升，但两者差异在统计上并不显著。

5.2.3 实证分析

（1）模型与变量设计

根据前面的分析与假设，以 46 家脱困摘帽公司的产业结构调整、关联交易、机构持股比例、公司治理情况（包括股权制衡度、董事会规模、独立董事比例、CEO 的双重性、高管变更、高管薪酬、高管持股比例）为解释变量，以这些公司 4 年平均综合绩效得分为被解释变量，构建多元线性回归模型（见模型 5.1）与 logit 回归模型（见模型 5.2）。两模型的控制变量均为公司规模、控股股东性质和资本密集度。

$$Y(Line)_i = \alpha_0 + \alpha_1 INC_i + \alpha_2 RT_i + \alpha_3 PHR_i + \alpha_4 Z*_i + \alpha_5 BDS_i + \alpha_6 EDR_i \\ + \alpha_7 DUAL_i + \alpha_8 TMC_i + \alpha_9 TMS_i + \alpha_{10} TMH_i + \alpha_{11} SIZE_i \\ + \alpha_{12} CSN_i + \varepsilon_i \tag{5.1}$$

$$P(Y(Logit)_i = 1) = \frac{1}{1 + e^{-Z_i}}$$

$$Z_i = \beta_0 + \beta_1 INC_i + \beta_2 RT_i + \beta_3 PHR_i + \beta_4 Z*_i + \beta_5 BDS_i + \beta_6 EDR_i$$
$$+ \beta_7 DUAL_i + \beta_8 TMC_i + \beta_9 TMS_i + \beta_{10} TMH_i + \beta_{11} SIZE_i + \beta_{12} CSN_i + \varepsilon_i$$
$$(5.2)$$

Y_i 表示脱困公司的长期经营绩效。在模型 5.1 中，$Y_i(Line)$ 指财务困境公司摘帽后 4 年综合绩效得分的平均值，为连续变量；在模型 5.2 中，$Y_i(Logit)$ 指财务困境公司摘帽后 4 年综合绩效得分的平均值是否高于全部公司 4 年综合绩效平均得分的均值，即该公司是否属于绩优公司，为逻辑变量。若属于绩优公司，取值 1，否则取值 0。模型中的其他各变量设定见表 5-7：

表 5-7　　　　　　　　　　　　变量设定表

变量符号	变量名称	变量设定
INC	产业结构调整	ST 公司在最大影响重组之后发生主业变更、产品结构调整等，取值 1；否则取值 0
RT	关联交易比重	摘帽 ST 公司与其控股股东之间所发生的关联交易总额占其总资产比重（摘帽后 4 年的平均值）
PHR	机构投资者持股比例	机构投资者持股数/公司总股本数（摘帽后 4 年的平均值）
$Z*$	股权制衡度	第 2 至第 5 大股东持股比例/第 1 大股东持股比例（摘帽后 4 年的平均值）
BDS	董事会规模	董事会人数（摘帽后 4 年的平均值）
EDR	独立董事比例	独立董事人数/董事会人数（摘帽后 4 年的平均值）
DUAL	董事长与总经理兼任	董事长与总经理二职合一，取值 1；否则取 0（摘帽后 4 年的平均值）
TMC	高管变更	ST 公司在摘帽后发生董事长或 CEO 变更，取 1；否则取 0
TMS	高管薪酬	年薪最高前 3 名高管薪酬总额（摘帽后 4 年的平均值）（单位：万元）
TMH	高管持股比例	高级管理人员持股总数/公司总股本数（摘帽后 4 年的平均值）
SIZE	公司规模	公司总资产的自然对数（摘帽后 4 年的平均值）
CSN	控股股东性质	控股股东性质为国有，取值 1；否则取 0（摘帽后 4 年的平均值）

(2) 描述性统计

表 5-8 列示的是脱困公司的各变量均值。其中，长期经营绩效、董事长与总经理兼任、控股股东性质在绩优公司与绩差公司之间存在 1% 水平上的显著

差异：绩优组公司的长期经营绩效无论是在具体得分还是分类得分上均显著高于绩差组公司；从董事长与总经理兼任情况看，绩优组公司均值显著低于绩差组公司均值，说明绩优组公司较多地采取了不兼任模式，而绩差组公司则较多地采取了兼任模式；绩优组公司的控股股东性质均值显著高于绩差组公司，说明国有属性控股公司脱困的业绩状况要优于民营控股公司。关联交易比重在绩优公司与绩差公司之间存在5%水平上的显著差异：绩优组公司关联交易比重均值显著低于绩差组公司均值，说明财务困境公司脱困之后的关联交易可能存在掏空的动机而致使公司业绩降低。绩优公司的机构投资者持股比例均值为0.166，绩差公司机构投资者持股比例均值为0.128，双方存在10%水平上的显著差异，说明机构投资者对绩优公司的持股比例比绩差组公司要高。从产业结构调整、股权制衡度、董事会规模、独立董事比例情况看，绩优组公司的均值高于绩差组公司，说明绩优公司更多地采取了产业调整和变更，且其公司治理中的董事会发挥了一定作用，但不显著。

此外，从股权制衡度、高管变更、高管薪酬、高管持股比例、公司规模情况看，绩优组公司的均值比绩差组公司均值要低，说明股权制衡度高的公司其业绩水平反而较低，高管薪酬、高管持股比例高的公司其业绩水平也较低，但它们的差异在统计上都不显著。

表 5-8　　　　　　　　　脱困公司各变量均值

变量	全部公司 (74)	绩优组公司 (13)	绩差组公司 (33)	P 值
$Y(Line)$	0.810	2.629***	0.093***	0.000
$Y(Logit)$	0.283	1.000***	0.000***	0.000
INC	0.326	0.405	0.303	0.160
RT	0.220	0.144**	0.250**	0.015
PHR	0.134	0.166*	0.128*	0.087
Z*	0.725	0.712	0.731	0.633
BDS	8.636	8.192	8.811	0.722
EDR	0.382	0.392	0.378	0.480
DUAL	0.212	0.019***	0.288***	0.000
TMC	0.717	0.692	0.727	0.657
TMS	214.22	193.86	222.24	0.282
TMH	0.014	0.004	0.065	0.177

表5-8(续)

变量	全部公司 (74)	绩优组公司 (13)	绩差组公司 (33)	P值
SIZE	9.377	9.217	9.441	0.613
CSN	0.630	0.769***	0.576***	0.005

注：表中的***、**、*分别表示差别在1%、5%、10%水平上显著。

（3）回归结果

对46家摘帽脱困公司的指标数据进行多元线性回归与logit回归，得到模型的回归结果见表5-9。

表5-9　　　　　　　模型5.1、5.2的回归结果

变量	模型5.1（多元线性回归）		模型5.2（logit回归）	
	B	t值	B	sig.值
Constant	-1.605	-0.270	11.907	0.136
INC	0.458*	2.103	0.844	0.439
RT	-1.641*	-2.006	-7.130*	0.065
PHR	0.453	0.386	1.287	0.114
Z*	-0.009	-0.023	0.634	0.543
BDS	0.199	0.936	-0.443	0.442
EDR	5.848	1.205	5.816	0.569
DUAL	-1.851**	-2.155	-12.056*	0.072
TMC	-0.080	-0.134	0.282	0.843
TMS	-0.001	-0.702	-0.002	0.581
TMH	-0.032	-0.692	-0.086	0.786
SIZE	-0.083	-0.130	-1.876*	0.074
CSN	0.307	0.546	1.083	0.204
模型指标	F值	1.874	-2log likehood	54.749
	Adj. R^2	0.135	Nagelkerke R^2	0.485

注：**、*分别表示在5%、10%水平上显著。

产业结构调整在多元线性回归与logit回归中的系数均为正，且在多元线性回归中以10%水平而显著，说明产业结构调整公司的业绩水平优于未进行产业调整的公司，假设1得到验证；关联交易比重在多元线性回归与logit回归中的系数均为负，且均在10%水平上显著，说明脱困公司与其控股股东的关联交

易会影响公司绩效,关联交易额越高,比重越大,公司业绩越低。假设2得到验证。

机构投资者持股比例在两个模型中的系数均为正,与公司业绩正相关,说明机构投资者持股对经营绩效具有促进作用,但统计上不显著。假设3未完全得到验证。

股权制衡度在两模型中的系数不一致,在线性回归中为负而在logit回归中为正,董事会规模在两个模型中的系数也存在反向差异,统计上都不显著,说明股权制衡、董事会规模未能对脱困公司发挥有效治理作用。假设4、假设5未得到验证。

独董比例在两模型中的系数均为正,说明独立董事比例高的公司其脱困业绩更好,但统计上不显著,故假设6也未完全得到验证;董事长与总经理兼任的系数在两个模型中均为负,且线性回归模型的显著性为5%、logit回归模型中的显著性为10%,说明董事长与总经理的二职合一不利于脱困公司业绩水平的提高,假设7得到验证;高管变更在多元线性回归中系数为负,在logit回归中系数为正,但均不显著,说明高管变更对财务困境公司摘帽之后的业绩影响不明确,假设8未通过验证;高管薪酬、高管持股比例在两模型中的系数均为正,但均不显著,说明较高的高管薪酬与高管持股并未对ST公司的业绩起到提升作用。假设9、假设10未通过验证。控制变量中,公司规模在两个模型中的系数均为负,且在logit回归模型中的显著性为10%,说明资产规模较小的公司其脱困后业绩反而更容易得到提升,控股股东性质的系数在两模型中全部为正,说明国有控股属性公司其摘帽后的业绩水平更好,但统计上不显著。我们认为,国有控股股东的"掏空"行为在一定程度上为制度所规范,其对上市公司的"支持"大于"掠夺",故而导致财务困境公司摘帽脱困后的业绩水平较好。

6 结论与建议

6.1 研究结论

本书主要研究结论如下：

（1）基于不同重组方式而脱困的财务困境公司，其脱困后的短期市场绩效存在差异，但不显著。

财务困境公司脱困摘帽的短期市场效应比较明显。全部样本公司在摘帽公告日前后20天共40个交易日内的累计超额收益率始终为正，摘帽向市场传递了积极信号，摘帽前后投资者获得了显著的正超额回报，尤其是公告日当天，股东的短期财富增加。不同重组策略的短期市场绩效存在差异：内部重组公司的日超额收益率正值少、负值多，窗口期内累计超额收益率为负；一般性重组的累计超额收益率高于内部重组公司，但在整个窗口期内依然为负；支持性重组公司与放弃式重组公司的短期市场表现与内部重组和一般性重组呈现较为明显的差异特征，在整个窗口期内均为正值，且放弃式重组公司的累计超额收益率高于支持性重组公司的累计超额收益率。四种不同的重组方式变量分别进入模型回归结果表明：

内部重组、一般性重组对累计超额收益率产生负作用，支持性重组与放弃式重组对累计超额收益率产生正向作用，即放弃式重组、支持性重组相较于内部重组和一般性重组方式，更能促进困境公司摘帽脱困公告期前后累计超额收益率的提升，但这种影响并不显著。

（2）ST公司脱困后的经营绩效整体不理想，不同重组方式的脱困公司的经营业绩存在差异。

与摘帽前1年的定比分析中发现，公司摘帽脱困之后除资产负债率、流动比率这些财务风险指标出现显著的逐渐好转之外，其他的盈利能力、增长能力指标在脱困第 1 年得以显著提升，之后出现下降，尽管第 3 年又有提升，但第 4 年又出现明显下降趋势。总体业绩表现不理想。

各年度分类样本横向比较发现，摘帽前 1 年，放弃式重组、内部重组的整体综合业绩水平相对较高，一般性重组最低，支持性重组居中；摘帽后第 1 年，放弃式重组业绩水平最高，一般性重组业绩水平最低；摘帽后第 2 年，放弃式重组的业绩依然最高，支持性重组居中，自我重整和一般性重组较低；摘帽后第 3 年，放弃式重组依然最高，支持性重组其次，内部自我重组最低；摘帽后第 4 年，一般性重组公司的绩效水平开始显著提升，并居于最高，内部重组居于其次，放弃式重组的业绩水平开始下降，与支持性重组的样本水平相当。从摘帽后 2 年的绩效得分平均值看，支持性重组最高、放弃式重组次之、内部重组和一般性重组样本得分较低；从摘帽后 4 年的总体经营绩效平均值看：一般性重组居于最高，支持性重组股和放弃式重组次之，自我重组公司的业绩水平最低。

（3）产业结构调整、关联交易比重、董事长与总经理的二职合一对 ST 公司脱困后的绩效提升具有显著影响，机构投资者持股也对脱困业绩产生影响，公司治理中的其他因素对脱困后绩效未能发挥作用。

财务困境公司脱困之后的业绩提升实证研究发现：产业结构调整与经营绩效正相关，且多元线性回归中在 10% 水平上显著，对 ST 公司脱困之后的经营业绩提升具有促进作用；关联交易比重与经营绩效负相关，且在 10% 水平上显著，即与控股股东的关联交易会降低脱困公司的业绩水平；董事长与总经理二职合一与经营绩效负相关，且分别在 5% 和 10% 水平上显著，即两职分离有利于促进脱困公司业绩；机构投资者持股、独董比例对脱困业绩产生正向影响，但并不显著；其他诸如股权制衡度、董事会规模、高管薪酬与股权激励等公司治理对脱困后绩效未能发挥作用。

6.2 相关建议

6.2.1 对 ST 公司及其控股股东的建议

（1）分析公司陷入财务困境的原因，确定重组策略与方式。财务困境公司在面临困境时，应对困境形成原因进行深挖分析，评估公司运营状况、困境程度以及自我脱困能力，选择合理可行的脱困策略和重组方式。

（2）以财务困境公司的脱困为契机，以重组为手段，加强内部管理，实施主业变更、增加优势新产品、调整产品结构等产业结构调整策略，优化资源配置和提升公司业绩水平。

（3）建立董事长与总经理任职制度，通过两职分离，互相制约、互为补充，发挥各职位作用，促进领导者的责任意识。

6.2.2 对中小投资者的建议

建议中小投资者在资本市场上不要盲目跟进，应分析财务困境公司的业绩基础、行为选择情况、财务能力等方面，尽可能选择具有长期投资价值的公司股票。

6.2.3 对政府监管机构建议

（1）引导和规范财务困境公司的重组行为。既然 ST 公司在现实中频繁采取资产重组而成功摘帽，这种重组行为一方面需要加以引导，另一方面更需要进一步规范。在当前 IPO 上市制度框架之下，鼓励新商业模式的企业通过重组方式进入资本市场并为其提供便利，推进市场化的、竞争性重组机制的建立，规范上市公司重组程序，提高资产重组效率。

（2）鼓励机构投资者持股，发挥机构投资者的治理作用。机构投资者能够促进上市公司规范运行、提升上市公司经营业绩和发挥资本市场稳定器作用。建议在现有信托投资公司、证券公司基础上，引入商业性养老基金、共同基金、保险基金及境外投资机构，实现机构投资者多元化，鼓励其在资本市场上的增持行为，促进机构投资者对上市公司的监督和治理作用的发挥。

（3）规范和限制关联方交易。对上市公司，尤其是摘帽脱困公司与其控股股东的关联方交易进行限制与规范，可考虑通过歧视性税赋政策、额外设置披露规则、发挥新闻媒体的监督力量、提高产品市场竞争程度等方式，限制和规范关联交易，遏制控股股东对上市公司的掏空。

（4）完善公司治理。进一步完善公司治理结构，提升独立董事比例，建立高管薪酬及高管持股的约束机制，使高管的权、责、利相结合，发挥其在业绩提升中的有效作用。

6.3 主要贡献

第一，学术价值：

（1）基于不同的脱困途径和重组策略，对脱困公司的市场业绩和经营业绩进行分类别评判，确定不同重组方式与脱困公司业绩之间的关系，为困境公司脱困的行为选择提供思路。

（2）基于盈利、风险、增长角度进行脱困公司长期经营业绩衡量的指标设计，克服以往主要关注盈利指标的不足，全面反映脱困公司的长期绩效。

（3）针对财务困境公司脱困之后的业绩水平提升进行实证分析，为公司脱困之后的业绩优化与提升提供实证借鉴结果。

第二，实践意义：

（1）为财务困境公司及其控股股东的战略行为选择提供决策支持。

（2）为其他投资者、债权人等利益相关者的投资决策提供帮助。

（3）为政府监管提供政策支持。

附　录

附录1　ST 宝石的重组选择及脱困之路：
　　　　从 ST 宝石到东旭光电

财务困境是每一个企业在经营过程中可能会遇到的问题，也是财务学研究的热点问题。在世界各国，每年都有大量的企业，包括一些名店、老店，由于各种原因而陷入财务困境，甚至破产。到底是什么原因引发了财务困境？企业陷入困境之后应采取哪些措施和行为才能尽快摆脱困境并恢复正常经营？这是当前激烈市场竞争中每个企业都迫切关注的问题。作为河北省上市公司之一的石家庄宝石电子有限公司就曾两次陷入财务困境，而后又成功脱困。我们针对宝石公司的脱困恢复进行调研后发现，宝石公司成功脱困的根本性原因是其成功的重组选择。

一、宝石电子的 ST 之路

宝石电子的全称为石家庄宝石电子玻璃股份有限公司，成立于 1992 年 12 月 26 日，是经河北省体改委批准，由石家庄显像管总厂（现宝石电子集团公司）、中国电子进出口总公司、中化河北进出口公司发起，以定向募集方式成立的股份有限公司。其中石家庄显像管总厂将其拥有的黑白玻壳厂及黑白显像管厂经评估及市国资局确认之后的净资产投资于宝石股份公司，折为其在宝石股份公司中的股份，其他股东则以现金投入。上市之前，宝石电子主要经营范围为制造及销售黑白电视机显像管玻壳、黑白电视机显像管。1996 年 6 月至 9 月，宝石 A、B 股在深圳证券交易所相继上市。在其招股说明书中，宝石电子称"随着国内生活水平在过去十年日趋提高，中国家庭对彩电的需求呈现显著增长，而农村用户对黑白电视的需求仍然殷切。本公司为巩固市场占有率及保持在电子玻璃行业的竞争优势,正透过宝石彩壳公司建立一条全新的彩色玻壳生产线",即宝石公司战略的定位包括保持原有黑白电视机显像管及玻壳的业务和拓展彩色玻壳生产的业务。但是,在战略未能全部实施到位的情况下,由于国内黑白电视机市场迅速萎缩,宝石产品售价大幅下降,甚至低于生产成本,1997年度出现了严重亏损,黑白显像管及黑白玻壳生产线被迫停产。1998年4月30日,宝石电子发出公告,宣布自5月4日起被执行特别处理ST,宝石A变身ST宝石A,宝石B变身ST宝石B。宝石电子第一次陷入困境。不过,本次困境发生之前,宝石电子已制定了业务拓展战略并开始实施。因此,仅用了一年多时间,2009年度宝石电子实现盈利,每股收益0.0969元,每股净资产1.13元。根据深交所《股票上市规则》的相关规定,2000年4月27日起宝石A、B股均被撤销特别处理恢复正常。

2007年4月10日,宝石电子再次发布公告,宣布自4月11日起被深交所实施退市风险警示特别处理,原因是2005年度和2006年度公司连续两年的审计结果显示净利润均为负值。实施退市风险警示特别处理后,原"宝石A、宝石B"变为"*ST宝石A、*ST宝石B"。宝石电子再次陷入财务困境。我们就宝石电子2000年度至2006年度的财务状况进行分析,发现宝石电子之所以再次陷入财务困境有其固有的原因。

如附图1-1所示:

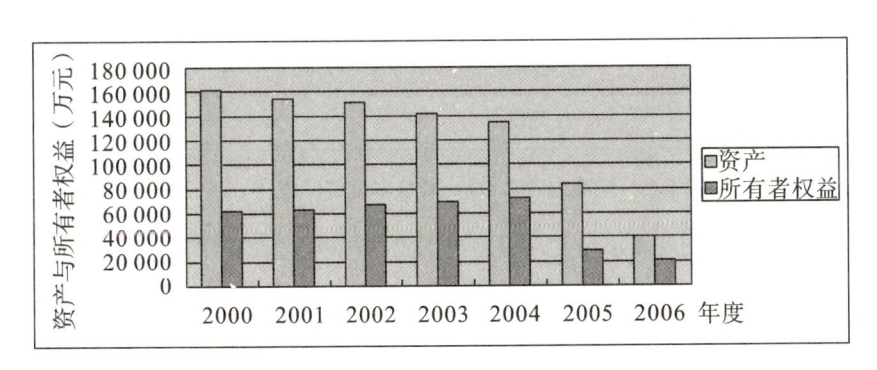

附图1-1 宝石电子2000—2006年度资产与所有者权益情况

由附图1-1可知,宝石电子自2000年摘帽之后资产总额一直处于减少趋势,所有者权益金额也相应缩减。自2000至2006年,宝石电子公司资产总额由161 689.8万元降至40 281.23万元,所有者权益额由62 500.74降至20 941.22,两者下降幅度分别高达75.1%和66.5%。资产减少的原因是继黑白电视显像管萎缩之后，由于平板电视、液晶电视的出现，传统彩色显像管的销量大受影响，宝石电子的生产线不断处于缩减状态，导致资产规模下降。而接连的营业收入及利润下降导致了所有者权益缩水。（见附图 1-2、附图 1-3）

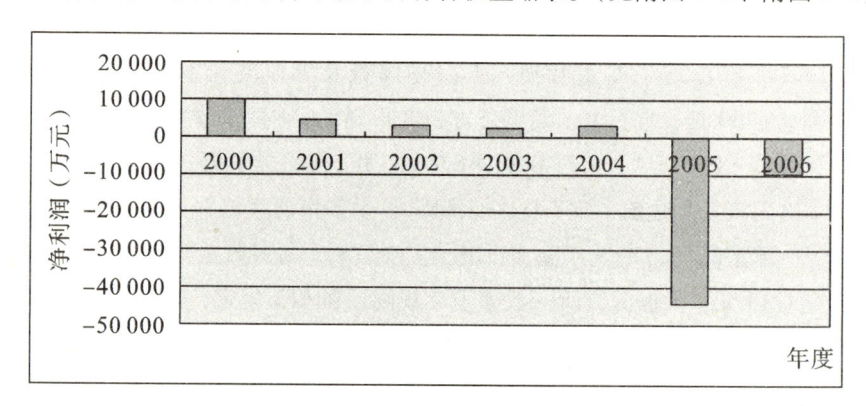

附图 1-2　宝石电子 2000—2006 年度净利润情况

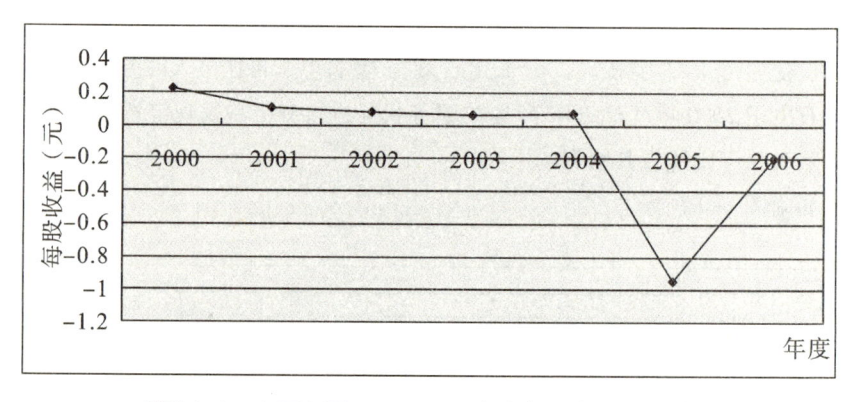

附图 1-3　宝石电子 2000—2006 年度每股收益 EPS 情况

除了受行业发展及市场变动等宏观因素的影响，宝石电子自上市以来一直未能设立公司战略、审计、薪酬考核等负责专门事项的董事会专门委员会。公司法人治理结构不健全。另外，公司机构与人员不独立，办公室、生产计划部、企管部、审计部的主管领导在集团公司重复任职，玻管二期生产线的工人从集团雇佣，工人劳动关系均在集团，公司向集团支付人工费。且公司与集团存在同业竞争，与控股股东关系理顺不清。这些因素导致宝石电子的财务风险及管理状况在困境前出现较大异常。见附图 1-4、附表 1-1 及附图 1-5。

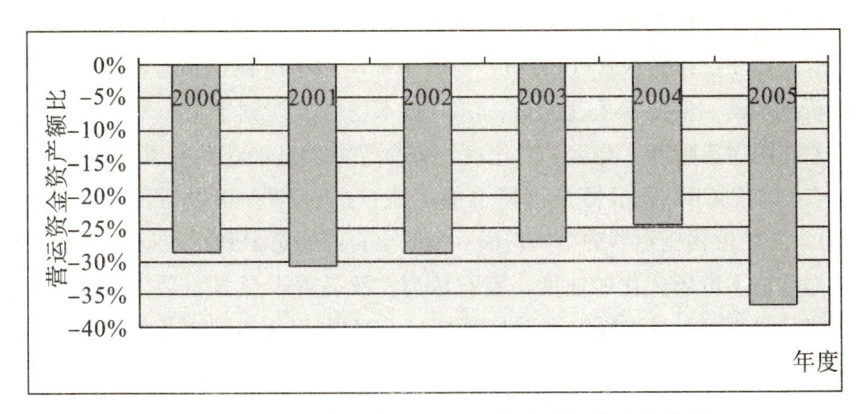

附图 1-4　宝石电子 2000—2005 年度营运资金资产比

附表 1-1　　　　宝石电子 2000—2005 年度资产负债率

年度	2000	2001	2002	2003	2004	2005
资产负债率	61.35%	58.72%	55.52%	50.75%	45.78%	65.91%

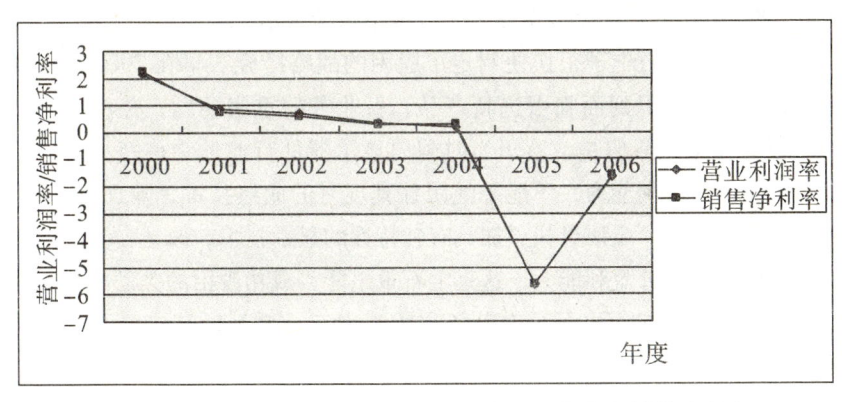

附图 1-5　宝石电子 2000—2006 年度营业利润率与销售净利率

由以上图表可见，自 2000 年第一次摘帽恢复之后，宝石的营运资金资产比一直处于低水平状态，至 2005 年度即第二次陷入财务困境之前，宝石电子的营运资金资产比为 -36.88%，营运资金水平为负，且资产负债率在 2005 年末高达 65.91%，财务风险较高；而且，营业利润率、销售净利率自 2001—2005 年一直处于下降趋势，尽管 2006 年度有所上升，但依然低于 0，管理效率较低，以收入获取利润的能力较低。

二、ST 宝石的重组选择及脱困之路

2007 年陷入财务困境之前，宝石电子作为国内阴极射线管显示器行业龙

头企业之一，其核心业务为 CRT 显示器，属于传统的显示技术。CRT 可分为显像管（CPT）和显示管（CDT），前者主要应用于电视机，后者主要应用于计算机显示器。从技术角度来讲，CRT 技术已经发展到了一个非常成熟的阶段，它在图像清晰度、亮度、对比度、寿命等方面已经达到极其完善的程度，2003 年以前，CRT 显示器是市场上的主流产品，2003 年以后，液晶显示器（LCD）开始占领显示器的市场份额。当时宝石已经意识到行业竞争变化情况，但依然低估了市场变化的速度。宝石认为，液晶等平板显示器件要取代 CRT 市场将是很难的，且平板电视销量要超过 CRT 电视还需要更长的时间。消费市场具有多元性，CRT 电视和平板电视都有自己的独特市场，基本上会呈现平板电视占据高端，而 CRT 电视靠性价比优势占据中低端的市场格局。正是因为未能及时调整公司业务重心，2005 年度宝石电子因市场份额减少导致营业收入由 2004 年的 11 293.22 万元下降至 7 874.396 万元，2006 年持续下滑至 6 031.28 万元，相应的净利润也由 2004 年的盈利 3 177.058 万元转为 2005 年亏损 44 299.6 万元，2006 年亏损 9 528.52 万元，营业收入下降 46.59%，净利润下降 399.92%。公司于 2007 年被予以退市风险警示。

幸运的是，宝石电子很快便制定了脱困的战略措施。早在 2005 年首度亏损之后，公司就意识到面临引进新产品、新业务的重组问题，并将重组作为 2006 年度工作重点。但是，鉴于当时国内显示器件行业的结构特征，宝石重组要想彻底提高盈利能力，不能单纯跟踪其现有的成熟技术，除现有的 CRT、平板显示技术之外，应该寻找更加具有独特性的显示技术，改善自身所处行业结构，从根本上改善盈利能力，这是宝石重组能否成功脱困的关键所在。

2006 年年底，宝石电子公布其资产重组方案。宝石以其控股子公司宝石彩壳所持有的"硝子公司"（石家庄宝石电气硝子玻璃有限公司）49% 股权及彩壳对硝子公司 30 481 192.19 元的债权抵偿其应付宝石集团 369 902 574.85 元的债务。宝石电子的重组选择属于典型的支持性重组，其控股股东宝石集团以债权置换宝石电子的劣质资产即"硝子公司"。宝石电子的报表显示，其控股子公司彩壳公司持股 49% 的"硝子公司"已成为宝石 A 的亏损源头。2005 年度硝子公司亏损总额 8.36 亿元，而 2005 年全年宝石电子 92.76% 的亏损额来源于对硝子公司权益法核算造成的亏损。而且，在成功剥离硝子公司之前，根据审计机构出具的盈利预测报告，硝子公司 2007 年被预测亏损 1.56 亿元左右。即该项支持性重组选择如果未能果断实施，则宝石电子的摘星脱帽之旅会路途漫长。

支持性重组对宝石电子具有双重积极意义：一方面，由于抵偿了所欠宝石集团的巨额债务，公司资产负债率大幅降低，同时每年需支付的大额资金占用费减少。而尤为重要的是，本次重组是在资产保值的前提下对不良资产的剥离。硝子公司置出后，上市公司亏损大幅减少，2006 年度公司净利润尽管依然为负，但较之 2005 年度有了较大幅度提高。2007 年，宝石电子在资产剥离之后又进行了一系列股权转让，2007 年度公司成功扭亏为盈，实现净利润 1 033.9 万元，扣除非经常性损益后净利润 918.93 万元，每股净资产 0.64 元。2008 年 4 月，宝石电子成功摘帽，财务困境得以解除。

三、从 ST 宝石到东旭光电

支持性重组是财务困境公司的控股股东以重组的方式对困境公司实行的一种利益输送，可以通过困境公司的兼并收购、债务重组、资产剥离、资产置换、非控制权转移的股权转让等实现。宝石的重组选择即属于支持性重组中的资产置换，即通过债务抵偿方式将其下属硝子公司的股权置换给公司的控股股东，既减少了债务，又剥离了劣质资产。但是，通过支持性重组而脱困的公司其后续发展能力一般不足，脱困后的业绩状况不佳。宝石电子在摘帽之后也面临同样的情形。

附图 1-6、附图 1-7、附图 1-8 分别从不同角度显示了宝石电子公司脱困后的业绩状况。因为财务困境公司一般在每年公布上年度财务报告之后宣告摘帽，故摘帽当年，实际时间为摘帽时间点的前 1 年，即附图 1-9 中的第 0 年，公司依据第 0 年的年报而摘帽，故称之为"摘帽当年"。即宝石电子在 2008 年 4 月依据 2007 年度报表数据而摘帽脱困，则 2007 年年报数据为其摘帽当年，2008 年为摘帽脱困后第 1 年，2009 年为摘帽脱困后第 2 年，以此类推。

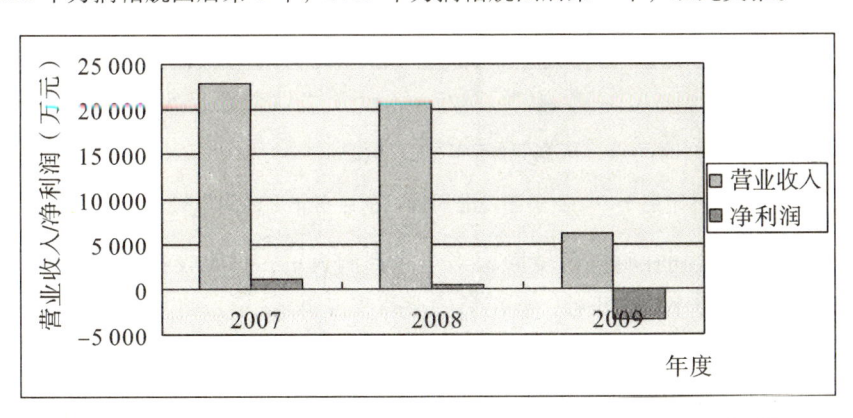

附图 1-6　宝石电子脱困当年及脱困后第 1、第 2 年营业收入与净利润

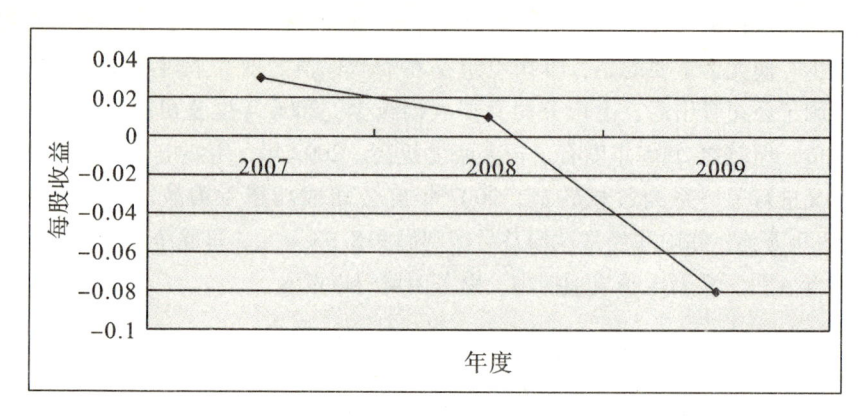

附图 1-7　宝石电子脱困当年及脱困后第 1、第 2 年的每股收益

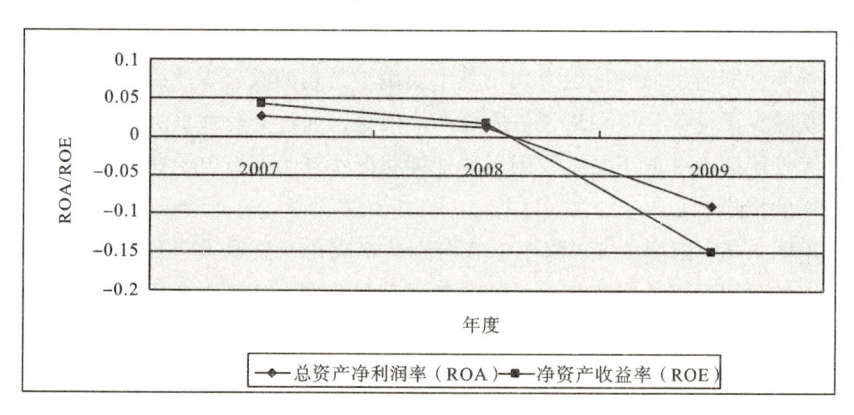

附图 1-8　宝石电子脱困当年及脱困后第 1、第 2 年的 ROA 与 ROE

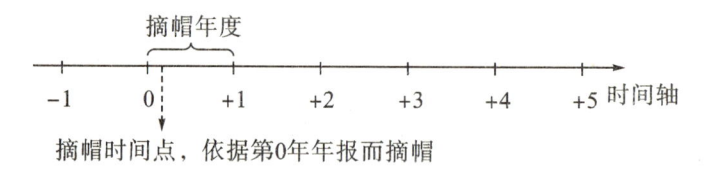

附图 1-9　财务困境公司摘帽前后各年度时间排列

宝石电子公司在财务困境脱困当年净利润为正，每股收益、总资产收益率、净资产收益率均为正数，重组后的业绩改善明显。第 2 年，各指标情况开始下滑但依然保持正数，第 3 年，经营业绩明显恶化，净利润为 -3 278.33 万元，每股收益为 -0.08 元/股，总资产净利率与净资产收益率也为负值。大股东支持下的重组选择使得宝石电子短期摘帽，但摘帽之后未能从根本上改善其盈利水平，后续发展能力不足。

自 2009 年年底开始，宝石启动恢复之后的又一轮重组。如果说之前的支持性重组仅仅为宝石摘帽做出紧急性支援，本次重组则属于宝石的战略重组，它与宝石电子的战略转移相配合，使公司从根本上扭转亏损并提升其业绩水平。宝石的重组步骤包括：第一步，大股东宝石集团的大股东石家庄国资委收购其他三家资产管理公司的股权，完成对宝石集团 100% 的控股；第二步，引进战略投资者对宝石集团进行增资；第三步，宝石集团减持上市公司股份，使持股比例降低到 30% 的要约收购线之下，为收购扫清障碍；第四步，转让国有股引入民营股份，实施控制权转移的重组策略。

上述重组步骤的时间安排为：

2009 年年底，石家庄市国资委与宝石集团的三家股东中国长城资产管理公司、中国东方资产管理公司和中国华融资产管理公司签订股权置换协议，石家庄市国资委分别受让三家资产管理公司所持宝石集团 48.3%、27.45% 和 6.51% 股份（合计 82.26% 股份），并以石家庄市财政局持有的 9 000 万股石家庄市商业银行股份、石家庄市建设投资集团持有的 5 000 万股石家庄市商业银行股份以及宝石集团持有的 3 000 万股宝石 A 股份作为对价。

2010 年 6 月，按照石家庄市国资委与河北东旭投资集团签订的增资协议，河北东旭以其拥有的石家庄旭新光电限公司的 50% 股权对宝石集团增资，宝石集团注册资本增至 8.5 亿元，河北东旭占 47.06%，石家庄市国资委占 52.94%。

自 2010 年 11 月 3 日起，宝石集团通过二级市场及大宗交易对宝石电子进行连续性的密集减持，在 12 月 14 日再度减持 300 万股后，宝石集团对宝石电子 A 的持股已从 2010 年 9 月底的 14 908.55 万股降至 11 318.95 万股，持股比例降至 29.55%，在要约收购线以下。

2011 年年初，石家庄市国资委计划对宝石集团进一步实施资产重组，拟通过产权交易市场公开挂牌转让所持有的宝石集团全部或部分国有股权。2011 年 7 月 27 日，宝石电子公司发布公告称，由于石家庄市国资委计划转让宝石集团 22.94% 的国有股权，石家庄宝石电子集团有限责任公司国有股权公开挂牌征集受让方的事项存在重大不确定性，申请停牌，待相关事项明确后复牌。

2011 年 8 月 2 日，石家庄市国资委与东旭集团签署国有股权转让合同。此前，东旭集团持有宝石集团 47.06% 的股份。上述股权转让完成后，石家庄市国资委持有宝石集团 30% 的股权，东旭集团持有宝石集团 70% 股权，宝石集团第一大股东由国资局变为东旭集团。相应的，宝石电子上市公司也成为东旭集团的间接控股子公司，宝石电子上市公司的股权性质由国有属性变更为私营属性。

东旭入主宝石电子之后进行了一系列产业调整和资源整合。首先，宝石电子的子公司芜湖宝石引进首条六代线引板，并计划以此为基础引进第二条六代线且于 2013 年年底建成使用整个十条六代线。增发十大股东包括中金公司，中金公司为"国家队"，极少参与上市公司增发，能得到中金公司的支持，该公司未来发展前景非常可观。目前仅比增发价高不到 20%，预计到 2014 年 4 月增发解禁时，参与增发的股东获利将翻番甚至更多，股价预计至少达到 25 元。其次，大股东承诺东旭集团宝石上市公司不进行同业竞争，后续将会整合全国各地相关玻璃基板优质资产注入宝石股份。同时，东旭集团的 LED 产品线也将考虑装入上市公司宝石。

2013 年 12 月 26 日，宝石电子公司发布公告称，其全资子公司芜湖东旭六代线 TFT-LCD 液晶玻璃基板产品认证进展顺利，小批量认证已在大陆及台湾客户中完成，中批量认证正在进行，产品有望在 2014 年年初批量销售。

2013 年 12 月 27 日，宝石电子公司发布 2013 年第六次临时股东大会决议。大会审议通过了《关于公司更名及修订公司章程相关内容、授权公司董事会办理相关变更事项的议案》《关于为旭飞光电公司融资还款提供担保并收取担保费用的议案》《关于为旭虹光电公司融资还款提供担保并收取担保费用的议案》《关于修改〈公司章程〉的议案》等 4 项议案。这些议案均以高票通过。2014 年 1 月 2 日，宝石电子公司发布公告称，公司证券简称自 2014 年 1 月 3 日起发生变更，变更后的 A 股证券简称为"东旭光电 A"、B 股简称为"东旭 B"，公司证券代码 000413、200413 保持不变。自此，石家庄宝石电子玻璃股份有限公司正式变更为东旭光电科技股份有限公司。

四、东旭光电的发展建议

宝石摘帽脱困之后一系列的重组活动真正改善了其盈利能力和业绩水平。自 2010 年开始，宝石电子的业绩水平显著提升。由附图 1-10 至附图 1-13 可见，战略重组之后，由于产业结构调整和新的生产线的跟进，宝石电子的资产规模和所有者权益规模均有较大提升。资产总额由 2009 年年底的 36 415.96 万元上升至 2012 年年底的 206 170.8 万元，所有者权益总额由 2009 年年底的 23 224.98 万元上升至 2012 年年底的 50 334.37 万元。净利润和每股收益更是从负转为正数并且显著提升，净利润从 2009 年的亏损 3 278.33 万元升至 2012 年度的盈利 24 102.81，每股收益从-0.08 元/股上升至 0.37 元/股。

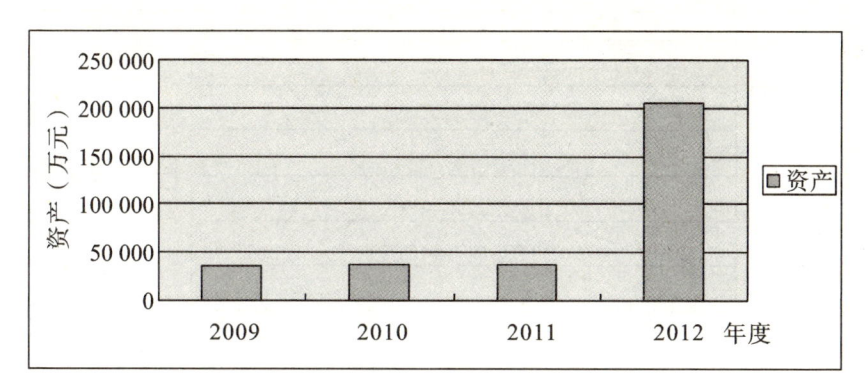

附图1-10 宝石电子战略重组后的资产状况

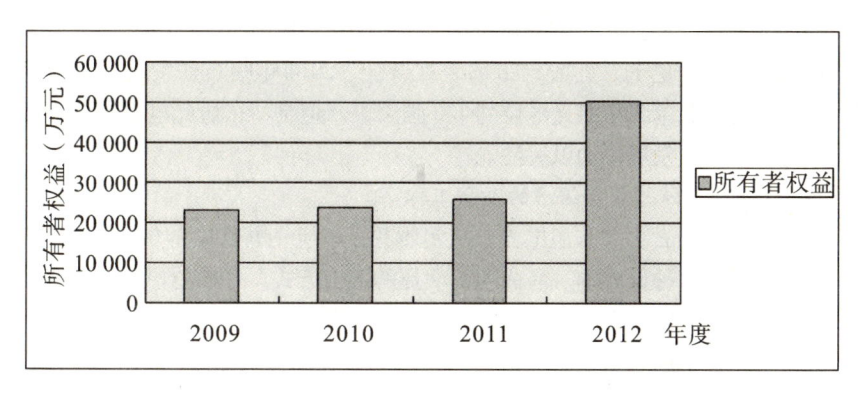

附图1-11 宝石电子战略重组后的所有者权益状况

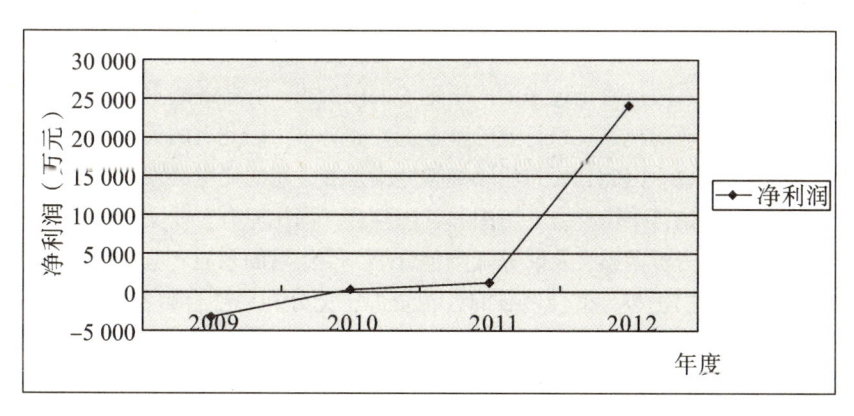

附图1-12 宝石电子战略重组后的净利润状况

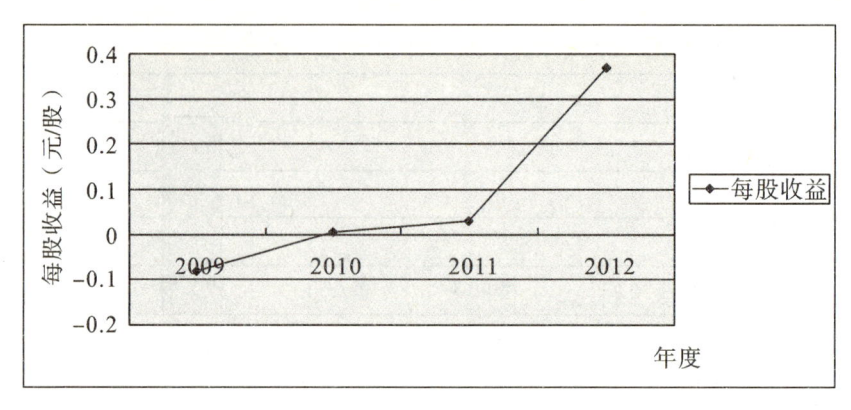

附图1-13 宝石电子战略重组后的EPS状况

脱困之后的战略重组对宝石电子公司的业绩提升注入了活力。随着2014年度东旭光电的成功更名，其股票市场表现奇佳。2014年福布斯发布中国最具发展潜力上市公司名单，东旭光电位列100强之内。但是，东旭光电重组后仍存在许多问题，需要在发展中加以关注。

（一）继续加强并购重组后的整合工作

从表面看，宝石更名东旭电光。从实质看，东旭光电以买壳方式取代宝石电子。买壳上市是一种低成本、易成功、便捷的上市方式。并购公司通过收购上市公司（壳公司），再以反向兼并的方式注入收购企业自身的有关业务及资产，以达到间接上市的目的。与原始上市相比买壳上市不必通过漫长的审批、登记，上市费用也低。在我国现行的制度下，上市公司相对于非上市公司来说具有多方面的经营发展优势，但上市资格却非常稀缺。实践证明，买壳上市一直是上市公司资产重组的主旋律和股票市场炒作的热门题材，然而由于买壳上市的公司规避了发行监管，许多本应被修正过来的问题进入上市公司，有些并购重组中的原资产都成为重组后企业的拖累，跨行业的整合也并非易事，因此有的买壳上市的公司不得已又相互剥离。因此，要想后续继续健康发展，东旭光电必须注意加强重组后的战略整合、销售渠道整合、组织和管理整合，深化原有企业文化的整合、管理团队整合、人力资源整合及财务资产整合等。重组后的东旭光电要尽快实现整合效应，发挥规模优势，整合现有的各种资源，充分利用整合后各方面的渠道，发挥其潜能，使重组后的上市公司优化产业结构、提高资本收益，提升核心资产质量，做大做强企业的核心业务，提高整体市场竞争力。

（二）避免股票市场价格的大幅度波动

东旭光电接手宝石之后的核心业务支撑是玻璃基板制造。玻璃基板作为液晶面板的关键基础材料，在全球范围内，一直由康宁、电气硝子、旭硝子等厂商占据主要的市场份额。然而，不断释放的市场空间也吸引了许多厂商进入这个领域。但是，一面是巨大的市场份额在不断释放，一面是国产化率不足受制于人，在玻璃基板行业中，如何解决这个矛盾一直是从业者探讨的重要话题，谁能更快突破产能的瓶颈，谁就能更快地占领更多的市场份额，东旭光电的募投项目，也因此饱受关注。

2013年年底，东旭光电再度发布公告，称其全资子公司芜湖东旭光电科技有限公司所生产6代线TFT-LCD液晶玻璃基板在中国台湾市场认证顺利，实现突破，近日已获客户订单。随着产线的不断投产，公司主营业务进入高速发展时期，行业地位优势日益凸显。目前，东旭光电业绩快报显示，由于公司玻璃基板装备及技术服务业务大幅拓展，导致2013年营业总收入、营业利润、利润总额、归属于上市公司股东的净利润、基本每股收益及每股净资产均有较大幅度提高。2013年公司归属于上市公司股东的净利润为3.69亿元，同比增长158%。公司预计今年一季度归属于上市公司股东的净利润为1.9亿至2.1亿元，同比增长207%～239%，这意味着2014年一季度东旭光电盈利已经超过去年宝石电子全年盈利的一半。而在最近八个月的时间里，东旭光电股价累计涨幅达到57%。这是东旭业绩释放的市场信号。然而，高速增长的背后可能面临的就是下跌，一旦公司市场、技术、生产某一个环节出现问题，有可能导致股票价格大幅下跌。因此，东旭光电应保持持续增长而非暴增，培养公司核心竞争力，逐渐培育公司的核心价值体系，使得股东财富稳步增长，避免股票价格大幅波动造成的股东财富损失。

（三）谨慎增资扩股和引入新股东

2014年年初，据东旭光电大股东东旭集团内部传出消息，称不日将与中国信达资产管理股份有限公司北京分公司达成战略合作协议。双方将在装备制造、新产品研发、高科技产品生产、新型产业投资和新能源开发等多个领域开展合作。根据协议，信达资产将通过战略性或财务性投资等方式，为东旭集团的优质项目提供直接投资服务等。信达资产旗下的证券公司将为东旭集团在境内外资本市场发行上市、发行各类债券以及增发融资提供优质、优惠的金融服务。信达旗下的保险公司将为东旭集团及其下属企业提供各类保险业务，并积极运用保险资金参与东旭集团的项目建设。由于东旭集团持有东旭光电14.4%的股权，为公司第一大控股股东。信达资产管理公司的融资支持无疑为东旭光电的资金提供了间接性支持力度。同时，公司称，会考虑增资扩股，增加与多家资产管理公司的投资合作。但是，增资扩股会带来许多新的问题。东旭的增资过快是否会引致过度扩张，新股东的介入是否会使公司的股权结构发生变动从而引发公司治理问题。这些都是东旭光电应认真考虑的问题。

附录2　宝硕股份的重组脱困之路

随着经济的不断发展，上市公司的规模逐渐扩大，市场竞争日益激烈。然而一些公司不堪压力的重担，出现资产负债率高、债务结构不合理等现象，以致企业的资金周转缓慢，盈利能力变低，从而出现资金供应不足、难以偿还债务的严重后果。越来越多的公司陷入财务困境之后选择通过债务重组来减轻债务，从而实现扭亏为盈。河北宝硕股份有限公司就是利用债务重组的方式实现扭亏为盈。

一、公司简介

河北宝硕股份有限公司（以下简称"宝硕股份"），是经河北省人民政府股份制领导小组办公室批准，由原河北保塑集团有限公司（后更名为河北宝硕集团有限公司，以下简称"宝硕集团"）独家发起，以募集方式设立的股份有限公司。1998年6月29日，经中国证券监督管理委员会批准，向社会公开发行每股面值1.00元的人民币普通股5 000万股（其中向社会公开发行4 500万股，向职工配售500万股，每股发行价5.00元），总股本为20 000万股。经上海证券交易所批准，1998年9月18日，宝硕股份在上海证券交易所挂牌交易，证券代码600155。

宝硕股份主要从事塑料制品加工，同时生产经营部分基础化工产品，其主要经营范围包括：聚氯乙烯塑料板、聚乙烯塑料硬管等；塑料制管子接头、塑料制管子肘管等；聚乙烯塑料条、棒、型材，其他塑料条、棒、型材；塑钢门、塑钢窗、铝型材的生产、销售及门窗的安装。同时，经营自产产品和技术的出口业务和所需的原辅材料、机械设备、零配件及技术的进口业务（国家限定其经营和禁止进出口的商品和技术除外）。

宝硕股份上市之初总股本为20 000万股。其中，第一大股东宝硕集团持股数量15 000万股（国家股），占股本总额的75.00%。2001年，宝硕集团协议转让其所持有宝硕股份国家股3 220万股给浙江传化集团有限公司。转让后，宝硕集团持股比例为63.10%，为第一大股东；浙江传化集团有限公司持股比例为7.81%，为第二大股东。2005年8月30日，宝硕集团所持有宝硕股份国家股3 875.40万股，按每股2.232元折价抵偿所欠中国信达资产管理公司石家庄办事处86 498 988.79元的债务。宝硕集团持有宝硕股份国家股由26 030万股减至3 875.40万股，持股比例由63.10%减至53.71%，中国信达资产管理公司持有宝硕股份 3 875.40 万股（占比 9.39%），成为宝硕股份第二大股东，股权性质为国家股。2006 年，宝硕集团以其所持有的宝硕股份分别抵偿所欠中润经济发展有限责任公司和金华雅苑房地产有限公司等的债务。截至 2006 年 12 月 31 日，宝硕集团持有宝硕股份 150 683 512 股，持股比例为 36.53%，为第一大股东。2007 年，因债务纠纷和司法划转，宝硕集团所持有宝硕股份减至 148 499 749 股，持股比例 36.00%，为第一大股东。2008 年，因不能清偿到期债务，宝硕股份进行破产重组。2008 年 2 月 25 日，河北大众拍卖有限责任公司受宝硕集团破产管理人委托依法对宝硕集团持有的宝硕股份 45 130 937 股股权进行拍卖，新希望化工投资有限公司竞买了上述股权。为执行宝硕股份的重整计划，保定市中级人民法院裁定将河北宝硕集团有限公司让渡的 78 000 000 股股权划转至新希望化工投资有限公司名下，新希望化工投资有限公司持有的宝硕股份限售流通股股份 123 130 937 股，成为其第一大股东，占比 29.85%；宝硕股份（破产企业财产处置专户）持股数 26 857 146 股，占比 6.51%，为第二大股东；宝硕集团持股数 25 368 812 股，占比 6.15%，为第三大股东。2014 年 12 月 31 日，宝硕股份的股份总数为 476 602 564，其中，新希望化工投资有限公司持股总数为 187 233 501 股，持股比例为 39.29%，仍为第一大股东。

二、宝硕股份陷入财务困境历程及原因

河北宝硕股份有限公司 2005 年度存在账外核算的会计事项及交易，存在虚增收入、成本、资产、负债的情况，2006 年度按照规定追溯调整期初金额，主要调整事项为：

第一，影响净资产变动的重大会计差错更正。

（1）长期投资会计差错更正追溯调整年初数。减少长期投资 2 895 611.06 元，减少年初未分配利润 2 895 611.06 元，其中：调增 2005 年度投资收益 5 608 029.68 元，调减 2005 年度年初未分配利润 8 503 640.74 元。上述调整中：长期投资—保定富太塑料包装材料有限公司调减 14 527 605.07 元，调减 2005 年度年初未分配利润 8 503 640.74 元，调减 2005 年度投资收益 6 023 964.33 元；长期投资—宝硕新型塑料包装材料（珠海保税区）有限公司调减 8 005.99 元，调减 2005 年度投资收益 8 005.99 元；长期投资—宝硕新型建材（珠海保税区）有限公司调整长期投资减值准备，调增 2005 年投资收益 11 640 000.00 元，调减长期投资减值准备 11 640 000.00 元。

（2）补提 2005 年度坏账准备 15 561 284.91 元；以前年度利息收入未及时入账调增年初未分配利润 10 772 661.51 元。其中：调增 2005 年度净利润

1 997 550.80 元，调增 2005 年度年初未分配利润 8 775 110.71；调整以前年度应负担的保理费用，调增少数股东权益 8 218 066.13 元，调减年初未分配利润 8 218 066.14 元，其中：调减 2005 年度年初未分配利润 2 529 049.46 元，调减 2005 年度利润 5 689 016.68 元。

（3）以前年度虚增收入、成本、资产更正调整年初数，调减年初未分配利润 512 399 490.20 元。其中：调减 2005 年度利润 84 469 803.84 元，调减 2005 年度年初未分配利润 427 929 686.36 元，调减流动资产 366 658 708.99 元，调减固定资产 136 199 899.79 元、调减在建工程 9 540 881.42 元，其中：河北宝硕股份有限公司氯碱分公司调减固定资产 30 000 000.00 元，保定宝源新型塑料包装材料有限公司调减固定资产 26 199 899.79 元，调减在建工程 9 540 881.42 元，河北宝硕股份有限公司糖醇分公司调减固定资产 20 000 000.00 元，保定宝硕新型建筑材料有限公司调减固定资产 30 000 000.00 元，河北宝硕股份有限公司绿源塑料分公司调减固定资产 30 000 000.00 元。

（4）以前年度未及时入账的利息费用调整年初数，减少年初流动资产 393 208 690.61 元，减少年初未分配利润 393 208 690.61 元，其中：调减 2005 年度净利润 231 921 041.26 元，调减 2005 年度年初未分配利润 161 287 649.35 元。

（5）纳入合并范围的分子公司会计差错更正，使年初资产总额减少 14 050 299.14 元，少数股东权益减少 2 758 927.98 元，2005 年度净利润减少 7 374 970.55 元，2005 年度年初未分配利润减少 3 916 400.61 元。其中：①保定宝硕新型建筑材料有限公司调整以前年度少结转的成本，减少存货 17 602 788.43 元，减少 2005 年度年初未分配利润 12 345 547.18 元，减少 2005 年度利润 5 257 241.25 元；调整以前年度虚增固定资产而多提折旧，减少累计折旧 5 108 668.73 元，增加 2005 年度年初未分配利润 2 965 811.59 元，增加 2005 年度利润 2 142 857.14 元。②天津宝硕门窗发展有限公司调整短期贷款利息资本化，减少在建工程 3 551 996.25 元，减少 2005 年度利润 3 551 996.25 元；③保定宝源新型塑料包装材料有限公司调整以前年度虚增固定资产而多提的折旧，减少累计折旧 1 458 407.77 元，增加 2005 年度净利润 1 458 407.77 元。④河北宝硕股份有限公司氯碱分公司调整以前年度虚增固定资产而多提折旧，减少累计折旧 13 840 000.00 元，增加 2005 年度年初未分配利润 9 090 000.00 元，增加 2005 年度净利润 4 750 000.00 元；调整长期待摊费用，减少 2005 年度净利润 9 601 515.49 元，减少长期待摊费用 9 601 515.49 元。⑤河北宝硕股份有限公司绿源塑料分公司调整以前年度虚增固定资产而多提的折旧，减少累计折旧 8 787 500.00 元，增加 2005 年度年初未分配利润 5 937 500.00 元，增加

2005年度净利润2 850 000.00元。⑥河北宝硕股份有限公司糖醇分公司会计差错调减年初未分配利润12 488 575.47元，其中，调减2005年度净利润579 476.55元，调减2005年度年初未分配利润11 909 098.92元，其中：调整以前年度少计成本调减存货14 083 351.14元，调整以前年度多提的减值准备调增固定资产328 640.43元，调整以前年度虚增固定资产多提的折旧，调减累计折旧1 266 135.24元。

第二，不影响净资产变动的重大会计差错更正。以前年度其它会计差错调整期初数，调增资产1 890 144 651.12元，调增负债1 890 144 651.12元；以前年度会计差错调整调减盈余公积74 067 168.41元，其中调减2005年度盈余公积7 920 364.44元，调减2005年度期初盈余公积66 146 803.97元，相应调增年初未分配利润74 067 168.41元。

第三，合并报表范围变动更正。子公司佳木斯宝硕塑料有限公司、天津宝络五金制造有限公司、保定宝硕水泥有限公司本期纳入合并报表范围调整期初数，调增资产58 799 697.25元，调增负债57 117 564.80元，调增少数股东权益1 682 132.45元。

以上会计差错更正使期初资产增加1 017 817 936.87元，期初负债增加1 947 262 215.92元，期初少数股东权益增加7 141 270.60元，期初净资产减少936 585 549.65元，其中2005年度年初净资产减少596 844 952.79元，2005年度净资产339 740 596.86元。

2006年公司主营业务收入1 061 326 739.55元，净利润-1 662 036 813.71元。公司产生巨额亏损的主要原因有：一是公司对以前年度财务会计报告进行了会计差错更正；二是公司对应收账款和对外担保引起的或有负债计提坏账损失；三是报告期内公司银行贷款已基本逾期，银行按相关规定增加了逾期贷款利息，该部分利息直接加大了公司当期财务费用；四是由于受到以往年度大股东资金占用的影响，导致公司流动资金短缺；五是塑料制品加工行业的经营环境较差、恶性竞争的局面未能得到根本改善，原油价格大幅上涨，主要原材料价格居高不下，致使公司塑料产品盈利能力下降。

宝硕股份在2007年2月15日发表公告称，2007年1月22日，公司的债权人保定天威保变电气股份有限公司向保定市中级人民法院提出申请宝硕股份破产还债，2007年1月25日，保定市中级人民法院依法受理债权人申请公司破产一案，进入破产程序，根据《上海证券交易所股票上市规则》第13.2.1（六）条规定（未在规定期限内披露2006年第三季度报告），自2007年2月16日公司股票被实施退市风险警示的特别处理。实行退市风险警示后，"宝硕股份"股票简称变为*ST宝硕。

宝硕股份陷入财务困境的原因主要有以下几个方面：

（1）大股东宝硕集团的资金占用是导致宝硕股份资金链断裂的直接原因。公司公告显示，自2001年以来，宝硕股份及其分、子公司被大股东河北宝硕集团有限公司占用资金437 301 569.46元。截止到2006年9月，大股东占用资金问题反映在流动资产中的其他应收款科目总金额16亿元。随着清欠工作的进展，截止到2006年12月底，大股东及其附属企业非经营性占用宝硕股份资金已经偿还了许多，但是占用数额仍为10亿元左右。

自1998年宝硕股份上市后的近八年的时间，其控股股东宝硕集团主体基本丧失了再盈利能力，其主要受益来源为其控股的宝硕股份派发分红。由于宝硕集团运营受到市场规律和地方政府双重影响，其先后兼并了11家国有困难企业，在兼并过程中主要采取承担其债务的方式，因此接收了大量不良贷款，后续负担沉重。由此，宝硕集团逐步占用上市公司资金，其内容主要为贷款转移、偿还、贷款担保、贷款利息和相关费用支付等。

（2）公司负债比重过高。宝硕股份有限公司每年的投资额都很大，公司发行了两次股票，所筹集的资金额还赶不上大股东所占用的资金总额，因此，公司只能靠向银行贷款维持其对资金的需求，最终导致财务危机的发生。截止到2006年年底，宝硕股份流动负债为36亿元，占负债总额的90%以上，资产负债率高达160%。

对于宝硕股份来说，大股东宝硕集团占用的巨额资金致使公司的经营困难，每年巨额的利息支付使宝硕产生了巨大的财务压力。宝硕股份过高的负债给企业带来了一系列的不良影响，既增加了财务风险，又降低了企业的安全性和竞争能力，危及企业的生存与发展。并且，公司固定资产投资占用短期贷款现象严重，截止到2006年年底，宝硕股份18.2亿元的长期资产，长期借款仅有1.79亿元，其余资金基本由短期融资来弥补。短贷长用导致了宝硕股份资金链的断裂。

（3）公司监管不严。存在宝硕集团"一股独大"的现象。宝硕股份的董事会在很大程度上掌握在内部人手中。这样使得监事会没有真正的职权，不能发挥其监督的有效性，监事会监督失灵使得宝硕股份由于担保或者大股东以其他形式的占用资金而引起的财务危机日益增加。同时，公司内部控制制度不健全，缺乏相应的监管机制，也在一定程度上导致了宝硕股份的财务危机。

三、宝硕股份的脱困策略

由于面临偿付巨额债务和对外担保的双重压力，宝硕股份于2007年1月

25 日进入破产程序，并以此为契机，推进债务重组工作，化解债务危机，避免了公司破产清算。同时公司不断加强内部管理，努力筹措和合理安排运营资金，成功摘星脱帽。

2007 年 1 月，宝硕股份被保定市中级人民法院受理了债权人申请公司破产还债一案，公司进入破产程序。根据《中华人民共和国企业破产法》第二十条的规定，法院受理破产申请后，已经开始而尚未终结的有关债务人的民事诉讼或者仲裁应当中止；在管理人接管债务人的财产后，该诉讼或者仲裁继续进行。根据《公司重整计划草案》，截止到 2007 年 1 月 25 日宝硕股份已决诉讼或仲裁涉及的债权，由法院确认为普通债权，未决诉讼或仲裁以及 2007 年 1 月 25 日之后由法院受理的诉讼案件涉及的债权，确认为临时普通债权，该部分债权已全部转为负债，将按照公司重整计划进行清偿。同时，宝硕股份的控股股东宝硕集团于 2007 年 5 月 31 日被法院宣告破产。

2008 年 1 月 3 日，经宝硕股份申请，保定中院裁定其进入破产重整程序。2008 年 2 月 5 日，法院下达（2007）保破字第 014-4 号《民事裁定书》，批准公司的《重整计划草案》，裁定终止公司破产重整程序。公司重整计划处于执行阶段，重整计划的执行期为三年。

根据重整计划，宝硕股份在对原有债务进行重组的同时，还将实施资产重组以获新生。按照重整计划确定的经营方案，宝硕股份股东让渡的部分股份将由重组方有条件受让，即重组方须承诺向宝硕股份注入资产，同时提供资金支持，并对宝硕股份依重整计划所须偿还的债务提供担保，以保障宝硕股份能按期偿还债务，保证公司具有持续经营能力。

宝硕股份的债务重组主要根据其破产重整计划而确定。根据该重整计划，宝硕股份优先债权组 145 762 770.80 元、税款债权组 33 621 227.81 元、职工债权组 45 640 970.12 元以及部分普通债权（10 万元以下部分）15 007 826.58 元均按 100% 比例清偿。部分普通债权（10 万元以上部分）计 4 782 509 170.24 元，以现金清偿 13%，共计清偿 621 726 192.13 元；该部分债权在债权人受让流通股股东让渡的股票后，未获清偿部分予以免除（法院批准宝硕股份重组计划后，因临时债权提存、债权人豁免债务等原因，清偿方案的相关金额经实际调整后有所变化）。按照重整计划安排，宝硕股份对出资人权益做出不同程度调整：全体股东持股数量在 1 万股以下（含 1 万股）部分，让渡比例为 10%；1 万股以上 5 万股以下部分，让渡比例为 20%；5 万股以上 300 万股以下部分，让渡比例为 30%；300 万股以上 2 200 万股以下部分，让渡比例为 40%；2 200 万股以上部分，让渡比例为 75%。宝硕股份原股东让渡的部分股份，将由重组方有条件地受让，同时，重组方需对宝硕股份重组债务提供担保，并向宝硕股份注入优质资产和提供资金支持，以提高上市公司持续盈利能力。

重整计划的执行期限为三年，自法院裁定批准重整计划草案之日起计算。在此期间内，宝硕股份要严格依照本方案制订的债权受偿方案向有关债权人清偿债务，并随时支付破产费用、共益债务。

优先债权组的债权 145 762 770.80 元在重整计划草案获法院裁定批准之日起三年内分六期清偿完毕，每六个月清偿六分之一；职工债权 45 640 970.12 元在重整计划草案获得法院裁定批准之日起六个月内清偿完毕；税款债权 33 621 227.81 元按国家有关规定在重整计划执行期满前清偿完毕；普通债权人 10 万元以下（含 10 万元）部分的债权共计 15 007 826.58 元，将在重整计划草案获得法院裁定批准之日起六个月内一次性清偿；超过 10 万以上部分的债权，按照 13% 比例以现金清偿部分为 621 726 192.13 元，在重整计划草案获得法院裁定批准之日起三年内分三期清偿完毕，每年为一期，每期偿还三分之一，即 207 242 064.04 元，具体支付时间为每一期期末。

2008 年 2 月 25 日，宝硕集团公开拍卖其持有的公司 45 130 937 股股权（占宝硕股份总股本 10.94%），新希望化工以 2 350 万元的最高价竞拍成功，接过 *ST 宝硕的重组大旗。2008 年 7 月 26 日，新希望化工接受宝硕集团让渡的宝硕股份限售流通股 7 800 万股。新希望化工持有宝硕股份达到 123 130 937 股，持股比例增至 29.85%，成为宝硕股份第一大股东。

2011 年 2 月 17 日，宝硕股份发表公告称：根据河北宝硕股份有限公司《重整计划草案》规定，公司应偿还的破产重整债务为 983 593 591.47 元。在大股东新希望化工投资有限公司的无息借款支持下，公司已履行完毕部分重整债务的清偿义务。截止到公告日，公司尚余 684 993 754.52 元重整债务，主要系银行债权人，公司正在与相关债权人协商清偿方案，尚未签署相关书面协议。由于公司破产重整债务已于 2011 年 2 月 5 日到期，为此，大股东新希望化工投资有限公司承诺"支持宝硕股份与相关债权人达成债务解决方案，包括以提供信用支持等方式，以期化解宝硕股份由于未能按期执行重整计划可能面临的破产清算的风险"。

2011 年 6 月 24 日，法院裁定如下："①确认公司重整计划执行完毕，按照重整计划减免的债务，债务人不再承担清偿责任；②公司破产管理人的监督职责依法终止；③因未依法申报债权而未列入重整计划清偿范围的债权人，自本裁定生效之日起，可以按照重整计划规定的同类债权的清偿条件行使权利。"

根据《重整计划》减免后的优先债权 147 158 060.86 元，普通债权 625 806 948.53 元，合计 772 965 009.39 元。上述优先债权和普通债权，截止到 2011 年 6 月 24 日，宝硕股份通过偿还小额债权人、形成延期偿还或打折偿还等债务和解方案的债权人 207 家，涉及金额 686 969 460.66 元，新希望化工投资有限公司为此提供了担保；有还款保证并由管理人协调处理的剩余债权人 11 家，涉及金额 85 995 548.73 元。

宝硕股份于 2011 年完成债务重组。但由于公司经审计后的 2012 年年末净资产为负，公司股票仍被实施退市风险警示，股票简称仍为"＊ST宝硕"。

2013 年 9 月 25 日，＊ST宝硕发表公告称：为改变公司目前资不抵债及主业缺失的局面，公司在与大股东新希望化工商讨后，决定向大股东新希望化工非公开发行股份募资 2 亿元。

2013 年 10 月 31 日，宝硕股份成功竞拍保定市国土资源局以挂牌方式出让的 9 宗国有建设用地使用权，总价格 11.074 8 亿元。11 月 1 日，宝硕股份董事会发表公告，称拍地方为该公司下属全资子公司——保定宝硕置业房地产开发有限公司，以及宝硕置业下属的两家全资子公司——保定宝硕新鼎房地产开发有限公司及保定宝硕锦鸿房地产开发有限公司。（2013 年 10 月 31 日《＊ST宝硕第三季度报告》显示，上述宝硕置业两公司因公司业务发展需要成立，两公司注册资本分别为 500 万元，主要经营房地产开发。）公告同时表示：所拍得地块原属于公司工业用地，本次土地使用权竞买主要是依据相关法律法规和政策，将公司自有土地盘活变性，以提高公司可持续发展能力。

2014 年 9 月 12 日，证监会通过对公司非公开发行股票的申请。2014 年 12 月 12 日，宝硕股份和中信建投证券股份有限公司向确定的发行对象新希望化工发出《缴款通知》。发行对象根据《缴款通知》要求向指定的本次发行缴款专用账户及时足额缴纳了认股款。截至 2014 年 12 月 15 日，宝硕股份非公开发行普通股 64 102 564 股，募集资金总额为 199 999 999.68 元，扣除各项发行费用 4 830 000.00 元，实际募集资金净额为 195 169 999.68 元。

本次发行后，宝硕股份的净资产大幅度增加，资产负债率相应下降，资产质量得以提升，偿债能力明显改善，融资能力得以提高，资产结构趋于合理。发行完成后，公司总资产增加至 1 922 507 172.65 元，增幅 11.30%，归属母公司净资产增加至 205 774 980.10 元，增幅 1 840.36%。

如附图 2-1 所示：

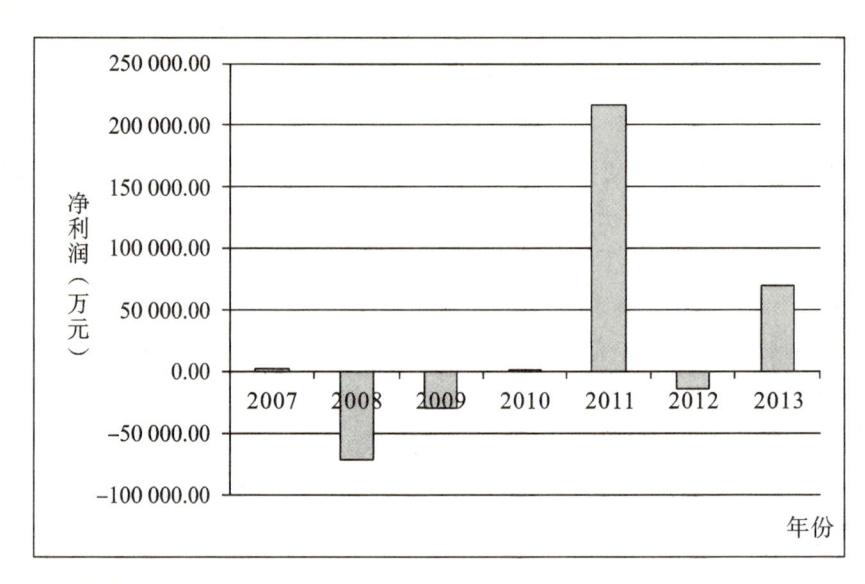

附图 2-1　宝硕股份 2007—2013 年度净利润情况

从附图 2-1 中可知，宝硕股份从 2007 年进入债务重组之后，到 2013 年，经营状况一直处于不稳定状态，净利润起伏变化很大。其中 2007 年、2010 年、2011 年、2013 年处于盈利状态，2008 年、2009 年、2012 年处于亏损状态。

2007 年实现归属于母公司所有者的净利润 21 022 261.42 元，盈利的主要原因是年度内保定投资发展有限公司同意豁免了宝硕股份债务重组额 80% 的应付款项，即通过债务重组，宝硕股份取得 50 380 573.73 元的债务重组利得。同时，由于公司进入破产重整程序，公司破产申请受理日起，对付利息的债权停止计提利息，致使 2007 年利息支出比上年减少 81.12%。

2010 年实现归属于上市公司股东的净利润 5 871 930.17 元，然而公司营业利润为 -37 049 623.34 元，实现盈利主要是由于收到政府补助收入 37 637 158.94 元以及公司依法不再支付的税款 5 511 112.04 元。

2011 年实现归属于上市公司股东的净利润 2 165 345 282.59 元，实现盈利的主要原因是收到政府补助 91 386.00 元，债务重组利得 2 289 626 115.78 元。

2013 年实现归属于上市公司股东的净利润 693 636 185.44 元。而盈利的主要原因是获得非流动资产处置利得 154 896 816.25 元，债务重组利得 19 863 828.16 元，政府补助收入 607 121 420.00 元。

2013 年度宝硕股份财务报告显示：归属于上市公司股东的净资产为 80 261 068.73 元，2013 年度营业收入 71 700 010.10 元，归属于上市公司股东的净利润为 693 636 185.44 元。至此,公司净利润、净资产、营业收入等指标均不触及退市风险警示条件,也不触及该条款规定的其他情形。2014 年 3 月 10 日,上交所撤销对宝硕股份的退市风险警示,其证券简称由" * ST 宝硕"变更为"宝硕股份"。

四、宝硕股份后续发展

虽然宝硕股份在 2013 年度实现盈利,在 2014 年成功摘帽,但 2013 年归属于上市公司股东的扣除非经常性损益后的净利润为 -14 263.51 万元。公司仍然存在着资产负债率高、抵御市场风险能力不强等风险因素。公司股票撤销退市风险警示,并没有提升公司的内在价值。

从附图 2-2、附图 2-3、附图 2-4 可以看出,宝硕股份在摘帽当年,即 2014 年度又进入了亏损状态。2015 年度虽然实现了归属于上市公司股东的净利润 225 716 806.51 元,但其主要原因是本年度实现了营业外收入 14 726 271.09 元,其中:处置固定资产利得 3 880 815.14 元,债务重组利得 2 706 313.11 元,政府补助收入 2 004 204.00 元,债务核销利得 6 108 316.34 元。同时,本年度转让宝硕置业 60% 股权使得投资收益较上年增加 345 550 810.80 元。而本年度归属于上市公司股东的扣除非经常性损益的净利润为 -136 516 426.35 元。

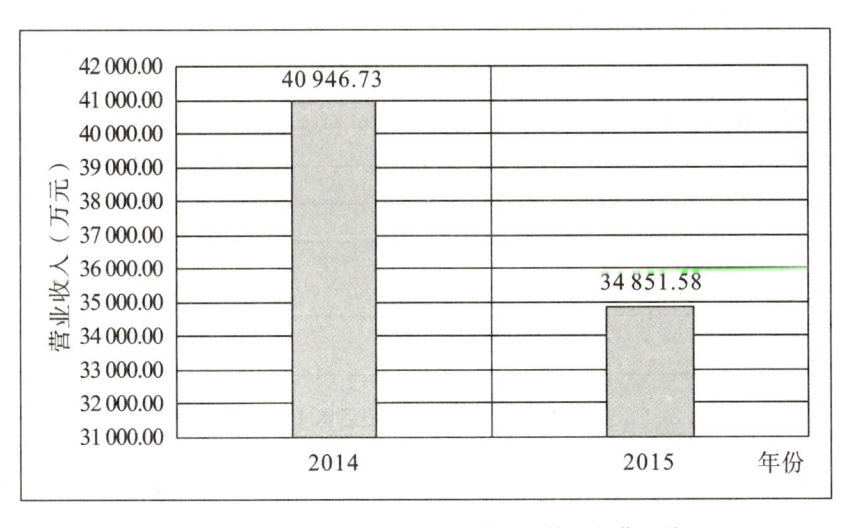

附图 2-2 宝硕股份脱困当年及脱困后第 1 年营业收入

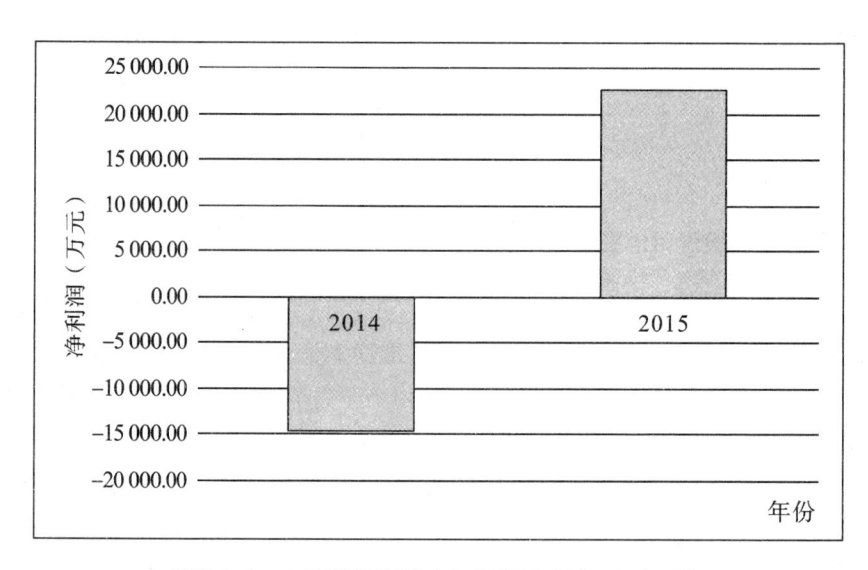

附图 2-3　宝硕股份脱困当年及脱困后第 1 年净利润

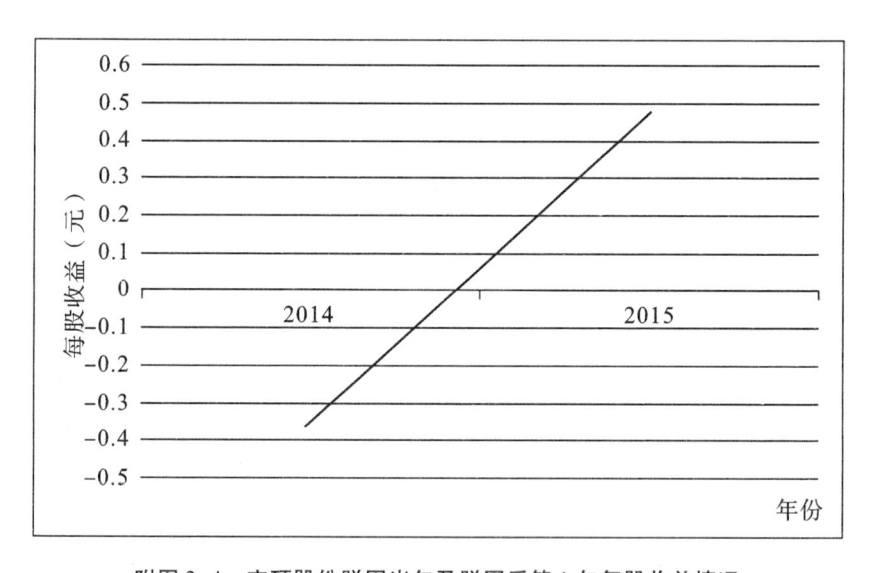

附图 2-4　宝硕股份脱困当年及脱困后第 1 年每股收益情况

从附图 2-5 可知，宝硕股份从 2011 年至 2015 年的营业成本与营业收入处于基本持平的状态，再扣除各项费用，如果不是政府补助或者各种利得，每年的净利润都将为负。宝硕股份的连连亏损很大程度上是因为成本居高不下，主营业务基本处于不盈利状态。公司产品的主要原材料为 PVC，约占生产成本的 70%~80%。由于国际政治经济形势错综复杂，国内经济下行压力持续加大，市场原油、煤、电等能源价格存在较大的不确定性，从而导致公司原材料价格波动较大，在一定程度上增加了公司生产成本控制的难度。

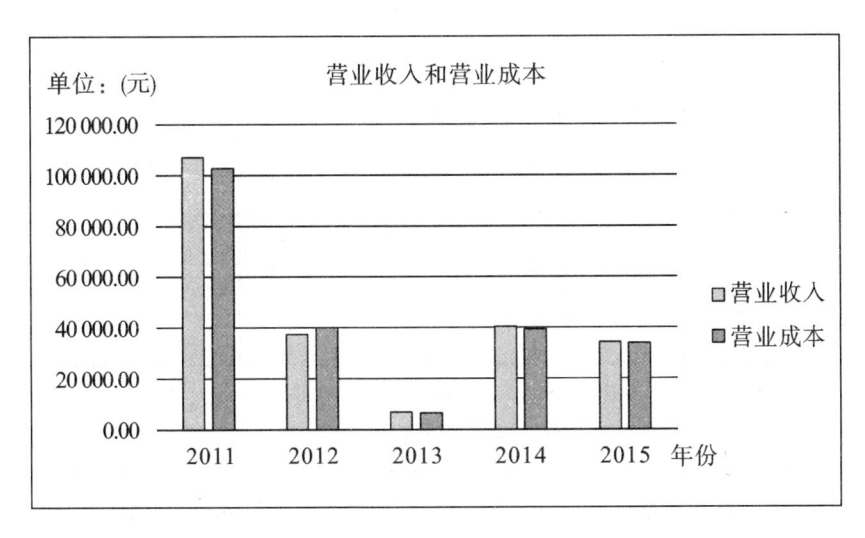

附图 2-5　宝硕股份 2011—2015 年营业收入和营业成本情况

同时，国内塑料建材行业处于完全竞争状态，技术壁垒较低导致行业集中度不高，市场较为分散，现阶段，塑料建材中低端产品产能已经出现过剩，市场竞争加剧，若宝硕股份不能进一步提升品牌知名度，不能通过加强研发及时应对市场需求，以进一步提升规模、提高市场占有率，则公司将面临因竞争优势不足造成盈利能力下降的风险；鉴于 PVC 价格的波动直接影响塑料型材行业企业的盈利能力，若未来 PVC 价格出现较大幅度上涨，将直接增加公司生产成本，公司盈利能力将出现下滑的风险。

从附图 2-6、附图 2-7、附图 2-8 可知，与同行业相比，宝硕股份的营业收入在 2015 年至 2016 年 3 月，一直远远低于同行业的平均水平；在 2015 年 6 月至 9 月期间净利润高于同行业平均水平，但是其余时间段均低于同行业平均水平。在 2016 年一季度又出现亏损。每股收益情况与净利润走势相同，且处于起伏比较严重的状态。总体来说，处于同行业平均水平之下。

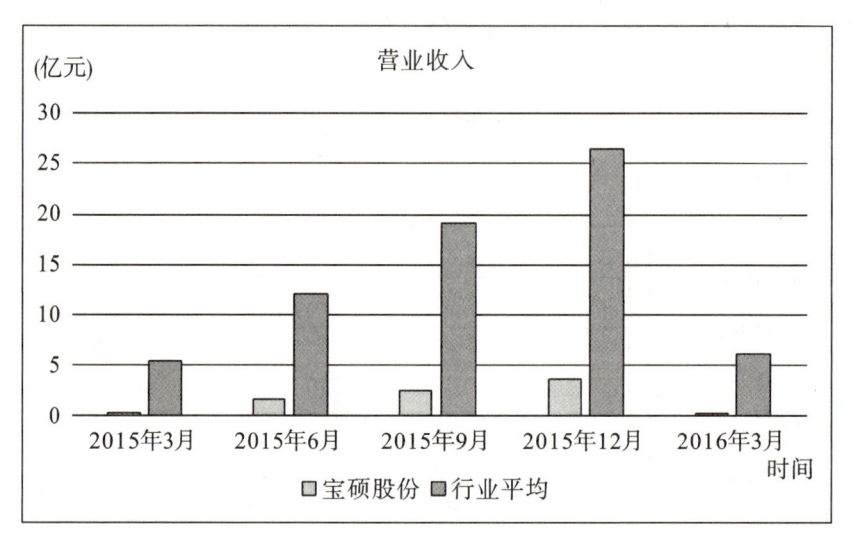

附图 2-6　宝硕股份 2015 年 3 月—2016 年 3 月营业收入与同行业对比情况

附图 2-7　宝硕股份 2015 年 3 月—2016 年 3 月净利润与同行业对比情况

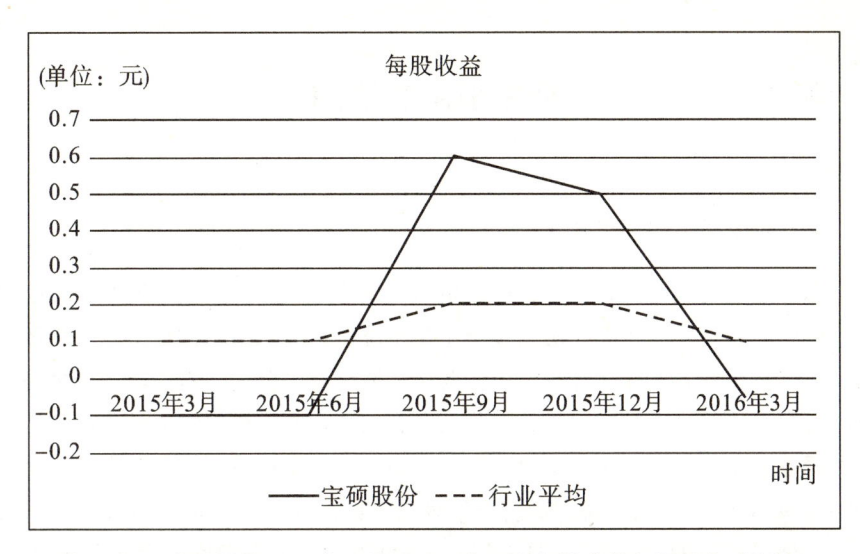

附图 2-8　宝硕股份 2015 年 3 月—2016 年 3 月每股收益与同行业对比情况

从上述分析可知，宝硕股份目前的经营状况仍然不是很乐观。由于宝硕股份持续经营性亏损，资产负债率比较高，因此企业的银行信用较低，再融资压力比较大。由于公司的规模以及盈利能力不足，经营净现金流不足以支撑企业发展所需，而公司目前发展所需主要资金来源于大股东。因此，流动性风险依然存在，资金问题仍然是公司实现发展战略的主要瓶颈。

附录3 东方热电的财务困境及脱困之路

一、东方热电的历史简介

东方热电的全称为石家庄东方热电股份有限公司,成立于1998年9月11日,是经河北省人民政府股份制领导小组批准,由石家庄东方热电燃气集团有限公司为主要发起人,联合石家庄医药药材股份有限公司、石家庄天同拖拉机有限公司、河北鸣鹿服装集团有限公司、石家庄金刚内燃机零部件集团有限公司共同发起设立的,公司的主要业务是热力、电力生产及清洁能源发电等,于1998年9月14日在河北省工商行政管理局登记注册,注册资本为人民币1.35亿元。公司于1999年9月13日发行的4 500万股A股股票在深交所上网发行。1999年12月23日,经中国证监会批准,公司股票正式上市交易,证券简称"东方热电",股票代码000958。

上市之初,东方热电的前五大股东分别为:石家庄东方热电燃气集团有限公司、石家庄医药药材股份有限公司、石家庄天同拖拉机有限公司、河北鸣鹿服装集团有限公司、石家庄金刚内燃机零部件集团有限公司,持股比例分别为74.08%、0.28%、0.22%、0.22%、0.19%。

2002年6月,公司增发A股4 915万股,股份总数由18 000万股增至22 915万股。增发后,公司控股股东持股比例下降至58.19%;金信证券有限公司持股比例达到3.36%,成为公司第二大股东;银丰证券投资基金持股比例0.67%,为公司的第三大股东。

2002年9月,石家庄东方热电燃气集团有限公司分立为石家庄东方热电集团公司和石家庄燃气集团公司两个公司。其中石家庄东方热电集团有限公司(以下简称:东方热电集团)承接公司58.19%的股权,为公司的控股股东。2006年6月,控股股东东方热电集团宣布"以股抵债"方式偿还所欠本公司的债务,致使其对公司的持股比例由58.19%下降至34.16%。2007年,东方热电集团增持45.72万股本公司股份,持股比例上升至34.32%。

2009年,东方热电集团持有的公司557万股股票被扣划至石家庄市商业银行股份有限公司抵充债务。截至2009年12月31日,公司前两大股东东方热电集团、石家庄商业银行,持股比例分别为32.46%、1.86%。同年,石家庄市国资委与中国电力投资集团公司(以下简称:中电投集团)签订《关于石家庄东方热电集团有限公司托管协议》，委托中电投对东方热电实施管理。

2010年3月，中电投财务有限公司通过向石家庄市商业银行购买债权方式，取得其持有的东方热电557万股股票。同年10月，东方热电集团将其持有的东方热电1 720万股限售流通股抵偿给石家庄市国资委，石家庄市国资委将其移交给中电投财务公司，东方热电集团持有股权比例由32.46%减少为26.71%。中电投集团通过其下属子公司中电投财务有限公司一共持有公司限售流通股2 277万股，占比7.60%，成为公司第二大股东。

2013年12月23日，经过中国证监会核准，东方热电向中电投集团非公开发行18 390.8万股。截至2013年12月31日，公司第一大股东变更为中电投集团，持股比例38.05%；东方热电集团变为第二大股东，持股比例16.55%；中电投财务有限公司为公司第三大股东，持股比例4.71%。

2014年10月11日，经石家庄市工商局核准，公司名称由"石家庄东方热电股份有限公司"变更为"石家庄东方能源股份有限公司"（证券简称"东方能源"），证券简称由"东方热电"改为"东方能源"，旨在拓展公司的营业范围，并转型新能源。截至2014年年底，东方能源的总股本为48 339.3万股。

2015年1月19日，因依法执行中电投河北电力有限公司与辛集市东方热电有限责任公司、东方热电集团的借款担保，东方热电集团所持有的上市公司3 100万股股票被拍卖，持股比例由16.55%下降至10.14%。辽宁嘉旭铜业集团股份有限公司（以下简称：辽宁嘉旭）以人民币33 635万元竞得股权。2015年1月22日，股权过户手续完成，辽宁嘉旭成为公司第三大股东，持股比例6.42%。2015年3月17日，辽宁嘉旭减持公司股票1 651.7万股，减持完毕持股比例为2.996%。

截至2015年12月31日，东方热电的注册资本为人民币551 136 613元。其中：控股股东中电投集团[①]持股比例38.05%；第二大股东东方热电集团持股比例10.14%。

二、东方热电的ST之路

2001年8月，山西省针对200多座煤矿开展实施清理整顿专项行动，使得煤炭的供应量变得紧张。东方热电的主要原材料——煤炭的供应价格也开始大幅度上涨，有时候甚至会出现供应短缺的现象，这给公司的生产经营带来了极

---

① 注：2015年6月1日经国务院批准，中电投集团与国家核电技术有限公司重组成立国家电力投资集团公司。由于本文主要采用2015年之前的数据，故文中出现该公司会继续采用中国电力投资集团公司的名称，简称为中电投集团。

大的压力。尽管公司开始重点狠抓煤炭的采购管理，并且每年都会根据自身的经营状况来及时调整战略，但是得到的也只是每年年底勉强实现扭亏的结果。

2008年受全球金融危机的影响，我国的宏观经济形式变得复杂严峻，加上煤炭市场的供需矛盾进一步突出，煤炭的供应量情况变得极其紧张，导致煤炭的价格呈跳跃式攀升（最高时曾达到800～1 000元/吨），公司的生产、经营和发展都经受了极为严峻的挑战和考验。面对不利形势，尽管公司努力采取了相关措施积极克服困难，但仍然处于价格与成本的倒挂状态，最终导致东方热电在2008年、2009年两个年度接连出现严重亏损。2010年4月27日，东方热电发出公告，宣布自4月28日起被实行退市风险警示，"东方热电"变身"*ST东热"。

本书结合东方热电在被实行退市风险警示之前五年内，即2005—2009年度的财务状况进行分析，探究公司陷入财务困境的原因。

从附图3-1可以看出，2005—2009年，东方热电的资产总额一直呈递减的趋势，2009年的资产总额只有2005年总额的一半，减少的原因在于2009年公司的小机组陆续关停导致资产规模下降，以及为了应对罕见的冰雪灾害使公司的库存原煤减少23.76%；负债虽然没有很大的变化，但是金额一直居高不下，停留在2 000百万元左右；所有者权益金额总体看也在相应下降，2005年到2007年一直保持在1 200百万元左右，从2008年开始骤减，2009年下降到了-443.87百万元，相比较2005年的1 291.05百万元，公司的所有者权益下降幅度高达134.38%。

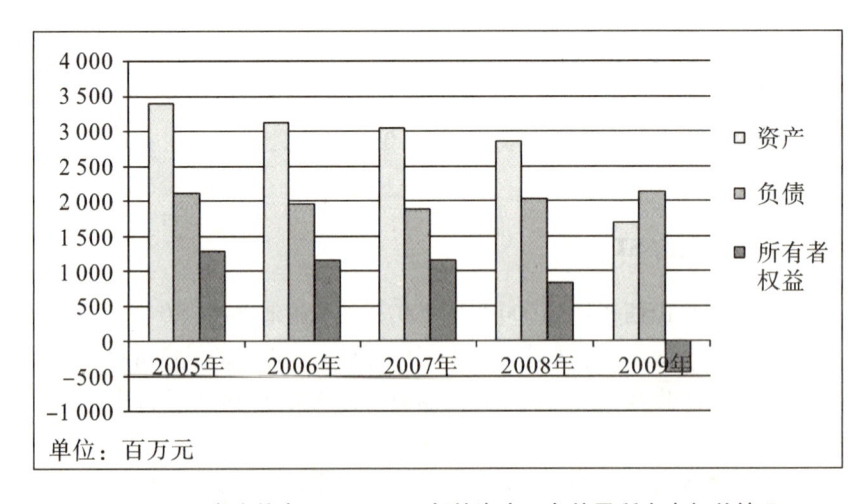

附图3-1　东方热电2005—2009年的资产、负债及所有者权益情况

根据附图 3-2 可以看出，东方热电自 2005 年到 2009 年的营业收入总额基本呈水平趋势，没有明显的增减变动，金额维持在 1 000 百万元左右，说明这些年公司业务其实没有很好地得以增长，但公司的营业成本却在逐年递增。自 2008 年开始，公司营业成本高于当年的营业收入，造成这一现象的原因主要有两点：一方面，公司受到了 2008 年全球金融危机影响，且作为热电联产的公用基础设施企业，其主要原材料煤炭价格又持续上涨且居高不下；另一方面，公司大部分机组容量较小、设备较为老旧，运行成本较高，最终使得公司的生产成本在不断地上升，净利润迅速下降，乃至连续两年出现大额亏损，2009 年公司净利润为 -1 260.93 百万元，这也是附图 3-1 中公司所有者权益不断缩水的根本原因。

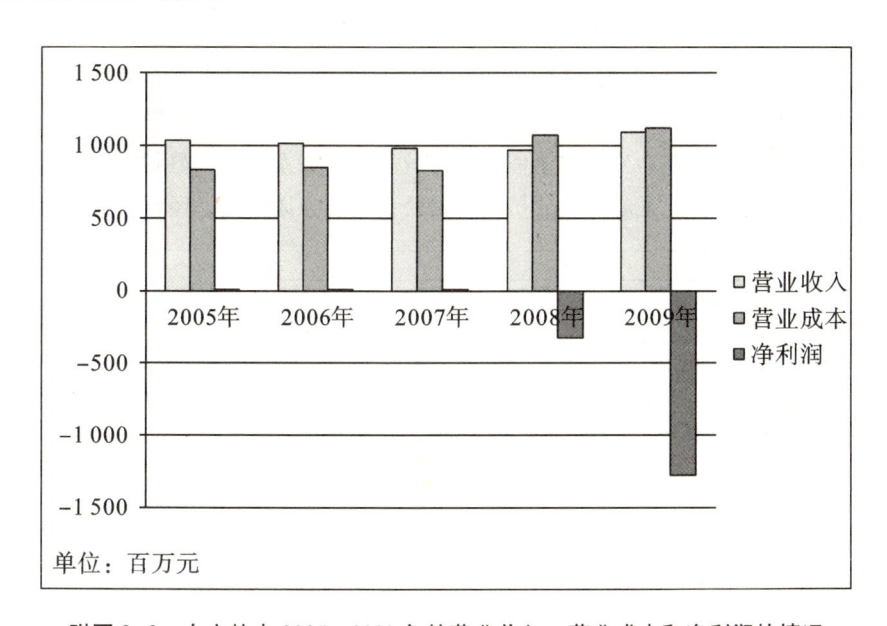

附图 3-2　东方热电 2005—2009 年的营业收入、营业成本和净利润的情况

由附图 3-3 的资产负债率折线图可知，东方热电在 2005 年至 2007 年的资产负债率都在 60% 左右，说明公司在这三年的长期偿债能力尚可。但是从 2008 年开始该比率指标呈快速上升趋势，2009 年比 2005 年上升了大约 60 个百分点，并且该比率已经超过 100%，说明 2009 年的时候公司已经出现了资不抵债情况，公司的经营状况不能够良性循环，财务状况恶化。

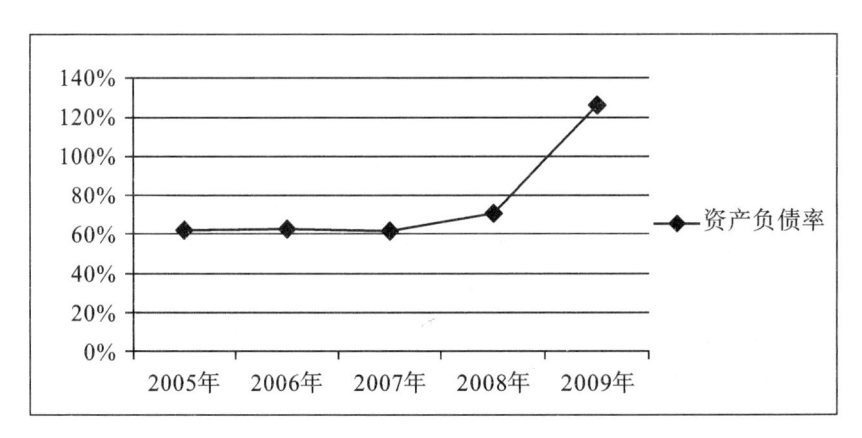

附图3-3 东方热电2005—2009年度的资产负债率情况

再从附图3-4可知，公司的销售净利率从2008年开始快速下降并且由正转负，2009年降至-116.60%，可见公司以收入获取利润的能力极低，也就是公司的盈利能力极差。公司的偿债能力与盈利能力关系密切，盈利能力决定了偿债能力，这更验证了之前的分析，此时公司的财务风险高，经营效益差。

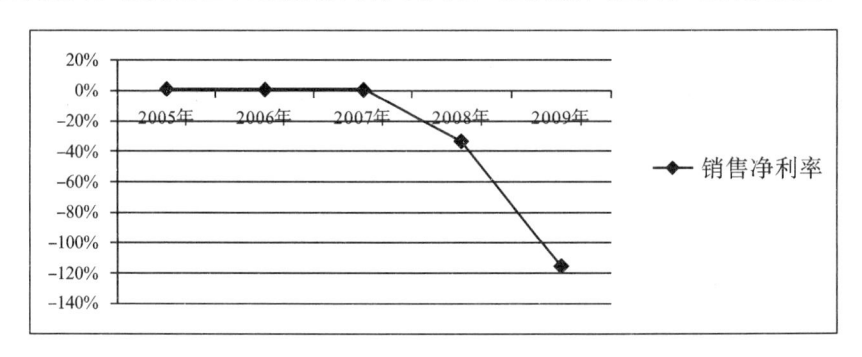

附图3-4 东方热电2005—2009年度的销售净利率情况

三、*ST东热的脱困路径及重组选择分析

东方热电在2009年到2013年的5年内曾两度成为*ST股，面临着随时被退市的危机，因此防退保壳成为*ST东热的当时之急。幸运的是，公司在最困难的时候获得了其实际控制人——中电投集团的力挺，并不断摸索、定位脱困的战略措施。2013年6月，公司披露了其债务重组及非公开发行预案，同时中电投集团也承诺，将把公司作为中电投集团热电产业发展的平台，非公开发行完成后三年内，将逐步向公司注入河北区域具备条件的热电相关资产及其他优质资产，并充分发挥中电投集团的整体优势，在热电项目开发、热电资产

并购及资本运作等方面,优先交由公司进行开发和运营,全力支持公司做大做强。这可以说是给予东方热电脱困的最佳支持。

(一)脱困路径之一:债务重组

2008年9月28日,石家庄市国资委与中电投集团签订了《关于无偿划转石家庄东方热电集团有限公司协议书》,该协议于2009年3月28日到期终止。经双方协商,于2009年6月29日签订了《关于石家庄东方热电集团有限公司托管协议》,石家庄市国资委决定委托中电投集团对公司的控股股东东方热电集团实施管理。由于东方热电集团持有本公司34.32%的股权,故此次托管将对公司产生重大影响,中电投集团将成为公司的潜在实际控制人。

由中电投集团托管以来,公司积极地开展了债务重组工作,但是由于公司涉及的债权银行比较多、债务金额比较大,使得债务重组工作进展受到阻碍,公司的整体重组也难以实施。于是中电投集团为此组成了专门的工作组,与各家银行债权人进行一对一的反复协商,根据各家债权人的实际情况以及不同的需求,量身定制了相关的债务重组方案。从2008年到2013年,*ST东热的债务重组工作历经6年终于完成,公司采用"过桥方式"由中电投集团以及中电投河北公司承接了本公司对银行的债务,同时形成对公司的债权。

2010年5月,公司收到中电投财务公司和河北银行股份有限公司(以下简称:河北银行)的联合债权转让通知,公司在河北银行的逾期贷款本金11 000万元及相应的欠息转让到中电投财务公司。本年度公司已经向中电投财务公司偿还了该债权的全部本金11 000万元,截止到2010年12月31日,公司仍有利息17 688 164.07元未还。2013年8月,公司从中电投财务公司处收到了该笔债务利息的豁免通知。

截止到2013年年初,东方热电仍有超过12亿元的债务在身,公司的债务重组工作仍然在继续,公司的具体债务情况见附表3-1。

附表3-1　　　　　　东方热电的债务情况表　　　　　　单位:万元

序号	上市公司原债务	债务本金	债务利息
1	民生银行债务	8 000	3 931.56
2	中信银行石家庄分行债务	9 000	2 338.13
3	交通银行河北省分行	6 000	1 524.04
4	农业银行西城支行	9 640	4 836.15
5	中国银行裕东支行	5 000	2 294.30

附表3-1(续)

序号	上市公司原债务	债务本金	债务利息
6	建设银行金泉支行	21 877.20	9 391.33
7	工商银行建南支行	25 750	9 193.95
8	经开热电原对交通银行河北省分行债务	4 825.16	1 205.24
	合计	90 092.36	34 714.71

注：上述第8项为公司的控股子公司经开热电原对交通银行的债务。

2013年，中电投集团加快了对公司债务重组工作实施的步伐，一举解决了超过12亿元的债务。公司于2013年6月7日发布公告，宣布了具体的债务重组方案，如下：

其一，中电投集团取得了公司和中国民生银行股份有限公司石家庄分行借款合同本金8 000万元及利息3 931.56万元的债权。2013年5月29日，公司与中电投集团签署了《债务重组协议》，同意公司以货币资金4 834.4万元从中电投集团回购该债权，同时形成债务重组收益7 097.16万元。

其二，中电投集团取得了公司和中信银行股份有限公司石家庄分行借款合同本金9 000万元及利息2 338.13万元的债权。2013年5月29日，公司与中电投集团签署了《债务重组协议》，同意公司以5 580万元从中电投集团回购该债权，同时形成债务重组收益5 758.13万元。

其三，中电投集团取得了公司和交通银行股份有限公司河北省分行借款合同本金6 000万元及利息1 524.04万元的债权。2013年5月29日，公司与中电投集团签署了《债务重组协议》，同意公司以3 600.03万元从中电投集团回购该债权，同时形成债务重组收益3 924.01万元。

其四，中电投河北公司取得了公司和农业银行股份有限公司河北省分行借款合同本金9 640万元及利息4 836.15万元的债权。2013年5月29日，公司与中电投河北公司签署了《债务重组协议》，同意公司以9 640万元从中电投河北公司回购该债权，同时形成债务重组收益4 836.15万元。

第五，中电投河北公司取得了公司和中国银行裕东支行借款合同本金5 000万元及利息2 294.3万元的债权。2013年5月29日，公司与中电投河北公司签署了《债务重组协议》，本同意公司以6 173.06万元从中电投河北公司回购该债权，同时形成债务重组收益1 121.24万元。

第六，中电投河北公司取得了公司和建设银行金泉支行借款合同本金

21 877.2 万元及利息 9 391.33 万元的债权。2013 年 5 月 29 日，公司与中电投河北公司签署了《债务重组协议》，同意公司以 13 564.00 万元从中电投河北公司回购该债权，同时形成债务重组收益 17 704.53 万元。

第七，中电投河北公司取得了公司和工商银行建南支行借款合同本金 25 750.00 万元及利息 9 193.95 万元的债权。2013 年 5 月 29 日，公司与中电投河北公司签署了《债务重组协议》，同意公司以 21 850.00 万元从中电投河北公司回购该债权，同时形成债务重组收益 13 093.95 万元。

第八，中电投集团取得了公司控股子公司经开热电和交通银行河北支行借款合同本金 4 825.16 万元及利息 1 205.24 万元的债权。2013 年 5 月 29 日，公司与中电投集团签署了《债务重组协议》，同意公司以 2 895.03 万元从中电投集团回购该债权，同时形成债务重组收益 3 135.37 万元。

由于本次债务重组工作的顺利完成，不仅使公司获得了 56 670.55 万元的债务重组收益，并且使资产负债率大幅度地下降，而且还有利于公司降低财务费用、改善其资本结构，顺利提高了公司的资产质量。

（二）脱困路径之二：非公开发行股票

尽管东方热电通过债务重组已经获得了巨额的债务重组收益将近 5.6 亿元，但是公司在 2013 年度的净资产仍为 −7.52 亿元。为了实现公司净资产为正值，也为了彻底消除公司的退市风险，公司决定同年拟非公开发行 A 股股票，这是当前最好同时也是唯一可行的方案。

2013 年 6 月 7 日，公司正式公布《非公开发行 A 股股票预案》，公司准备向中电投集团、北京丰实基金、上海指点投资公司这三家公司非公开发行 1.8 亿股股票，公司合计募集资金不超过 8 亿元，扣除发行费用以后，用于偿还上述因债务重组对中电投集团以及中电投河北公司所形成的债务并补充流动资金。

此次非公开发行后，公司的财务状况得到了明显改善，公司的净资产由负转正，使净资产为负的运营困境被彻底扭转。资产负债率也从 2009 年的 155% 下降至 60% 以下，大部分有息负债将被解除，每年可为公司减少财务费用约 0.86 亿元，财务费用率也将从 11.79% 下降至 1.75%，并且使公司的经营杠杆回归到行业合理水平附近，总资产由非公开发行前的 12.86 亿元增加到 14.33 亿元，总负债将由 19.93 亿元减少到 7.74 亿元。

由此可见，此次非公开发行对东方热电的扭亏乃至盈利起到至关重要的影响，直接关乎着公司上市地位的存续。通过本次非公开发行，公司的财务状况得到了有效的改善,并初步具备了注入中电投集团热电资产的能力。为打造中电投集团热电产业平台,发挥专业优势,实现可持续发展奠定了基础。

(三) 重组选择分析

中电投集团对东方热电的重组选择属于比较常见的支持性重组。早在 2010 年年底,因为借款担保合同引起的纠纷,东方热电集团以持有的东方热电限售流通股 1 720 万股抵偿石家庄市国资委债权,石家庄市国资委又将该 1 720 万股股权移交给中电投财务公司,加上 2010 年年初向商业银行购买的 557 万股公司股票,中电投集团通过其子公司中电投财务公司共持有东热限售流通股 2 277 万股,占公司总股数的 7.60%,为公司的第二大股东,同时中电投集团对公司控股股东东方热电集团进行管理,所以是本公司的潜在实际控制人。2013 年又通过定向购买公司股票,持股比例上升到了 38.05%,为公司的第一大股东。从东方热电的重组选择过程,中电投集团通过债务重组和非公开发行股票逐步完成了家族内的股权置换,成功成为东方热电的控股股东以及实际控制人。

截止到 2013 年 8 月,公司的债务重组工作以及非公开发行股票已经全部完成,公司在 2013 年度的净利润开始有了较大幅度的提高,由负转正成功扭转,实现了净利润 674 145 010.99 元。2014 年 4 月,东方热电成功地摘星脱帽,渡过了退市危机。

四、脱困后的业绩分析

尽管东方热电已经成功渡过了退市危机。但是公司在脱困之后的业绩状况如何,后续发展又如何?本书对东方热电脱困当年即 2013 年和脱困后第 1-2 年即 2014 年、2015 年进行了业绩分析(见附图 3-5、表 2 和表 3)。

通过对河北省上市公司资料的整理发现,与东方热电同属电力、热力、燃气及水生产和供应行业的只有一家公司——河北建投能源投资股份有限公司(以下简称:建投能源),该公司的主要业务为火电业、酒店业、银行业和能源服务业,是河北省最大的电力类主体上市公司。通过两家上市公司财务报告数据发现,东方热电营业收入的 90%以上均为热力电力收入,而建投能源的发电收入也占到全部营业收入的 90%以上。故可将东方热电脱困后的业绩状况与建投能源同年期业绩状况进行横向比较。

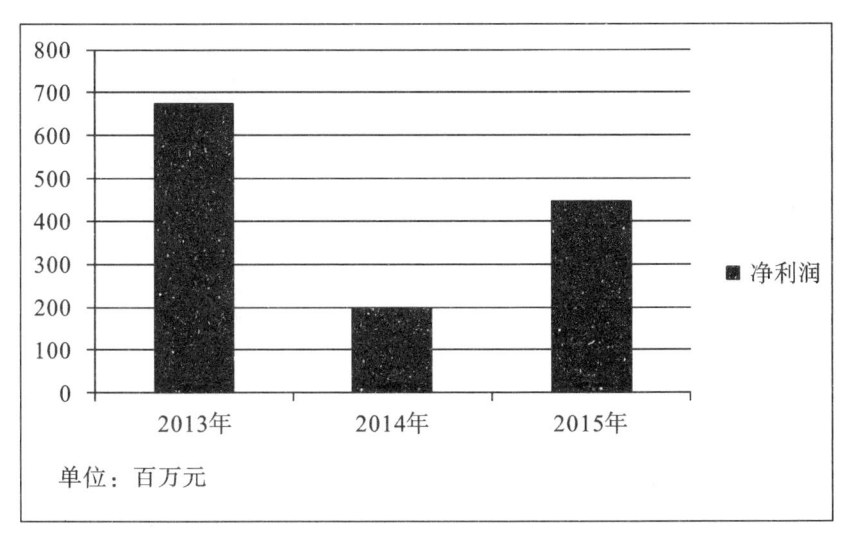

附图 3-5　东方热电脱困当年及脱困后第 1-2 年净利润情况

首先，通过附图 3-5 中的净利润指标可以发现，东方热电在摆脱财务困境的当年和摆脱财务困境后的第 1-2 年的净利润均为正数，即使 2014 年的净利润 197.59 百万元相比其他两年略低，但是也明显高于公司 2005 年至 2009 年中任何一年的净利润。可见债务重组和非公开发行股票之后，公司的经营效益明显增强。

如附表 3-2、附表 3-3 所示：

附表 3-2　东方热电脱困当年及脱困后第 1、2 年的主要业绩指标

评价指数类别	基本指标	2013 年	2014 年	2015 年
盈利能力	净资产收益率	−1 694.58%	23.46%	23.18%
	每股收益	1.39	0.41	0.81
营运能力	总资产周转率（次）	0.40	0.31	0.48
	应收账款周转率（次）	7.16	7.66	8.07
偿债能力	资产负债率	69.67%	62.07%	56.24%
	流动比率（倍）	0.74	0.29	0.80
发展能力	销售增长率	−15.12%	6.87%	−4.21%
	资本保值增值率	−89.62%	97.24%	203.24%

附表 3-3　　　　建投能源 2013—2015 年的主要业绩指标

评价指数类别	基本指标	2013 年	2014 年	2015 年
盈利能力	净资产收益率	22.81%	31.93%	31.36%
	每股收益	0.82	1.32	1.14
营运能力	总资产周转率（次）	0.50	0.47	0.38
	应收账款周转率（次）	11.17	13.7	10.22
偿债能力	资产负债率	71.22%	56.61%	51.37%
	流动比率（倍）	0.57	0.85	0.67
发展能力	销售增长率	35.54%	25.16%	-11.62%
	资本保值增值率	122.52%	192.32%	120.50%

其次，仔细观察附表 3-2 中的数据，东方热电近三年的净资产收益率变化明显，从 -1 694.58% 上升到 23.18%，每股收益指标虽然总体呈下降趋势，但是得益于公司净利润的转正而使数值一直保持着正数，可见公司在脱困之后的盈利能力有所恢复。但是，与建投能源同期相比，东方热电的各盈利能力指标均略显逊色，获利能力偏低。由于东热的主要业务是热电联产及新能源发电（公司热力主要为石家庄市的工业、商业和居民生活提供蒸汽和采暖服务；电力主要是热电联产所生产的电量上网销售），所以公司的总资产周转率和应收账款周转率没有较大幅度波动。但是公司的资产负债率在脱困之后降低到 70% 以下并逐年减少，并且与建投能源相比保持着不错成绩，这说明公司当前的长期偿债能力增强。另外，东方热电与建投能源的流动比率都远远小于 2，可见该行业不会有很多流动资产能在短期变现，短期偿债能力均不乐观。从后续发展能力来看，公司的销售增长率很不稳定且偏低，资本保值增值率却在一路上升，说明公司的成长状况虽然不佳，但是资本的保全和增长状况较好，所有者权益增长较快。总体来看，东方热电在脱困之后的近三年业绩明显改善，但是部分指标在 2015 年度又有回落，公司发展后劲存在不确定性。

四、东方热电的后续发展

（一）新一轮的资产重组

自 2014 年下半年开始，东方热电着手进行了脱困之后的新一轮资产重组。由于东方热电所属热电厂从 2009 年开始陆续关停，导致公司目前的资产规模较小，需要注入新的利润增长点，来保持公司的后续盈利能力。同时根据中电投集团出具的避免同业竞争承诺：非公开发行完成后三年内，根据东方热电资产状况、资本市场情况等因素，通过适当的方式，逐步将河北区域热电等优质资产注入上市公司。因此，公司当前的资产负债率较低，处在正常水平，已经具备了较强的融资能力，可以通过购买优质资产来满足生产需要。

2014年8月8日，东热公告宣布，拟收购中电投河北公司持有的中电投河北易县新能源发电有限公司（以下简称：易县新能源）和中电投沧州渤海新区新能源发电有限公司（以下简称：沧州新能源）100%的股权。为了完成此次收购，东热向中电投财务有限公司借款3.8亿元，其中22 119.71万元用于本次资产重组，占资产总额的14.60%，剩余借款用来补充公司流动资金需求。2014年10月11日，公司名称变更，由"石家庄东方热电股份有限公司"变更为"石家庄东方能源股份有限公司"。变更后证券简称为"东方能源"，股票代码不变。

2015年3月17日，东热非公开发行A股股票，非公开发行募集资金扣除发行费用以后，用于收购中电投河北公司持有的石家庄良村热电有限公司（以下简称：良村热电）51%的股权和中电投石家庄供热有限公司（以下简称：供热公司）61%的股权。其中，良村热电主要从事电力、热力生产销售，其工业用户比例达80%，是石家庄市东部区域规划的唯一大型的热电联产企业，盈利能力较强；而供热公司是石家庄市拥有供热经营许可证的大型热网公司，拥有供热管网总长度357.05千米，供热面积3 149万m^2，约占石家庄市供热总面积的35%。东热在本次非公开发行之前就已经拥有良村热电49%股权、供热公司33.4%股权，所以本次非公开发行完成后，东方热电将成为良村热电和供热公司的控股股东，同时公司的净利润和净资产也将得到大幅度地增加，盈利能力得到明显提升，能为公司的未来发展奠定良好基础。目前，公司仍在积极办理良村热电及供热公司股权收购完成后的工商登记变更工作。

（二）资产重组后的业绩状况

重组之前东方热电的经营业务主要是热电联产和清洁能源发电，在摘星脱帽之后的一系列资产重组之后，公司的主营业务不会发生重大变化，并且还能真正帮助改善公司的盈利能力和业绩水平。

由附图3-6至附图3-9可见，新一轮的资产重组之后，东方热电的资产规模有了进一步的扩大，相较于2013年第一季度的资产总额，2016年第一季度的资产达到了3 663.45百万元，上升幅度将近277%；所有者权益总额也成功从负数转为正数并且显著提升，从2013年第一季度的-736.77百万元上涨到2016年第一季度的2 492.03百万元；净利润从2013年第一季度的29.89百万元升至 172.01 百万元, 同比增长了 5.7 倍; 每股收益从 0.1 元/股升到 0.31 元/股。

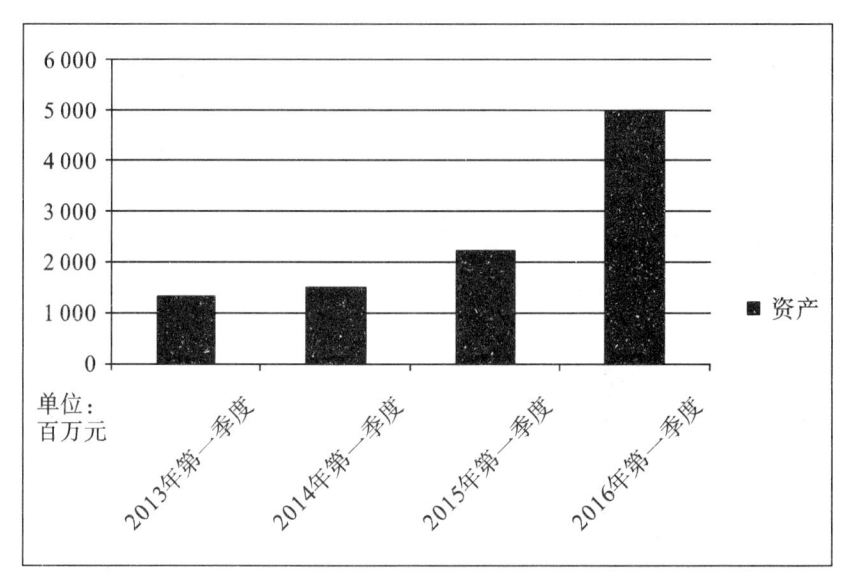

附图 3-6 东方热电资产重组后的资产状况

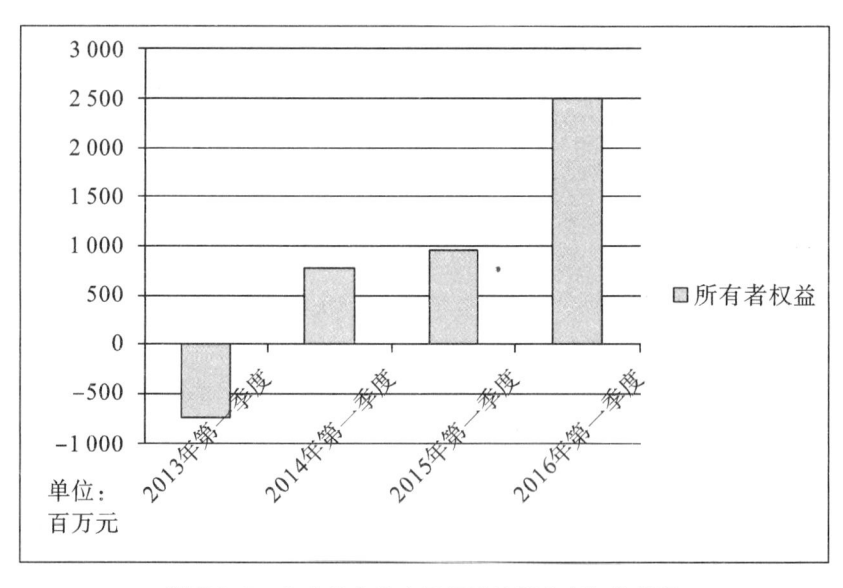

附图 3-7 东方热电资产重组后的所有者权益状况

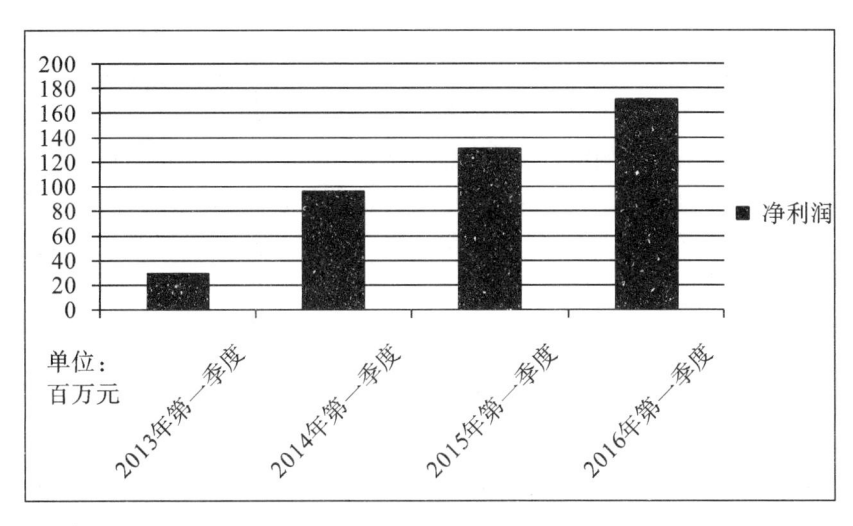

附图 3-8　东方热电资产重组后的净利润状况

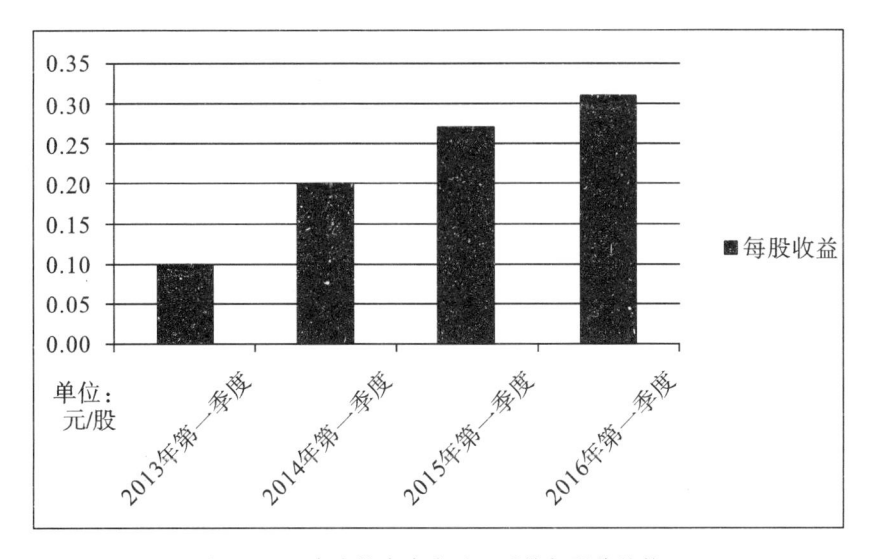

附图 3-9　东方热电资产重组后的每股收益状况

注：由于 2014 年下半年公司开始资产重组，后续财务数据不足，故本文选择 2013—2016 年第一季度的数据进行比较分析。

通过这一系列的资产重组和非公开发行股票，东方热电的净利润将得到大幅度增加，盈利能力将得到明显提升，为公司未来发展奠定了良好基础。但是，在东方热电的未来发展过程中仍然存在着重组后诸如整合等诸多问题，需要在后续发展中加以重点关注。并希望在良村热电以及供热公司的股权收购完成以后，东方热电能够进一步加强统一管理，积极利用自身与良村热电以及供热公司的优势，充分发挥规模效应，进一步整合公司与良村热电以及供热公司的供应链、客户等优质资源，优化业务流程，降低采购、生产、营销成本，发挥协同效应，提升公司的销售规模和盈利能力。那么东方热电的总资产及净资产规模将会相应地增加，公司的资本结构更会得到优化，资产负债率将不断下降，偿债能力和盈利能力将进一步增强，抗风险能力将进一步提高，从而进一步增加东方热电的整体价值。

附录4 天威保变从退市预警到成功摘帽

在我国，通常以"被特别处理"作为上市公司陷入财务困境的标准。我国股票市场被"特别处理"的公司很多都是因为"财务状况异常"，即出现最近两年连续亏损，或最近一年的每股净资产低于每股面值，或者同时出现上述情况。由于被退市预警的公司负面影响非常大，为了避免成为被关注的对象，亏损或者亏损边缘的上市公司会通过不同方式，努力改变自身的财务状况。主要运用的手段是盈余管理、资产重组、债务重组。天威保变主要利用了资产重组外加盈余管理方式成功脱困。

一、公司简介

（一）历史沿革

保定天威保变电气股份有限公司（以下简称"保变电气"）于1999年9月27日经河北省人民政府股份制领导小组批准，由保定天威集团有限公司（以下简称"天威集团"）为主发起人，联合保定惠源咨询服务有限公司、乐凯胶片股份有限公司、河北宝硕集团有限公司、保定天鹅股份有限公司共同发起设立的股份有限公司，注册资本为16 000万元。其中集团公司以其所属的大型变压器分公司、机电工程分公司的经营性净资产出资，其他四家发起人以现金出资，于1999年9月28日在河北省工商行政管理局登记注册。保变电气经中国证监会核准，于2001年1月12日通过上海证券交易所交易系统以上网定价的发行方式向社会公开发行人民币普通股（A股）6 000万股，2001年2月28日于上交所挂牌交易，证券简称为"天威保变"，证券代码为600550。截至2014年12月31日，公司股本总额为15.35亿股。

保变电气经营范围包括：变压器、互感器、电抗器等输变电设备及辅助设备、零售部件的制造与销售；输变电专用制造设备的生产与销售；境内外机械、电力工程施工及工程所需设备材料销售；代理境内外电力、机械工程招标业务；相关技术、产品及计算机应用技术的开发与销售；经营本企业自产产品的出口业务和本企业所需的机械设备、零配件、原辅材料的进口业务；自营各种太阳能、风电产品及其配套产品的进出口业务；太阳能、风电相关技术的研发；太阳能、光伏发电系统、风力发电系统的咨询、系统集成、设计、工程安装、维护；自营和代理货物进出口等。

保变电气秉承并发展了原保定变压器厂主要优良资产和大型变压器科研成果及产品品牌。公司立足于河北"打造沿海经济强省"和保定市"打造保定·中国电谷"的战略规划，大力发展变压器、太阳能光伏发电、风力发电设备以及其他输变电产业，建设中国新能源生产基地。公司大力实施"科技兴企"战略，努力提高企业核心竞争力，相继研发出多台具有国际先进水平、在中国变压器发展史上名列"第一"的变压器产品，成为变压器单厂产量世界第一、拥有变压器行业核心技术最齐全的企业，也是国内核电公司主变压器产品唯一供应商。目前，公司已成为1 000kV级及以下各类变压器、互感器、电抗器、太阳能电池、风力发电设备、高压套管、变压器专用设备以及IT技术等多产业的综合经济实体。

（二）股权结构

保变电气的前身——"天威保变"于1999年9月28日注册成立，成立时注册资本为16 000万元。2001年1月12日通过上交所交易系统以上网定价的发行方式向社会公开发行人民币普通股（A股）6 000万股，此次发行后，公司股本增至22 000万元。截止到2001年12月31日，公司控股股东为天威集团，持股比例为63%；公司第二大股东为保定惠源咨询服务有限公司，持股比例为8.84%。

2002年4月26日，经公司股东大会决议通过，以2001年12月31日总股本22 000万股为基数每10股送2股，同时每10股转增3股，公司股本于2002年5月份变更为33 000万股。截止到2002年12月31日，公司前两大股东为天威集团、保定惠源咨询服务有限公司，持股比例分别为63%、8.84%。

2005年8月19日公司实施股权分置改革方案：以8月17日为方案实施的股权登记日，该日登记在册的流通股股东每持有10股将获得公司发起人股东支付的4股股份对价，方案实施后公司股份总数不变，非流通股变为有限售条件的流通股并减少，无限售条件的流通股增加。截至2005年12月31日，公司前两大股东为天威集团、保定惠源咨询服务有限公司，持股比例分别为53.55%、7.51%。

2006年6月6日，经中国证监会核准公司采用非公开的发行方式，向特定投资者发行普通股（A股）3 500万股，公司股本总数变更为36 500万股。截至2006年12月31日，公司前两大股东为天威集团、保定惠源咨询服务有限公司，持股比例分别为51.1%、6.79%。

2007年5月11日，经股东大会决议通过以2006年12月31日总股本36 500万股为基数每10股送4股，同时每10股转增6股，公司股本总数变更为 73 000 万股。截至 2007 年 12 月 31 日，公司前两大股东为天威集团、保定惠源咨询服务有限公司，持股比例分别为 51.1%、5.97%。

2007 年 9 月 25 日，公司接到天威集团通知，保定市人民政府国有资产监督管理委员会与中国兵器装备集团公司（以下简称"兵装集团"）签署《保定天威集团有限公司股权无偿划转协议书》。天威集团接到由兵装集团转来的国务院国资委对兵装集团《关于保定天威集团有限公司国有股权无偿划转有关问题的批复》，以及中国证监会《关于核准中国兵器装备集团公司公告保定天威保变电气股份有限公司收购报告书并豁免其要约收购义务的批复》文件后，于 2008 年 3 月 13 日取得了由工商部门核准的新的企业法人营业执照。至此，兵装集团已全部完成对天威集团的股权收购，天威集团作为持有公司 51.1% 股权的第一大股东，在划转完成后将成为兵装集团的全资子公司，本公司的实际控制人也相应变更为兵装集团。

2008 年 5 月 21 日，经股东大会决议通过以 2007 年 12 月 31 日总股本 73 000 万股为基数每 10 股转增 6 股，公司股本总数变更为 116 800 万股。截至 2008 年 12 月 31 日，公司前两大股东为天威集团、保定惠源咨询服务有限公司，持股比例分别为 51.1%、5.54%。

2011 年 3 月 21 日，经中国证监会证监许可［2011］400 号文件批准，公司以发行股权登记日 2011 年 4 月 6 日收市后天威保变股本总数 116 800 万股为基数，按每 10 股配 1.8 股的比例向全体股东配售，共配股 20 499.090 6 万股，配股后公司股本总数变更为 137 299.091 万股。截至 2011 年 12 月 31 日，公司前两大股东为天威集团、保定惠源咨询服务有限公司，持股比例分别为 51.3%、5.56%。

2013 年 6 月，公司原控股股东天威集团通过协议转让的方式将其所持有的天威保变 35 200 万股股票转让给兵装集团，转让完成后天威集团仍为天威保变第一大股东，持股比例为 25.66%；兵装集团将成为天威保变第二大股东，持股比例为 25.64%。天威集团为兵装集团的全资子公司，兵装集团为国务院国有资产监督管理委员会的全资子公司。此次股权转让完成后，天威保变的实际控制人未发生变化。

2013 年 12 月，公司非公开发行新股 16 161.616 1 万股并已完成登记上市工作，截至 2014 年 12 月 31 日，公司股本总数为 153 460.707 万股。非公开发行新股后，兵装集团成为公司第一大股东，持股 33.47%；天威集团成为公司第二大股东，持股 22.96%。

二、天威保变陷入财务困境及其原因

保定天威保变电气股份有限公司发表公告称因 2012 年、2013 年连续亏损，公司股票自 2014 年 3 月 12 日起被上海证券交易所实施退市风险警示。公司股票简称由"天威保变"变更为"＊ST 天威"。

1. 原因之一：过度扩张

天威保变陷入财务困境最主要的原因，就是其此前在新能源领域扩张太快。＊ST 天威在主营输变电业务之外，大举进行新能源投资，包括薄膜电池、多晶硅，以及风电领域。资料显示，母公司天威集团在新能源业务的投入更是高达数百亿元。

2001 年登录上海证券交易所的天威保变在上市之初主营业务为变压器、互感器等输电设备及辅助设备、零部件的制造与销售。公司于 2002 年开始涉及新能源业务，当年公司拥有保定天威英利新能源有限公司 49% 的股权，该公司从事硅太阳能电池及配套产品的研制、生产、销售，2002 年其实现了主营业务收入 3 339 万元，净利润为 255 万元。

2005 年，天威保变实现净利润 1.98 亿元，同比增长 96.15%。其中，公司从天威英利获得投资收益 1.35 亿元，占公司净利润的比重上升至 68.23%。天威英利对天威保变净利润的贡献继续增加的同时也引起了天威保变继续对新能源业务的大幅投资。同一年，新成立的保定天威科技风电科技有限公司主要开拓风电领域。同年 6 月，公司非公开发行股份募集资金 6.16 亿元，其中 1.1 亿元对新光硅业进行增资，增资完成后公司持股比例为 35.66%。公司增资的资金用于新光硅业年产 1 000 吨多晶硅产业化示范工程项目。2.5 亿元用于风力发电整机项目。至此，天威保变在新能源业务中的三大板块多晶硅、太阳能电池、风电业务已经成型。

然而，公司看到新能源带来的利润后，过于乐观地估计了新能源市场的前景。自 2008 年至 2012 年，天威集团上马了 21 个新能源固定资产投资项目，但其中的 20 个项目未经过董事会等法定程序，涉及金额 152 亿元。2013 年，＊ST 天威净利润亏损额高达 52.33 亿元。

2. 原因之二：主营产业和新能源产业产能过剩

由附图 4-1~附图 4-3 可知，2008 年之前，在国家大力推进西电东送等政策的推动下，作为变压器产业的领军企业，天威保变随着新能源投资收益的不断攀升，净利润暴增了 9 倍，至 2008 年年底，新能源的投资收益达到 5.7 亿，净利润达到 9.4 亿元。然而，2008 年之后随之而来的是，公司大举投资的新能

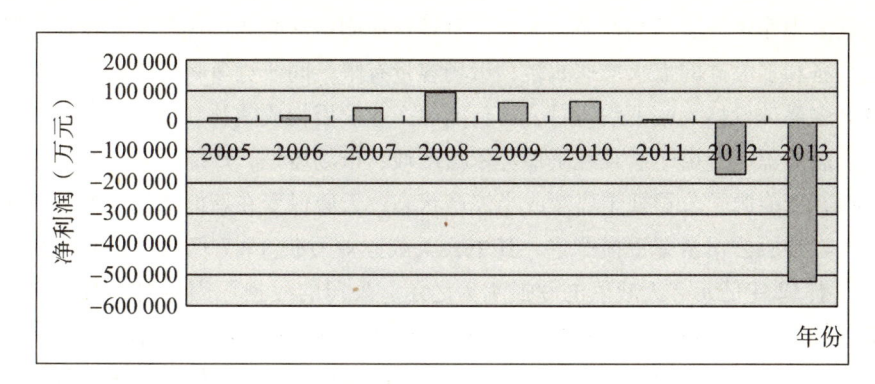

附图 4-1　天威保变 2005—2013 年度净利润情况

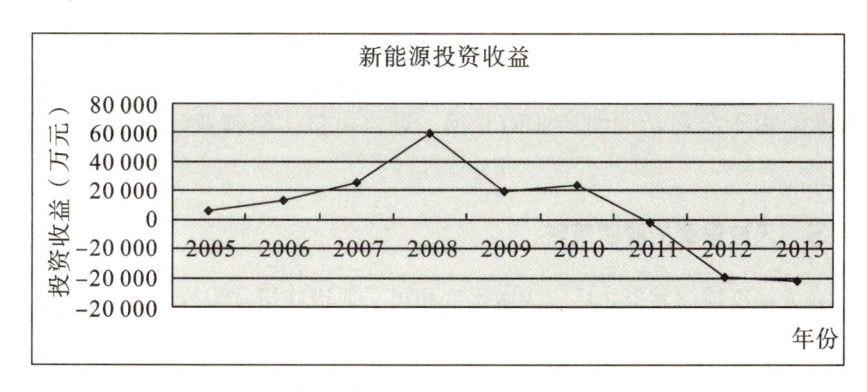

附图 4-2　天威保变 2005—2013 年度新能源投资收益情况

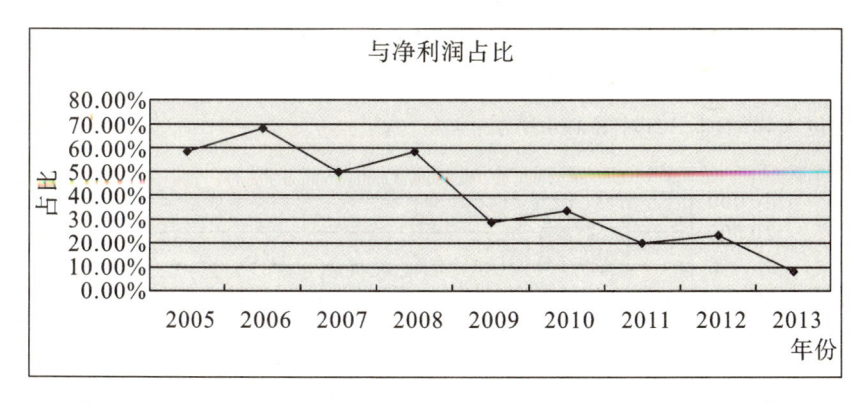

附图 4-3　天威保变 2005—2013 年度新能源投资收益与净利润占比情况

源业务在薄膜领域一直没有解决转换效率低的弊病；在多晶硅领域则因缺乏技术优势，成本高昂而失去市场；在风电领域，*ST 天威同样被排在主力军之外。产能过剩是目前输变电产业和新能源产业都存在的客观现实，输变电产尤其表现在中低压低端产品市场,竞争日益加剧;新能源产业中尤其表现在风电设备和多晶硅的需求增速减缓,市场容量有限,同业竞争将会加剧,风电设备和多晶硅价格大幅下跌,对公司新能源产业发展构成威胁和挑战。

新能源产业由于宏观经济形势依然严峻,市场萎缩,产能过剩,产品低价徘徊,新能源子公司处于停产或半停产状态,天威保变在新能源领域的主要子公司、参股公司全部亏损严重,其中,天威硅业亏损11.7亿元,天威薄膜光伏亏损12.4亿元,天威风电亏损4.7亿元。公司的亏损原因主要来自新能源业务的亏损及计提。截至2013年年底,公司的货币资金为15.88亿元(其中4亿元为银行保证金无法动用),但其短期借款却高达32.96亿元,资产负债率高达97.2%。公司净资产从2012年末的56.83亿元,大幅缩水至6 337.77万元。同时,公司光伏产业和风电产业都处于产能严重过剩的经营环境,产品价格持续走低,销量大幅下降,导致新能源投资损失不断增加,年度净亏损额逐渐增大。由于公司新能源产业的亏损,对公司整体经营业绩造成了严重的影响。

三、天威保变的脱困策略

在大幅度连续亏损之后,天威保变积极采取措施扭亏为盈。为了保壳,天威保变剥离了其新能源业务,积极进行资产置换,谋求转型回归主业。

1. 脱困策略之一:利用会计政策提前计提减值准备

2013年8月27日,天威保变公告称,公司对2013年上半年合并会计报表范围内相关资产进行了仔细的盘点与核查,计提减值准备8.19亿元。这也导致公司上半年亏损金额高达10.98亿元,与去年同期亏损3.44亿元相比,亏损额度大幅增加。如附图4-4所示:

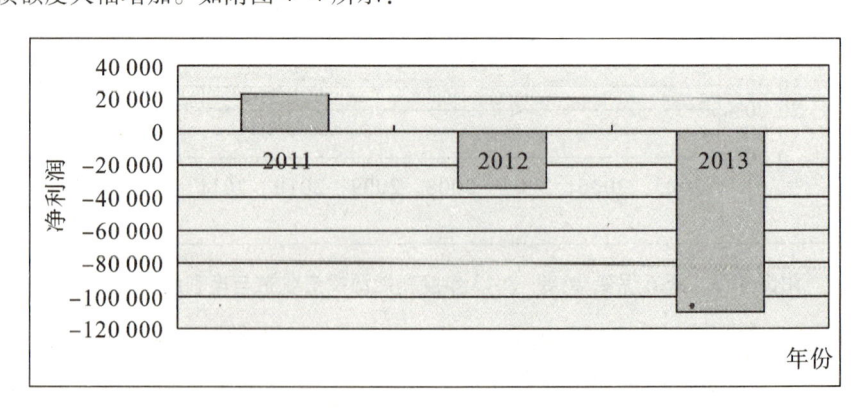

附图4-4 天威保变2011—2013半年度净利润情况

从附图 4-4 可以看出，天威保变在 2011 年上半年度处于盈利状态，而 2012 年上半年度开始亏损，至 2013 年，由于大额资产减值损失的计提使得亏损幅度同比增加高达 219%。

见附表 4-1：

附表 4-1　　天威保变 2013 年度减值准备计提情况

项目	公司	金额（元）
坏账准备	保定天威保变电气股份有限公司	62 706 711.09
小计		62 706 711.09
存货跌价准备	保定天威薄膜光伏有限公司	20 469 733.53
	保定天威风电科技有限公司	26 713 511.67
	保定天威风电叶片有限公司	20 878 180.70
小计		68 061 425.90
固定资产减值准备	保定天威薄膜光伏有限公司	493 089 022.62
	保定天威风电叶片有限公司	20 135 645.79
小计		513 224 668.41
在建工程减值准备	天威四川硅业有限责任公司	153 951 665.27
	保定天威薄膜光伏有限公司	134 528.19
小计		154 086 193.46
无形资产减值准备	保定天威风电叶片有限公司	19 053 337.64
	保定天威薄膜光伏有限公司	1 406 715.76
小计		20 460 053.40
总计		818 539 052.26

从上述附表 4-1 计提减值准备的内容来看，主要是公司涉及的光伏、风电新能源行业。在光伏行业和风电行业持续低迷的市场状况下，公司在 2013 年和 2014 年有可能会继续连续亏损，加之公司在 2012 年已经大幅亏损，如果公司在接下来的两年内连续亏损，那么将会面临退市的风险。天威保变选择在 2013 年上半年计提如此大额的资产减值，目的就是为了让公司在 2013 年度大幅度亏损，而在 2014 年就不再需要计提相关的减值准备，进而为公司在 2014 年实现盈利来保壳做准备。根据其年报显示，公司在 2012 年度一共计提了 752 025 460.40 元的资产减值损失；2013 年度共计提资产减值损失 4 069 302 832.72 元，同比增长 441%；2014 年度仅仅计提了资产减值损失 62 929 134.13 元；同比下降 98%。由此看出，天威保变利用会计政策进行盈

余管理有效地将资产减值损失对净利润的影响程度降到了最低,从而为2014年扭亏为盈做出了重要贡献。如附图4-5所示:

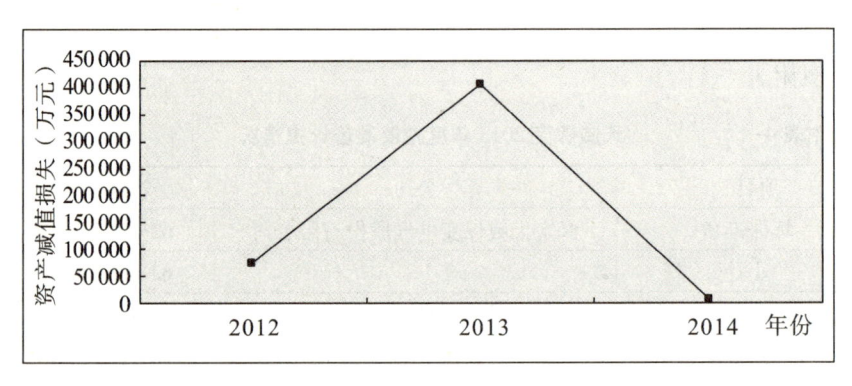

附图4-5 天威保变2012—2013年度计提资产减值损失情况

据公司年报显示,在2014年新能源产品的毛利率同比增加了37.89个百分点,这主要是由于公司在2014年部分销售出去的商品上年已经计提了存货跌价准备,从而导致相比于上一年度营业利润有增加,这说明在2013年度提前大量计提相关资产减值损失使得2014年度新能源产品的毛利率有了相对较大幅度的上涨,为公司总体在2014年度成功扭亏为盈而保壳奠定了良好的基础。

2. 脱困策略之二:与母公司进行资产置换

2013年10月9日,天威保变公告称,公司拟与大股东保定天威集团有限公司进行资产置换,拟以持有的保定天威风电科技有限公司、保定天威风电叶片有限公司、天威新能源(长春)有限公司、保定天威薄膜光伏有限公司各100%股权,与大股东保定天威集团有限公司持有的保定天威电气设备结构有限公司、保定天威变压器工程技术咨询维修有限公司各100%股权、保定保菱变压器有限公司66%股权、保定多田冷却设备有限公司49%股权、保定惠斯普高压电气有限公司39%股权、三菱电机天威输变电设备有限公司10%股权以及部分商标、专利、土地使用权、房屋所有权进行置换。其中,置出资产的评估值合计为约10亿元,约占当年总资产的10%;置入资产的评估值合计为约9.3亿元,约占总资产的9.39%,两部分资产价值相差7 079.5万元,由天威集团以现金补足。通过资产置换,合并范围发生变化,固定资产较年初减少66.34%,在建工程较年初减少93.18%;资产置换,置入土地、专利和商标等无形资产,无形资产较年初增加30.37%。见附表4-2:

附表 4-2　　　　　　天威保变 2013 年资产置换情况

	公司(资产)名称	评估价格（万元）	置入股权比例	相应股比对应的置换价格（万元）
置入资产	天威结构	-2 924.45	100%	—
	天威维修	4 045.81	100%	4 045.81
	保定保菱	19 753.25	66%	13 037.145
	保定多田	13 541.92	49%	6 635.540 8
	保定惠斯普	6 350.35	39%	2 476.636 5
	三菱电视	9 853.29	10%	985.329
	土地	15 234.61	—	15 234.61
	房屋所有权	1 918.7	—	1 918.7
	商标	17 553.35	—	17 553.35
	专利	31 073.22	—	31 073.22
小计	—	—	—	92 960.34
置出资产	天威长春	16 822.14	100%	16 822.14
	天威风电	48 215.48	100%	48 215.48
	天威叶片	14 901.83	100%	14 901.83
	天威薄膜	20 100.43	100%	20 100.43
小计	—	—	—	100 039.88

　　天威保变大股东保定天威集团有限公司采取支持型资产重组方式将优质资产注入天威保变，同时置出呆滞资产，是资产的双向流动过程。这种以资产置换资产，余额用现金补齐的方式，可以使公司在资产重组的过程中节约大量现金。同时，通过资产置换可以有效地进行资产结构的调整，将公司不良资产或是对公司整体收益效果不大的资产剔除掉，将对方的优质资产或者与自己的产业关联度比较大的资产调整出来，从而有助于盘活资产存量，发挥双方在资产经营方面的优势，优化资源配置的效率，提高在自身行业中的竞争力。同时，建立在平等互利基础之上的资产置换，有助于降低交易成本，提高资产重组的经济效益和社会效益。此次天威保变置出的资产皆为处于大幅度亏损状态的新能源资产，而大股东注入的资产则为输变电资产。财务数据显示，2013 年 1 月-8 月，天威风电、天威叶片、天威薄膜、天威长春分别亏损约 4.6 亿元、1.1 亿元、12.4 亿元、4 287.52 万元，合计亏损额高达 18.5 亿元。天威保变表示将天威风电、天威叶片等亏损资产置出，有利于调整公司发展战略，减轻负担，促进公司的可持续发展。

3. 脱困策略之三：向大股东非公开发行股票

2013年6月1日，公司公告披露，公司控股股东保定天威集团有限公司与中国兵器装备集团公司签订了股权转让协议，天威集团通过协议转让的方式将其所持有的天威保变 352 000 000 股股票转让给兵装集团。2013年6月14日，该股权转让事项已经完成过户登记工作。股权转让完成后，天威集团持有天威保变 352 280 640 股股票，持股比例25.66%；兵装集团持有天威保变 352 000 000 股股票，持股比例25.64%。天威集团仍为第一大股东，兵装集团成为公司第二大股东。

随后，在2013年12月6日，公司又发布公告，将非公开发行股票。发行对象为公司实际控制人中国兵器装备集团公司，发行后，兵装集团成为公司第一大股东，仍为本公司实际控制人，实际控制人不会发生变化。本次非公开发行股票数量为161 616 162股，全部由发行对象兵装集团认购。股票的发行价格为4.95元人民币/股，不低于定价基准日前二十个交易日公司股票均价的90%。为天威保变间接融资8亿元。非公开发行股票募集资金扣除发行费用后将全部用于补充流动资金。

4. 脱困策略之四：将亏损股权继续转出

在2013年进行大规模的资产置换后，2014年1月8日，公司发布公告称2013年公司输变电产业较上年有了大幅度增长，公司输变电产业的快速发展对资金的需求量增加。为了回笼资金，大力支持输变电产业的发展，天威保变将其持有的保定天威英利新能源有限公司7%的股权转让给大股东保定天威集团有限公司。转让后，公司仍持有天威英利18.99%股权。资料显示，保定天威英利新能源有限公司的经营范围为：硅太阳能电池及相关配套产品的研制、生产、销售；销售天威保变自产产品及技术的出口业务；经营天威保变生产研制所需要的原辅材料、仪器仪表、机械设备、零配件及技术的进出口业务；经营进料加工和"三来一补"业务；太阳能光伏电站工程的设计、安装、施工。而其主营业务就是硅太阳能电池及相关配套产品的研制、生产、销售。天威英利在2012年和2013年1~10月净利润亏损金额分别高达6.36亿元、6.15亿元。见附表4-3所示：

附表4-3　　天威英利2012年、2013年主要财务状况

项目	2012年1-12月	2013年1-10月
营业收入	174 612.99	112 930.16
利润总额	-71 089.63	-61 478.90

附表4-3(续)

项目	2012年1-12月	2013年1-10月
净利润	-63 646.66	-61 478.90
净资产	595 873.96	534 395.06

这是继天威保变与大股东保定天威集团有限公司进行资产置换的后续工作,继续将不利于公司盈利的股权转让出去,在获得资金的同时,减少对天威英利亏损的承担,为天威保变进行其他业务盈利做出了贡献。

兵装集团通过股权受让、定向增发和资产置换投入46亿元巨资扶持公司,帮助天威保变顺利脱离了困境。天威保变在与大股东进行资产置换之后,将新能源相关不良资产剥离出,其主营业务进一步向输变电业务集中。2015年3月12日,天威保变发布公告称:公司2014年度审计后归属于上市公司股东的净资产为91 470.08万元;营业收入389 504.27万元,归属于上市公司股东的净利润6 770.78万元。2015年3月18日,天威保变被撤销退市风险警示。

四、天威保变的后续发展状况

天威保变在置出呆滞资产之后,期间费用2014年同比下降,主要原因是公司2013年度期间费用中包含了置出的新能源子公司1-11月份以及破产子公司天威四川硅业有限责任公司全年的期间费用,其中2014年度销售费用同比下降26.48%,管理费用同比下降39.12%,财务费用同比下降22.86%。三大期间费用的相对大幅度的下降,对净利润的提高具有积极的影响。见附图4-6:

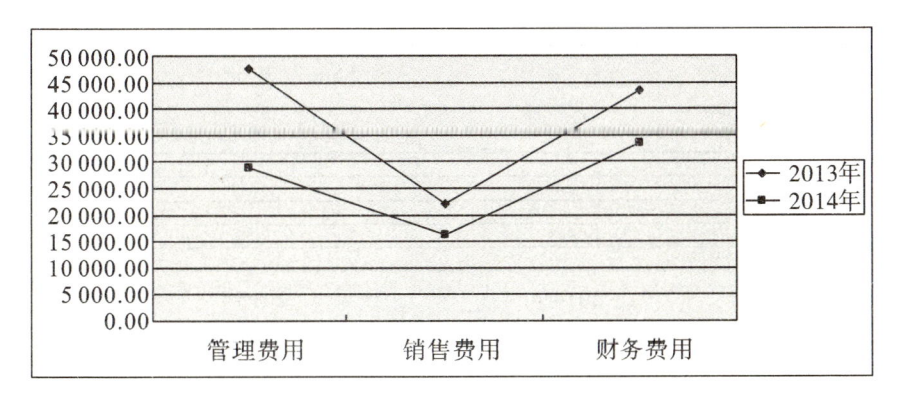

附图4-6 天威保变2013—2014年度期间费用情况

通过资产置换,置入的输变电资产有利于公司进一步明确聚焦输变电产业的战略定位。完善输变电产业链,强化输变电产品的生产和配套实力。天威保变扭亏为盈当年及之后年份的财务状况见附图 4-7 至附图 4-9：

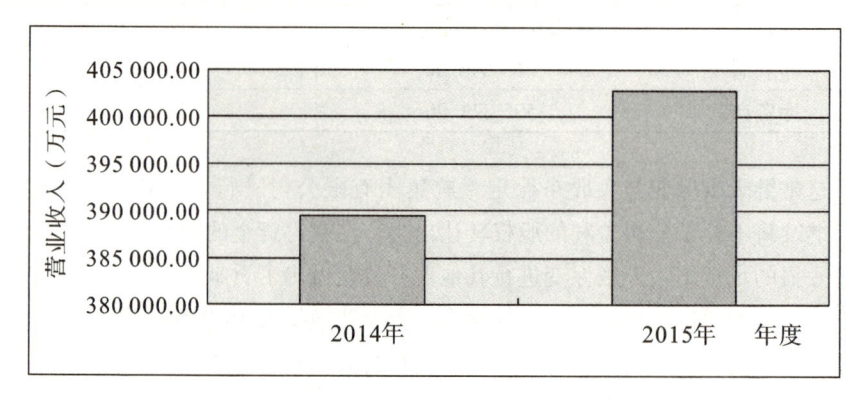

附图 4-7　天威保变扭亏为盈当年及第 1 年营业收入

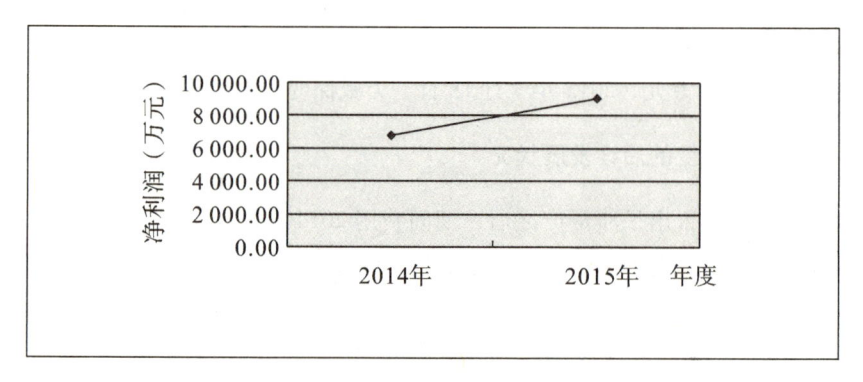

附图 4-8　天威保变扭亏为盈当年及第 1 年净利润

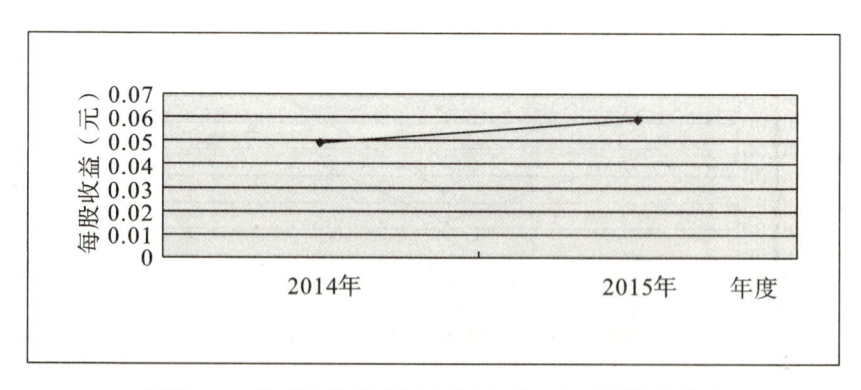

附图 4-9　天威保变扭亏为盈当年及第 1 年每股收益情况

由图可知，天威保变自 2014 年成功扭亏为盈并顺利摘帽，之后一直处于盈利状态。2015 年，公司在集中优势资源巩固输变电产业主导地位的基础上，坚持以全面预算为牵引,积极推进降本增效工作和成本领先行动计划,生产经营态势良好。公司全年实现营业收入 40.27 亿元,同比增长 3.4%;归属于上市公司股东的净利润 9 065.11 万元,同比增长了 33.89%。每股收益为 0.059 元每股,同比增长 20.41%。见附图 4-10~附图 4-12:

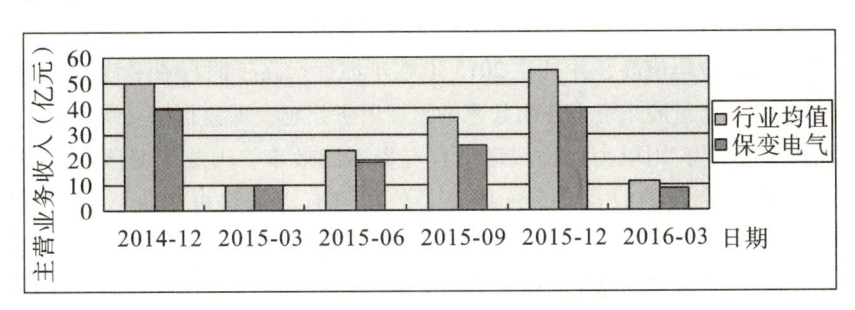

附图 4-10　天威保变 2014 年 12 月至 2016 年 3 月主营业务收入与行业均值对比情况

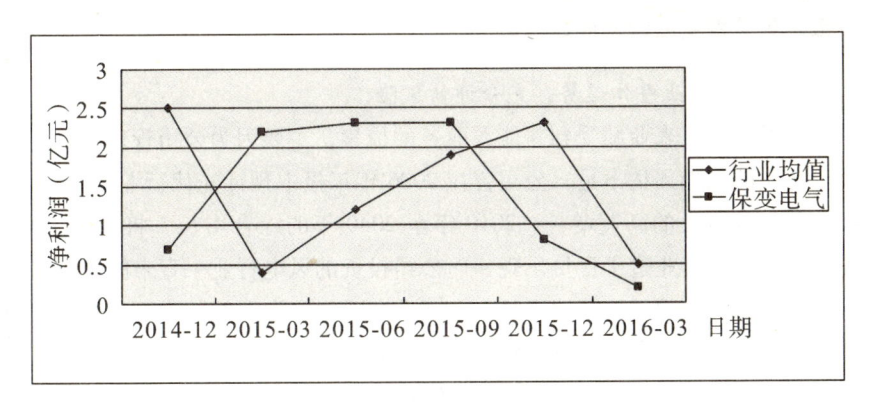

附图 4-11　天威保变 2014 年 12 月至 2016 年 3 月净利润与行业均值对比情况

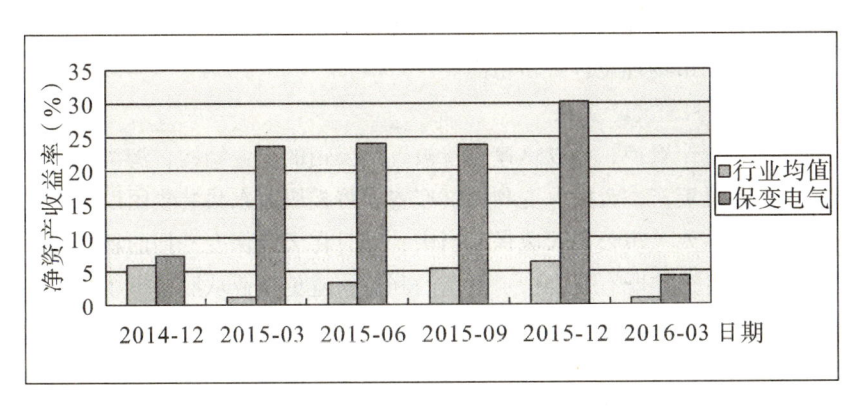

附图 4-12　天威保变 2014 年 12 月至 2016 年 3 月净资产收益率与行业均值对比情况

从附图4-10、附图4-11可以看出，天威保变从2014年扭亏为盈之后，与同行业平均值相比，主营业务收入没有达到同行业均值水平；净利润在2014年12月份远低于同行业平均水平，2015年1-9月高于行业平均值，而在之后到2016年3月略低于行业平均水平。说明天威保变扭亏为盈之后整体水平在同行业中处于平均水平之下。由附图4-12可知，天威保变的净资产收益率一直比同行业均值高，并且在2015年整年都远远高于同行业平均值。而净资产收益率是衡量股东资金使用效率的重要财务指标，即该指标反映的是股东权益的收益水平，用以衡量公司运用自有资本的效率。天威保变该指标值较高，说明投资带来的收益高。这体现了公司自有资本获得净收益的能力比较高。

然而，一个现实问题是，输变电行业目前存在着产能过剩、产品价格下降的局面。整个行业市场状况不如以前，因此导致了2016年一季度效益的降低。

五、天威保变后续发展建议

（一）把握行业整体趋势，充分评估风险

天威保变近年来业绩受到新能源业务的拖累，主要因为公司管理层对光伏和风电行业的风险预估不足，公司曾在2006年年报中预计光伏行业2010年之前将保持30%以上的高速增长，2010年至2040年的综合增长率将高达25%，可见公司对光伏产业过于盲目乐观，而公司投资的风电行业一直未能盈利，也体现出公司对行业的风险预估不足。在现有产业稳定发展的状况下，避免盲目扩张，以保住公司现有业绩以及整体稳定发展。

（二）明确市场定位，稳定市场占有率

针对各公司不同的产品特点和市场状况，明确市场定位，确定主攻产品目标和策略，有针对性地开拓市场；确保市场订单稳步增长，市场占有率稳步提升。将优势产品市场地位进一步稳固。

（三）充分利用资产置换

通过进行资产置换，可以迅速改善被置换公司的产业结构，淘汰流动性差以及闲置的不良资产。天威保变利用资产置换将控股股东兵装集团以及天威集团的优质资源注入上市公司天威保变当中，同时将天威保变亏损的新能源业务相关资产置出。这样既有效维护了股东的利益，避免企业从股票市场退市，还可以利用优质资产的注入激发企业的活力，摆脱不良资产的束缚，有效实现资产的保值和增值，为企业的进一步发展奠定基础。公司应充分利用资产置换带来的优势，集中发展主业，提升核心竞争能力。

附录5 *ST国祥的重组选择及脱困之路：从*ST国祥到华夏幸福

财务困境是许多企业在经营管理中会遇到的普遍问题，在企业经营管理不善的情况下，很容易陷入财务困境。每当企业因经营不善而陷入财务困境时，如何解决目前状况是一个值得探讨的问题。企业陷入财务困境的原因、企业选择的脱困方式以及企业脱困的绩效究竟如何，这对于资本市场的上市公司有着重要的借鉴意义。作为带有台资光环的上市公司浙江国祥制冷工业股份有限公司（以下简称国祥股份）在2009年时陷入严重的财务危机，随后在2011年成功脱困。在这次脱困过程中，企业重组方式的选择发挥了重要作用。

一、公司简介

国祥制冷工业股份有限公司于1963年在台湾创立，1993年扎根于浙江上虞，由台湾省籍自然人陈和贵先生与绍兴市制冷设备厂共同出资成立浙江国祥制冷工业股份有限公司。1995年正式投产，其经营范围主要为恒温恒湿机、冷冻机组、冷水机组及其他制冷设备，风机盘管、空气调节箱及其他空调末端设备，节能环保空气净化系统的设计、制造、安装，销售自产产品并提供维修及相关信息咨询服务。1997年，国祥股份的空调箱被评为国家级重点产品；1999年国祥股份被评为浙江省区外高新技术型企业。国祥股份一直致力于人性化的企业管理推动公司的改革发展，提高公司的创新力、形象力和核心竞争力。经过四十年的发展，国祥股份取得了良好的经济效益。

2003年12月10日，国祥股份发布招股声明书，将于15日采用全部向二级市场投资者定价配售的方式首次公开发行人民币普通股，发行价格为7.3元/股；12月30日，国祥股份以4 000万A股股票在上海证券交易所上市，是国内首家A股上市的台资企业，证券代码为600340。上市不久后，由于制冷行业竞争激烈，国祥股份步入了下坡路。在2008年，国祥股份便与浙江省交通集团公司筹划重大资产重组相关事宜，股票连续停牌14天，但由于在重组相关过程中，发现该事项条件并不成熟，双方决定终止重大重组事项。2009年5月4日，*ST国祥由于连续两年亏损，实行退市风险警示。2011年11月2日，*ST国祥重将其全部资产与华夏幸福持有的京御地产100%股权进行整体资产置换，成功完成重组，改名为华夏幸福。

二、国祥股份的 ST 之路

自 2000 年起,空调制冷行业发展迅速,竞争逐渐加剧。而国祥股份通过产品结构调整以及新产品开发,取得了良好的经营业绩,于 2003 年年底成功上市。ST 国祥本来顶着"台资第一股"的光环成功上市,但台湾陈氏家族在国内空调业空前激烈的竞争中逐渐败下阵来,经营状况大不如前。受市场容量趋于饱和、境内外竞争者持续进入的影响,该行业生存环境日益恶化,市场认可度急剧下降。受此影响,国祥股份从 2005 年至 2009 年初,每年扣除非经常性损益的业绩都是亏损的,经营状况不容乐观,公司也渐渐走到了暂停上市的边缘,无奈之下,陈氏家族只能选择卖壳给华夏幸福基业。见附表 5-1:

附表 5-1 　　　　国祥股份 2004—2009 年主要财务数据

年份	净资产(元)	年累计收入(元)	总资产(元)	负债(元)	年累计净利润(元)
2004	392 555 410	179 524 769	489 440 026	91 884 615	11 253 338
2005	350 293 540	160 854 038	464 536 212	109 154 149	-22 261 870
2006	336 234 355	223 255 713	438 108 553	99 376 473	7 166 941
2007	303 841 536	306 357 052	468 079 620	160 730 590	-32 181 894
2008	265 022 337	302 077 920	377 196 871	111 437 832	-38 819 198
2009	272 487 593	183 384 194	340 167 651	67 680 058	7 465 255

如附表 5-1 所示,从 2004 年至 2009 年,国祥股份的净资产和总资产整体呈减少趋势,净资产由 392 555 410 元降至 272 487 593 元,总资产由 489 400 026 元降至 340 167 651 元。可以看出企业的资产规模逐年减少,股东权益也逐年减少,然而负债却并非如此,从表中可以看出,企业 2007 年负债高达 160 730 590 元,远远高于 2004 年的 91 884 615 元,企业资本结构发生变化,表明企业对负债的依赖性越来越强。虽然在 2004—2008 年,其累计收入呈上升趋势,但净利润却非同样趋势上涨,2005 年、2007 年和 2008 年出现严重亏损,国祥股份在 2005 年亏损 22 261 870 元,2007 年、2008 年分别亏损 32 181 894 元和 38 819 198 元,三年亏损累计达 93 262 962 元。此外,2006 年在扣除大额营业外收入后,净利润也出现负值,表明企业的盈利能力堪忧。在连续两年的大额亏损后,企业的发展状况大不如前。

从附图 5-1、附图 5-2、附图 5-3 可以看出,2004—2009 年之间国祥股份的净资产收益率、销售净利率、总资产报酬率处于波动状态,且波动幅度较大。由于其净利润出现负值，与净利润相关的净资产收益率、销售净利率、总资产收益率于 2005 年、2007 年和 2008 年也出现负值情况。净资产收益率最低达 -13.76%，销售净利率最低达 -13.84%，总资产净利率最低达 -10.29%，表明企业的盈利能力出现很大问题。

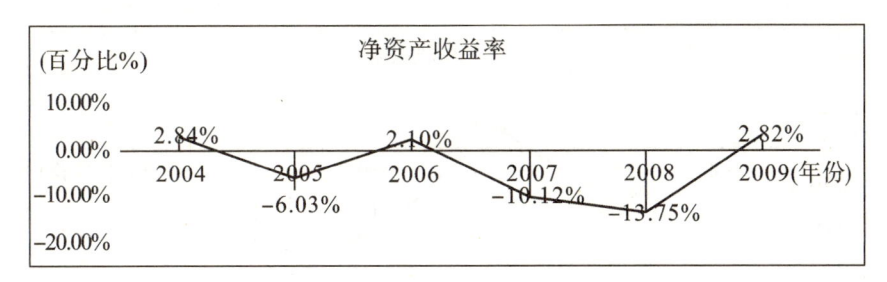

附图 5-1　ST 国祥重组前净资产收益率

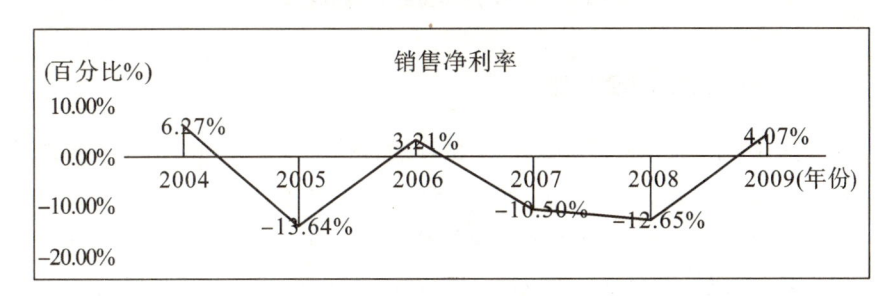

附图 5-2　ST 国祥重组前销售净利率

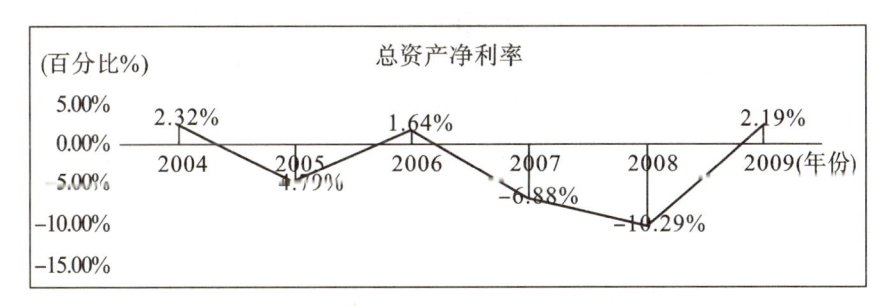

附图 5-3　ST 国祥重组前总资产净利率

如附图 5-4 所示，自 2004—2009 年，ST 国祥的每股收益一直处于波动状态下，最高值为 2004 年的 0.08，2005、2007 以及 2008 年出现负值分别为 -0.15，-0.22，-0.27，可以看出企业的经营状况不佳。由于企业的连年亏损金额巨大，2006 年短暂的恢复并没有抵挡住企业亏损的趋势，在 2007 年与 2008 年连续两年亏损后，2009 年 1 月至 4 月，国祥股份持续亏损，净利润为

-1 234.04 万元。由于其主营业务盈利能力低，公司经营面临极大困难，面临退市风险。2009 年 5 月 4 日，根据《上海证券交易所股票上市规则》，被上海证券交易所实施退市风险警示的特别处理，公司股票简称由"国祥股份"变更为"＊ST 国祥"。

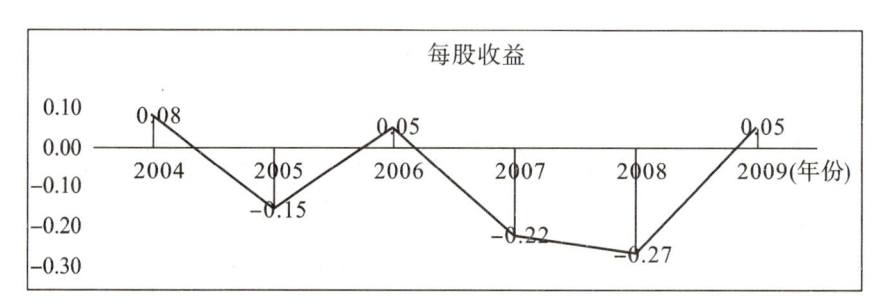

附图 5-4 ST 国祥重组前每股收益

三、＊ST 国祥的脱困之路

经过一系列亏损风波之后，＊ST 国祥股价持续走低，同时由于被特殊处理而面临着退市风险。面临该局面，＊ST 国祥选择了企业重组。其实，早在 2009 年 9 月 9 日，＊ST 国祥便发出重组公告，但重组一事被搁置了两年，直至 2011 年才得到证监会批复，成功完成重组，使得＊ST 国祥成功摘帽。

（一）重组方式

重组方式分为支持性重组，放弃性重组和自我调整重组。这三类重组方式的主要区别在于是否接受外界帮助和控股股东是否发生变化。企业面临困境时，应当根据情况的不同分析利弊，选择最适合企业发展的重组方式，重组方式的选择很可能决定了企业未来的发展状况。＊ST 国祥在面临危机时，选择了放弃性重组。

放弃性重组是财务困境公司控股股东通过出售股权，变更控股股东的方式来完成对财务困境公司利润输送的一种重组方式。国祥股份正是通过放弃性重组。将完成资产置换，剥除劣质资产，成功重组。根据＊ST 国祥的重大资产重组报告书，公司以全部资产及负债与华夏幸福基业持有的京御地产 100% 股权进行整体资产置换，置入资产、置出资产评估净值分别为 16.7 亿元和 2.66 亿元，公司向华夏幸福发行股份购买置换差额。通过 100% 资产置换的方式，为国祥股份带来了优质资产。同样，国祥股份也为华夏幸福提供了一个优质的壳资源助其成功上市。

（二）重组步骤

2011年8月29日，国祥股份发布公告称，收到证监会对公司向华夏幸福发行3.55亿股购买相关资产的批复文件。这意味着，华夏幸福借壳＊ST国祥上市尘埃落定。在此之前，借壳上市早有预兆。其实重组方案早就在2009年6月份提出，但是由于地产调控的因素，借壳的进程一直处于被搁置状态。重组方案提出之前，京御地产进行了两次"突击增资"——于2009年2月和4月各增资2亿元，注册资本金达到了7亿元。同时，华夏幸福基业也将住宅和园区两大资产包拨入京御地产中，基本相当于集团地产业务的整体上市。

在此期间，华夏幸福2009年度经会计师审计的审计报告显示，归属于上市公司股东的净利润为7 465 255.23元，归属于上市公司股东的扣除非经常性损益后的净利润为-2 037 420.57元。根据《上海证券交易所股票上市交易规则》的规定，符合撤销退市风险警示及实施其他特别处理的条件。2010年7月1日，＊ST国祥更名为"ST国祥"。2010年企业净利润为2 214 834.92元归属于上市公司股东的扣除非经常性损益后的净利润为-136 499.76元。从中可以看出，这两年的净利润均包含非经常性损益，净利润值不足以反映企业的真实状况，企业的盈利状况依旧存在问题，企业仍需要重组来挣脱财务困境，而重组事件却被一再搁置，直至2011年又被提出。

2011年8月29日，公司收到证监会批复文件，核准公司向华夏幸福发行3.55亿股购买相关资产；同日，华夏幸福申请豁免要约收购也获得核准，地产公司借壳上市终获得证监会放行。同时华夏幸福承诺，ST国祥2011年至2013年的净利润将分别达到9.49亿元、12.84亿元和14.71亿元，如果未达成将以股份方式补偿股东。

鉴于公司重大资产置换及发行股份购买资产事项已于8月26日获得证监会核准，经与本次发行股份购买资产的交易对方华夏幸福基业股份有限公司协商，确认同意以2011年6月30日为资产交割审计基准日，由审计机构对置出资产即浙江国祥原有全部资产和负债、注入资产即华夏幸福持有的京御地产100%股权进行交割审计，并以交割审计结果为基础，公司与华夏幸福在9月8日（即交割日）办理置出资产、置入资产相关交割手续和签署《资产交割确认书》。与此同时，ST国祥展开新旧高管大交接的工作。公司总经理陈根伟、常务副总经理孟玉振、财务负责人孟庆林向公司董事会提出辞呈；华夏幸福一干人被委以重任，并经ST国祥董事会审议通过。见附表5-2：

附表 5-2　　　　　国祥股份的困境与脱困变动情况表

变动前的证券简称	变动后的证券简称	变动公布日期	变动原因	执行日期
国祥股份	*ST 国祥	2009-04-30	两年亏损	2009-05-04
*ST 国祥	ST 国祥	2010-06-30	恢复上级状态	2010-07-01
ST 国祥	华夏幸福	2011-11-01	恢复上级状态	2011-11-02

由于 ST 国祥依然算是一个比较干净的壳，华夏幸福基业的这次借壳以"资产置换+定向增发"的方式进行，不仅未动用一分钱的现金，而且获得不菲的账面收益。此次重组，*ST 国祥置出资产评估净值约为 2.66 亿元，较合并净资产账面值增值 1 285 万元，增值率为 5.09%。而华夏幸福拟注入的京御地产 100%股权评估净值为 16.69 亿元，较合并净资产账面值增值 9.44 亿元，增值率为 130.25%。

2011 年 11 月 1 日，在华夏幸福成功买壳后，"ST 国祥"成功摘帽，改名为"华夏幸福"。公司股票日涨跌幅限制由 5%恢复为 10%。公司股票 11 月 2 日复牌，这标志着公司马拉松式的重组画上了句号。

（三）重组之后的改变

ST 国祥在完成一系列重组后，2011 年 10 月 15 日，公司名称由"浙江国祥制冷工业股份有限公司"变更为"华夏幸福基业投资开发股份有限公司"。2013 年 1 月 11 日，公司名称由"华夏幸福基业投资开发股份有限公司"变更为"华夏幸福基业股份有限公司"。其实 ST 国祥不仅是名称发生了改变，大股东与股权结构也随之发生了巨大变化。由于大股东的改变，新鲜活力注入企业，随着新股东的到来，国祥股份的主营业务也随之改变。

1. 股权结构改变

2009 年 6 月 22 日，国祥股份第一大股东陈天麟将其所持有的 21.31%的股份转让给华夏幸福基业控股股份公司，此次股份转让后，华夏控股成为公司第一大股东。2010 年 5 月，公司类型由原"股份有限公司（台港澳与境内合资、上市）"变更为"股份有限公司（上市）"。在此之后，国祥股份向上海证券交易所提出申请，股票名称由"*ST 国祥"变为"ST 国祥"。2011 年 10 月，国祥股份更名为华夏幸福基业投资开发股份有限公司（股票简称"华夏幸福"），2012 年更名为华夏幸福基业股份有限公司。

自 2003 年上市以来至 2006 年 2 月，国祥股份第一大股东和实际控制人为陈和贵先生，持有 27%的股权份额。2006 年 2 月 20 日，陈天麟受让陈和贵持有的 27%全部公司股权，成为国祥股份第一大股东和实际控制人。2006 年 3

月29日，国祥股份股东大会通过了股权分置改革方案，对价安排为全体非流通股股东每10股送3股，并且公司减少注册资本人民币 4 675 325.00 元，公司以拥有的上海贵麟瑞通信设备有限公司90%的股权回购陈天麟先生持有的 4 675 325 股非流通股股份。到 2006 年年末，陈天麟持有 33 815 465 股上市公司股票，占上市公司总股本的 23.27%。2009 年 6 月 2 日，陈天麟出售其所持有的国祥股份的无限售条件流通股 285 000 股，交易股份占总公司股本的 1.96%。如附图 5-5 所示，到 2009 年为止，陈天麟持有国祥股份 21.31% 股权，鼎基资本管理有限公司持有国祥股份 1.96% 的股权，剩余 76.73% 股权由流通股股东持有。国祥股份持有浙江国祥、东莞国祥、成都国祥、国祥空调设备公司 100% 的股权，完全控股。见附表 5-3：

附表 5-3　　　国祥股份重组前控股股东股份变动表

时间	持股人	变动原因	持股数量（股）	持股比例（%）
2003-12-30	陈和贵	发行上市	27 000 000	27.00%
2006-06-02	陈天麟	父子间股份转让	27 000 000	27.00%
2006-06-12	陈天麟	股权分置改革	22 181 013	23.27%
2006-07-12	陈天麟	资本公积转增股本	33 815 465	23.27%
2009-02-12	陈天麟	股份出售	30 965 465	21.31%

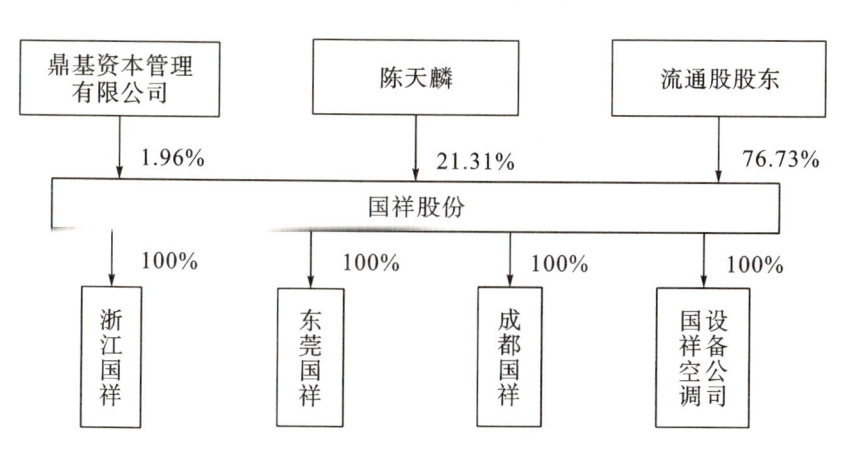

附图 5-5　国祥股份重组前股权结构图

直到 2009 年 6 月 22 日，陈天麟与华夏幸福签署《股份转让协议》，将其持有的 21.31% 的股份转让给华夏幸福基业股份有限公司，华夏幸福基业股份有限公司成为公司第一大股东，持有国祥股份 68.88% 的股权，公司实际控制人为王文学，鼎基资本管理有限公司持有0.78%的股权，剩余流通股股权降低为30.35%，具体股权结构如附图5-6所示。2011年10月，公司第一大股东华夏幸福基业股份有限公司更名为华夏幸福基业控股股份公司，自此，华夏幸福第一大股东一直为华夏控股，股权结构未发生实质性变化。

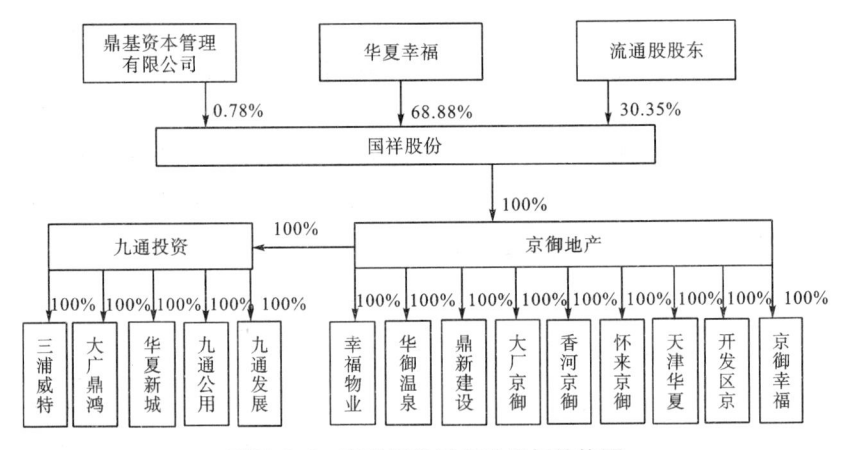

附图5-6 国祥股份重组后股权结构图

2. 主业改变

在大股东发生改变后，国祥股份的经营范围由原来的"恒温恒湿机、冷冻机组、冷水机组及其他制冷设备，风机盘管、空气调节箱及其他空调末端设备，节能环保空气净化系统的设计、制造、安装，销售自产产品并提供维修及相关信息咨询服务"变更为"对房地产、工业园及基础设施建设投资；房地产中介服务、提供施工设备服务；企业管理咨询；生物医药研发，科技技术推广、服务"，证券代码维持不变。国祥股份先前从事的制冷行业由于竞争激烈，而国祥股份在竞争过程已经处于劣势，已经无法继续上市。虽然房地产行业在2011年已经步入逆增长阶段，但由于华夏幸福大量的优质土地储备以及京津冀一体化趋势的推动，使华夏幸福成为房地产行业中佼佼者。虽然是两个完全不相干的行业，但通过重组方式将二者联系在了一起，ST国祥借机卖壳，华夏幸福成功买壳，实现了共同利益。ST国祥在卖壳后，主营业务便从制冷行业变为了房地产行业。

自此之后，ST国祥便发展势头良好，其股价也一直保持上涨趋势。在企业重组消息传出时，股价便连续涨停多次。在成功完成重组后，更是势如破竹。凭借其以市场化的运作模式进行城市规划、产业促进、基础设施建设、配套服务、城市运营等职能，使一个区域从无到有、从低到高地发展起来的独特经营模式，华夏幸福取得了成功。截止到今日，其股价已从当初跌落至几毛一股涨为二十几元一股,翻了几十倍,财务困境不复存在。

四、脱困后绩效

华夏幸福基业股份有限公司创立于1998年,是中国领先的产业新城运营商。华夏幸福致力于成为全球产业新城的引领者,基于产业新城模式本身特有的开放性平台属性,整合内外部资源,推动全方位、多形式的合作共赢,成就"以企业服务为核心"的平台型业务生态体系。2011年11月1日,整合优质资产,实现规模发展,完成资产上市,华夏幸福登上了资本市场的新舞台。华夏幸福自买壳上市后,业绩持续高增长。在京津冀一体化过程中,华夏幸福由于储备了大量北京七环土地,获得巨额利润,股价涨幅高达80%。纵观华夏近几年的发展,其经营状况愈来愈好,盈利水平也大幅提高。见附表5-4:

附表5-4　　　　　　　华夏幸福重组后主要财务数据表

年份	净资产(元)	营业收入(元)	总资产(元)	负债(元)	净利润(元)
2011	2 786 386 789.68	7 790 006 804.62	27 579 843 007.60	23 571 008 273.27	1 357 969 727.64
2012	4 316 441 933.73	12 076 941 011.04	43 193 448 032.69	38 234 854 258.78	1 783 624 332.26
2013	6 650 423 919.24	21 059 753 648.07	74 093 810 903.27	64 138 570 566.48	2 714 894 781.44
2014	9 793 565 161.37	26 885 548 491.46	113 964 189 090.04	96 567 913 330.45	3 537 537 462.28
2015	13 526 785 246.48	38 334 689 695.10	168 623 352 113.69	142 993 351 996.41	4 800 773 031.39

由上表可以看出华夏幸福从2011年买壳上市以来,一直处于盈利状态,资产与负债也逐渐增加,2011年总资产为27 579 843 007.60元,2015年已达到168 623 352 113.69元;2011年负债为23 571 008 273.27元,2015年已上升至142 993 351 996.41元,资产和负债均为2011年的6倍之多,资产和负债的快速上升是由于企业发展势头良好,企业进入快速扩张阶段。净资产由2011年的2 786 386 789.68元上升至2015年的13 526 785 246.48元,上升了10 740 408 456.8元,净资产的上升是由于企业的总体规模不断扩大,股东投入也随之增加。同样,其营业收入由最初的7 790 006 804.62元达到了38 334 689 695.10元,创收能力逐年提升。在经过4年的发展与规模扩张后,华夏幸福的年净利润已由2011年的1 357 969 727.64元上升至4 800 773 031.39元,与重组前的连续两年总计近7 000万的巨额亏损相比,变化之大令人惊讶。

如附图5-7所示,华夏幸福的净资产、营业收入、总资产、净利润每年都大幅上升,与重组前的数据相比更是发生了翻天覆地变化。净资产几乎每年增长率都大于40%,最低时为38.12%,最多时高达54.91%,表明股东权益大幅上升，股东对企业的发展状况看好。历年总资产增长率高达50%，甚至于70%，表明企业扩张速度飞快，发展能力良好，竞争力很强。从图中可以看出，华夏幸福的总资产增长速度曲线与负债增长速度曲线相近，说明企业负债的增长速度与资产的增长速度大致相同。同样，根据总资产与负债增长比率相差不多，表明企业的股东权益以相似比率增长的速度增长，企业的负债比率相对稳定。企业的营业收入每年的增长速度较不稳定，最低时为27.66%，最高时达74.38%，但持续的高增长表明企业的创收能力良好。华夏幸福的净利润增长速度大都在30%左右，只有在2013年时达到了50%，增长速度较稳定，盈利水平逐年提升。从图中可以看出，虽然企业的净资产、营业收入、总资产、净利润、负债每年均快速增长，但从整体来看企业的净资产、总资产、负债的增长速度逐渐变缓，说明企业的增长速度有所变缓，而这与房地产行业整体状况的不景气息息相关。虽然如此，华夏幸福的发展能力已经遥遥领先于行业中的多数企业。

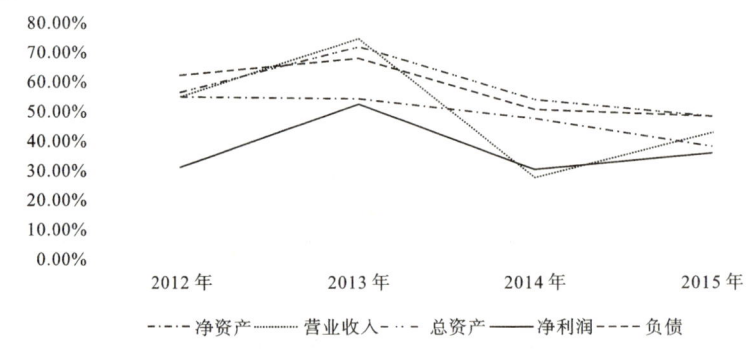

附图 5-7　华夏幸福重组后主要财务数据变动图

通过附图5-8中的资产负债率曲线可以看出，自2011年至2015年，华夏幸福的资产负债率相对稳定，一直维持在85%左右，最低时为84.74%，最高时为88.52%。就企业历年的资产负债状况来看，并没有什么不妥，但是众所周知，85%的资产负债率是一个相当高的数值，说明企业几乎靠负债来支撑。虽然房地产行业存在资产负债率普遍较高的情况，但85%的资产负债率还有鲜有。对比国内同行业的资产率，发现国内同行业的资产负债率平均值在60%左右。对于发展较好的万科与恒大也在逐渐降低资产负债率，控制财务风险，华夏幸福却稳居85%不下。也就是说，相对于行业负债水平而言，华夏幸福的资产负债率仍相对较高，这就表明华夏幸福的高资产是由于高负债所造成的，而高资产负债率必然带来高风险。究其原因，不难发现，由于华夏幸福近几年来发展势头良好，便不断扩大业务规模，因此借款金额大幅增加，导致资产负债率居高不下。虽然华夏幸福发展势头良好，但如此高的资产负债率仍像埋了一个不定时炸弹，处处需要谨慎，一不留神便可能引发财务危机。

```
                           资产负债率
100.00%  85.46%    88.52%    86.56%    84.74%    84.80%
         59.52%    59.85%    61.02%    61.78%    62.86%
  0.00%
         2011年    2012年    2013年    2014年    2015年
              —— 华夏幸福  —— 国内同行业平均值
```

附图 5-8　华夏幸福重组后资产负债率对比图

通过对华夏幸福近五年来的销售净利率进行对比，发现其销售净利率呈下降趋势，由 2011 年 17.43% 降至 2015 年的 12.52%，虽然从数字上来看，华夏幸福的盈利能力有所下降。但由于整个房地产行业正处于低迷时期，许多房地产公司经营状况不甚乐观。其中，房地产行业中的领军者万科与恒大销售净利率整体也呈下降趋势，万科房地产净利率由 13.41% 下降至 9.27%，恒大销售净利率由 18.38% 下降至 13.02%。从附图 5-9 可以看出，近几年华夏幸福的销售净利率均高于万科，除了 2014 年以外，均与恒大不相上下。表明华夏幸福的销售净利率仍高于整个行业的平均水平，对于整个行业而言，华夏幸福的盈利能力良好。

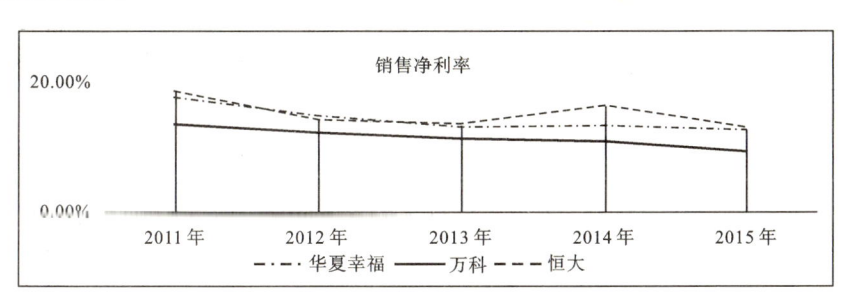

```
                           销售净利率
20.00%
                              
  0.00%
         2011年    2012年    2013年    2014年    2015年
              —·— 华夏幸福  —— 万科  ---- 恒大
```

附图 5-9　华夏幸福重组后销售净利率对比图

由附图 5-10 可以看出，华夏幸福净资产收益率曲线呈逐年下降趋势，2011 年净资产收益率为 48.74%，2012 年便降到 41.32%，下降幅度偏大，在此之后，便呈缓慢下降趋势。从整体的角度来说，华夏幸福的净资产收益率在这五年间，从 48.74% 下降到 35.49%。虽然从个体上来说，华夏幸福的盈利能力没有以前年度好。但根据图中行业平均水平曲线来看，整个行业的平均净资产收益率由 9.55% 降低到 3.29%，说明净资产收益率下降是整个行业的普遍趋势。此外，华夏幸福的净资产收益率远远超过行业平均水平，到 2015 年，华夏幸福的净资产收益率已达行业平均水平的 10 倍之多，表明了华夏幸福相对于行业平均水平而言，发展良好。同样，对比华夏幸福与万科、恒大地产的净资产收益率，发现华夏幸福的净资产收益率远高于二者，说明华夏幸福的股东获取投资报酬能力较强，企业的盈利能力相较于其他同行业企业良好。

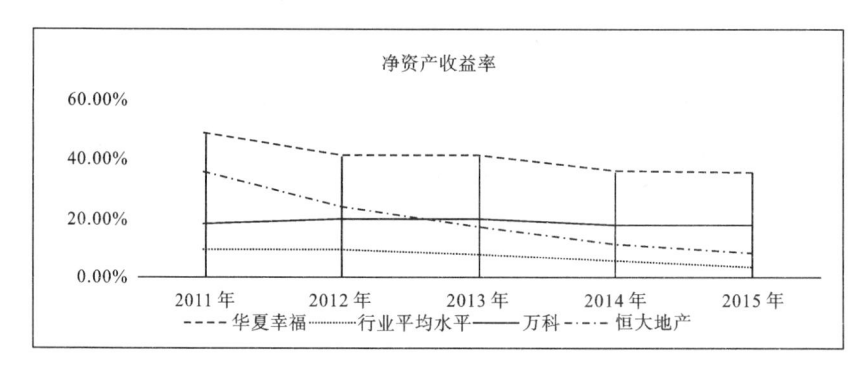

附图 5-10　华夏幸福重组后净资产收益率对比图

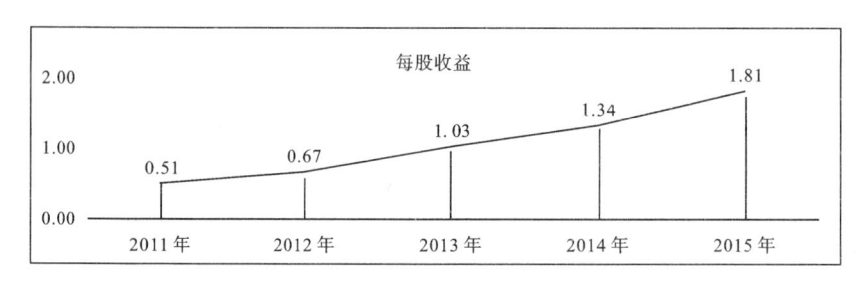

附图 5-11　华夏幸福重组后每股收益

2015 年 5 月 4 日，华夏幸福通过送股方式，股本由 1 322 879 715.00 增加至 2 645 759 430.00，稀释了股本，降低了股价。同样，送股可以向股东传递公司管理当局预期盈利将继续增长的信息，并活跃股份交易。华夏幸福由于送股，冲淡了每股收益。但从整体形势而言，华夏幸福仍处于高速发展阶段。由附图 5-11 中的每股收益曲线图可以看出，从 2011 年到 2015 年，华夏幸福重组后的每股收益快速增长，由 0.51 连续上升至 1.81，与重组前的多次出现负值相比，发生了质的飞跃。此外，华夏幸福在高速发展的状况下，市值已达到七百多亿，相对于重组之前的"ST 国祥"而言，可谓是巨大成功。

由以上分析可以发现在华夏幸福完成企业重组后，企业虽然面临着高负债的风险，但由于企业的盈利状况良好，而且正在处于高速发展阶段，企业的高负债被用来支撑企业的发展，加速企业扩张。与同行业相比，华夏幸福的盈利能力和发展能力遥遥领先,这与企业的战略定位有着密切的关系,公司提出的产业新城和城市产业综合体等建设理念,避开了与房产巨头的正面交锋,从而保持企业自身的发展,进一步推动了华夏幸福基业在房地产企业中的稳健发展。

华夏幸福的高速发展不仅能够通过财务数据体现,在国内一些权威机构统计出的国内房地产行业排名中,华夏幸福也名列前茅。在中国房地产业协会与中国房地产测评中心联合发布的中国房地产500强中,华夏幸福的综合实力跻身前十,营利性排名第二。此外,在北京举行的"2016中国房地产百强企业研究成果发布会暨第十三届中国房地产百强企业家峰会"中,华夏幸福2016年一季度以225.1亿元的销售金额与195.2万平方米的销售面积均位列前十,具体数据如附表5-5所示。

附表5-5　　　　　国内房地产行业排名

排名	综合实力	营利性	销售金额（亿元）		销售面积（万平方米）	
1	万科地产	中海地产	万科地产	725.2	恒大地产	755.8
2	保利地产	华夏幸福	恒大地产	669.7	碧桂园	635.1
3	恒大地产	保利地产	绿地集团	475.5	万科地产	533.0
4	中海地产	旭辉集团	碧桂园	465.0	绿地集团	459.0
5	绿地集团	龙光地产	保利地产	438.9	百里地产	340.7
6	碧桂园	三盛宏业	中海地产	381.3	中海地产	301.5
7	绿城集团	卓越置业	华润置地	265.4	华夏幸福	195.2
8	华润置地	中冶置业	华夏幸福	225.1	华润置地	187.2
9	龙湖地产	杭州滨江房产	融创中国	196.9	万达集团	180.7
10	华夏幸福	国瑞置业	金地集团	195.1	金地集团	123.2

以上数据表明,"ST国祥"摘帽变成"华夏幸福"之后,企业的经营状况良好,成功的扭亏为盈并发展迅速。其实,自2011年摘帽以来,华夏幸福就一直是资本市场上追捧的超级"牛股",股价翻了几番,市值稳步激进,业绩遥遥领先于同行业其他企业。华夏幸福借壳成功的主要原因在于重组是在2009年6月禁令前提出,并且符合国家产业战略政策的大方向,从而使ST国祥起死回生,飞速发展,其买壳成功的事件也可以说是一次成功借壳的典范。此外,华夏幸福之所以成为牛股,与企业自身的发展状况以及盈利模式密切相关,其成功之处值得我们借鉴。

ST 国祥的成功脱困源于选择了放弃性重组方式，这告诉我们，企业在面临财务困境时，要选择合适方式脱困，究竟是支持性重组，还是放弃性重组，或者是自我重整型重组，要根据企业的自身情况而定。ST 国祥由于经营业绩不佳，处于被迫退市边缘，正是由于选择了放弃性重组，卖壳成功，注入了新鲜活力，从而起死回生。而华夏幸福也在买壳上市后，取得了良好的业绩。ST 国祥在面对财务困境时选择了适合自己的重组方式，公司成功脱困，获得了更好的发展。可见，上市公司在面临财务困境时，处理方式的选择极其重要，选择适合企业的重组路径，方可成功脱困。

附录6 ＊ST建通脱困路径及脱困后业绩状况

一、华夏建通的历史简介

（一）历史沿革

华夏建通全称为华夏建通科技开发股份有限公司（以下简称：华夏建通或公司），始建于1958年，公司前身为邢台冶金机械修造厂，1981年6月更名为邢台冶金机械轧辊厂；1993年3月经批准，由邢台冶金机械轧辊厂独家发起，采取定向募集方式设立了邢台轧辊股份有限公司（以下简称：邢台轧辊）；1995年5月26日经批准，按照主辅分离的原则对公司进行重组，由原来的整体改制变为主体改制，股本总额由15 600万元减少至12 480万元。

公司经中国证券监督管理委员会发审字［1999］92号文批准，1999年8月4日向社会公开发行人民币普通股A股股票4 500万股，并于1999年10月14日在上海证券交易所上市交易，证券简称"邢台轧辊"，证券代码为600149。

2003年12月26日，经公司临时股东大会批准，同意将公司名称由"邢台轧辊股份有限公司"变更为"华夏建通科技开发股份有限公司"（证券简称：华夏建通）。

2012年3月22日，公司名称由"华夏建通科技开发股份有限公司"变更为"廊坊发展股份有限公司"（证券简称：廊坊发展）。

廊坊发展自1999年上市以来的主营业务的变化情况如下：邢台轧辊股份有限公司的主营业务为各类轧辊的设计制造及销售。华夏建通科技开发股份有限公司的主营业务为：各类轧辊的设计制造及销售；通信器材销售；计算机网络系统集成及技术开发、技术咨询、技术服务、技术转让；钢锭、钢坯、钢材、生铁的生产与销售；房地产信息咨询；房屋租赁。廊坊发展股份有限公司的主营业务为：房屋租赁、招商引资服务、园区投资、建设、运营项目管理及咨询；销售建筑材料、电子产品、电子软件、家用电器、电气设备、计算机及辅助设备、通讯及广播电视设备、机械设备、通用设备、金属制品、家具。

截至2015年12月31日，廊坊发展所属行业为S90综合行业。

（二）股权结构

邢台轧辊1999年8月4日向社会公开发行人民币普通股A股股票4 500万

股，总股本增至 16 980 万股，并于 1999 年 10 月 14 日上市交易。控股股东为邢台机械轧辊（集团）有限公司（以下简称：邢机集团），持股比例为 57.48%。

邢台轧辊的第一次重组是 2003 年，邢机集团将所持有的本公司的国家股 8 863.56 万股转让给华夏建通科技开发集团有限责任公司（以下简称：华夏建通集团），同时转让 3 545 万股给江西洪都航空工业股份有限公司（以下简称：洪都航空），而邢机集团最终持有本公司的国家股 4 974.02 万股。由此，华夏建通集团成为邢台轧辊的控股股东，持股比例为 29%；邢机集团成为邢台轧辊的第二大股东，持股比例为 16.27%；洪都航空为本公司的第三大股东，持股比例为 11.6%。2003 年 12 月，公司名称由"邢台轧辊股份有限公司"变更为"华夏建通科技开发股份有限公司"。

2007 年 5 月 31 日，华夏建通集团将持有的本公司 2 431.78 万股股份划转至海南中谊国际经济技术合作有限公司（以下简称：海南中谊），加上海南中谊之前持有本公司的 4 974.02 万股，海南中谊的持股比例达到为 19.48%，成为公司的第一大股东。

2009 年 8 月 9 日，海南中谊将持有的本公司的 5 005 万股股份过户至北京卷石轩置业发展有限公司（以下简称：卷石轩置业）名下，由此，华夏建通的控股股东变更为北京卷石轩置业发展有限公司，持股比例为 13.17%。

2011 年 6 月 29 日，卷石轩置业将所持有 5 005 万股股权全部过户与廊坊市国土土地开发建设投资有限公司。自此，华夏建通的控股股东变更为廊坊市国土土地开发建设投资有限公司（以下简称：廊坊地建设），持股比例为 13.17%。

2012 年 3 月 22 日，公司的名称由"华夏建通科技开发股份有限公司"变更为"廊坊发展股份有限公司"。

2013 年 12 月，廊坊地建设将所持有廊坊发展的 5 005 万股股权划拨至廊坊市国土土地开发建设投资控股有限公司（以下简称：廊坊控股公司）。至此，廊坊发展的控股股东变更为廊坊市国土土地开发建设投资控股有限公司，持股比例为 13.17%。

截止到 2015 年 12 月 31 日，廊坊发展的总股本为 38 016 万股，控股股东为廊坊市国土土地开发建设投资控股有限公司（后更名为廊坊市投资控股集团有限公司），持股比例为 13.28%。实际控制人为廊坊市人民政府国有资产监督管理委员会。廊坊发展的股权结构如附图 6-1 所示。

```
┌─────────────────────────────────────┐
│ 廊坊市人民政府国有资产监督管理委员会 │
└─────────────────────────────────────┘
                  │ 100%
                  ▼
      ┌─────────────────────────┐
      │ 廊坊市投资控股集团有限公司 │
      └─────────────────────────┘
                  │ 13.28%
                  ▼
         ┌──────────────────┐
         │ 廊坊发展股份有限公司 │
         └──────────────────┘
```

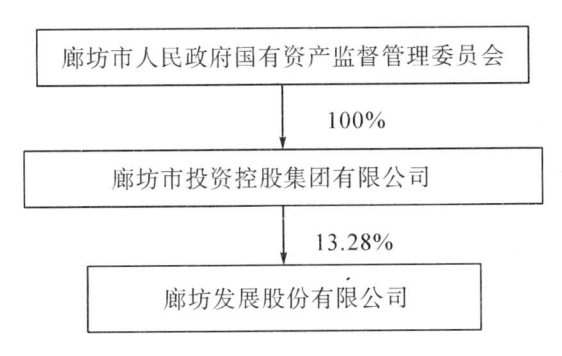

附图 6-1　廊坊发展股权结构

资料来源：根据廊坊发展 2015 年年报整理。

二、华夏建通的 ST 之路

华夏建通在上市之初的主营产品为冶金轧辊，其产量占全国商品轧辊总量的四分之一，是亚洲轧辊行业中生产规模最大、品种规格最齐全、市场份额最高的冶金轧辊专业生产厂家，但是华夏建通却屡屡错失其发展良机一步步走向上市公司的 ST 之路。

从 2003 年开始，国内的钢铁行业景气度不断提升。这原本可以为轧辊企业提供良好的发展机遇，然而就在 2003 年 4 月，华夏建通却错误地置出了公司大部分轧辊类资产。同年公司股权发生变化，华夏建通集团持有本公司 29% 股权，成为第一大股东，而邢机集团退居为公司的第二大股东。在股权变化的同时，公司与新任大股东进行了大规模的资产置换：公司置出的资产均为轧辊类经营性净资产，估价 2.48 亿元。该部分资产置换给华夏建通集团后，又被转让给了邢机集团。同时公司置入的资产则是华夏建通集团持有的铁通华夏电信有限责任公司（以下简称：铁通华夏）49% 股份，评估后价值为 2.47 亿元。此次资产置换完成后，华夏建通虽仍以剩余的轧辊资产的生产经营为主营业务，但由于资产的减少，从 2003 年开始，公司的轧辊业务收入开始大幅减少，到了 2005 年，已经完全靠受托加工邢机集团的轧辊产品获取收入，本身的轧辊生产业务已经完全停滞。

2006 年 12 月 31 日，华夏建通以其控股子公司世信科技发展有限公司（以下简称：世信科技）所拥有的对西安思杨科技有限责任公司、北京世诚信通讯科技有限责任公司等 5 家公司总计 131 902 967.91 元的债权资产来置换公司的实际控制人——海南亿林农业有限责任公司（以下简称：海南亿林）所拥有的 140 611 581 元棕榈藤产权和南药益产权，华夏建通的实际控制人以其优质资产置换出了华夏建通的不良债权资产。尽管华夏建通成功剥离了不良资产，但是由于公司此举应经偏离了其原有的主营业务，未必是有利于公司发展的举动。于是 2008 年 3 月，公司又将棕榈藤和益智产权又转给了海南中谊。

2006 年 12 月，华夏建通因贷款逾期，轧辊分公司的机器、设备等资产被查封，随后公司将轧辊分公司所有的固定资产（原值 2.28 亿元，已计提折旧 1.55 亿元）以 1.15 亿元全部出售给邢机集团，其固定资产减至 36.19 万元。

从 2007 年开始，华夏建通已经完全丧失了生产轧辊的能力。然而此时，钢铁行业形势一片大好。与此同时，公司所置换进来的铁通华夏股权也差强人意，这对华夏建通的发展来说无疑是雪上加霜。

2008 年 5 月，中国证监会对华夏建通涉嫌违反证券法律法规的行为立案稽查，调查结果于 2009 年 9 月公布。公司及其原董事长何强等人存在重组时置入公司的资产严重不实，长期隐瞒实际控制人身份，大量占用公司资金，虚增 2007 年度利润等违法违规行为。后经调整，公司 2007 年的净利润变成负值。

2009 年，由于公司的业务处于盘整梳理状态，导致部分资产经营停滞，剩下正在运营的业务于 2009 年上半年也没有产生收入，而且预计这种状况在 3 个月内难以恢复正常。因此，从 2009 年 8 月 27 日开始公司被实施其他特别处理，"华夏建通"变身"ST 建通"。

再加上公司于 2009 年调整 2007 年的年度报告，出现了公司 2007 年、2008 年连续两年亏损的状态。于是从 2009 年 10 月 28 日开始，公司被实施退市风险警示特别处理，由"ST 建通"变身"*ST 建通"。

下面，本文将结合华夏建通在被实行特别处理之前的五年，即 2004 年度至 2008 年度的财务状况进行相应的分析。并通过研究华夏建通在被实施特别处理之前的财务状况，来探究公司陷入财务困境所固有的原因。

由附图 6-2 我们可以清楚地看到，华夏建通自 2004 年度以来的资产总额和所有者权益数额变化不是很大，都处于一种平缓的变化状态。在 2004 年到 2008 年的这 5 年的时间中，华夏建通的资产总额稍有回落，从 79 060.57 万元降至 63 737.20 万元，下降幅度约为 19.38%；所有者权益整体看来有上升趋势但上升幅度仅有 3.8% 左右，即由 58 903.84 万元涨到了 61 133.80 万元。除此之外，我们还发现，公司在 2007 年和 2008 年的资产总额与所有者权益数值几乎相等，其原因是公司在 2007 年的时候归还了所有的银行借款，该借款总额高达 7 653.63 万元。这使资产负债表中列示的短期借款减少了 100%，同时也是公司的资产总额下降的一个重要原因。

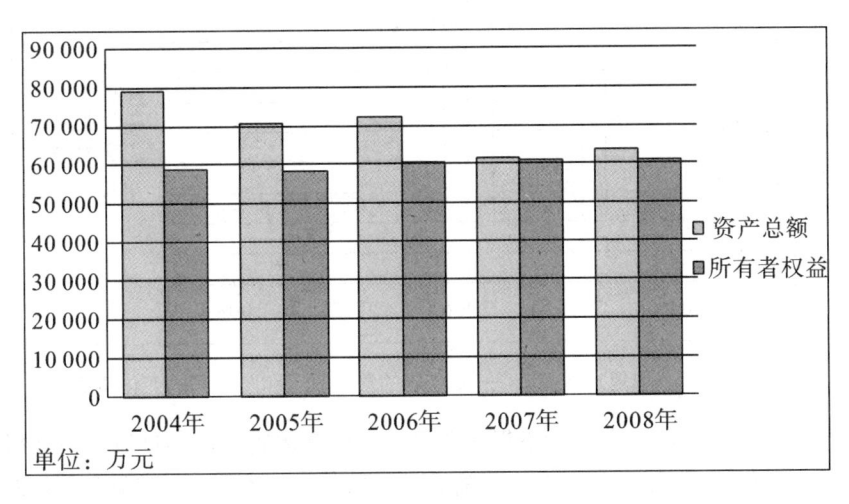

附图 6-2　华夏建通 2004—2008 年的资产总额及所有者权益情况

根据附图 6-3 我们可以看出来，华夏建通自 2004 年到 2008 年的营业收入总额呈大起大落的状态，其中 2006 年的营业收入达到顶峰，为 16 699.40 万元，而 2008 年的营业收入却只有 1 688.77 万元，是五年以来的最低收入；公司的营业成本也是随着营业收入同增同减。造成公司 2007 到 2008 年营业收入大幅下降的主要原因是：2006 年，公司将经营性固定资产转让给邢机集团后，原有的轧辊加工业务已置出，随后公司的主营业务变为社区大屏幕系统、多媒体系统等电子产品销售及配套技术服务，然而新业务的销售状况并不乐观。也正是由于公司主营业务发生的结构性变化，加上公司新业务并不成熟，使得公司的净利润情况一直不尽如人意，2007 年和 2008 年的净利润分别是 -988.02 万元和 -1 162.53 万元。至此，公司已经接连两年亏损。我们再结合附图 6-2 的数据来看，公司在净利润为负的情况下所有者权益之所以没有缩水的主要原因是 2007 年公司的实收资本从 30 564.00 万元增加到了 38 016.00 万元。

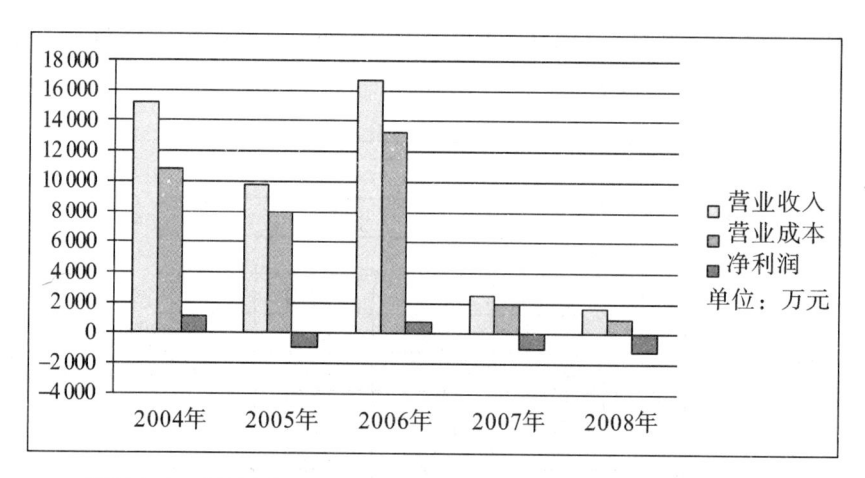

附图6-3 华夏建通2004—2008年的营业收入和净利润的变化情况

由附图6-4的资产负债率折线图可知,华夏建通的资产负债率一直都很低,在2004年最高也就24.71%,随后比率就一路下降,2007年的资产负债率都不到1%,是所有的A股上市公司中最低的,虽然2008年的资产负债率相比较2007年来说稍稍有所缓和,却也仅有4.08%。理论上讲,资产负债率低的公司其风险固然小,偿债能力固然强,但是仍需强调的是,对于上市公司而言,极低的资产负债率也未必是件好事。

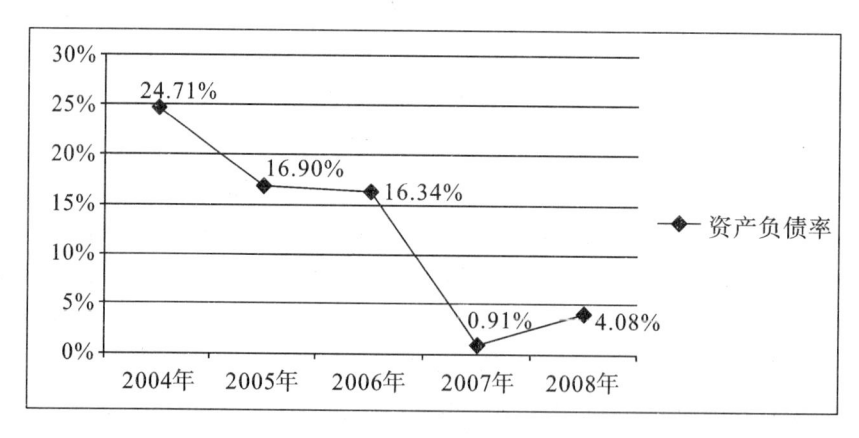

附图6-4 华夏建通2004—2008年的资产负债率情况

在从附图6-5的销售净利率折线图中,我们可以了解到,华夏建通的销售净利率受公司净利润波动的影响,从2004年开始一直在零上下徘徊,于2006年开始一直处于下降趋势,并在2008年下降到-68.84%。我们都知道,销售净利率可以反映每一元销售收入能带来的净利润的多少。但是很明显,华夏建通的管理效率不高，其以销售收入获取利润的能力非常低，公司的盈利能力不强。

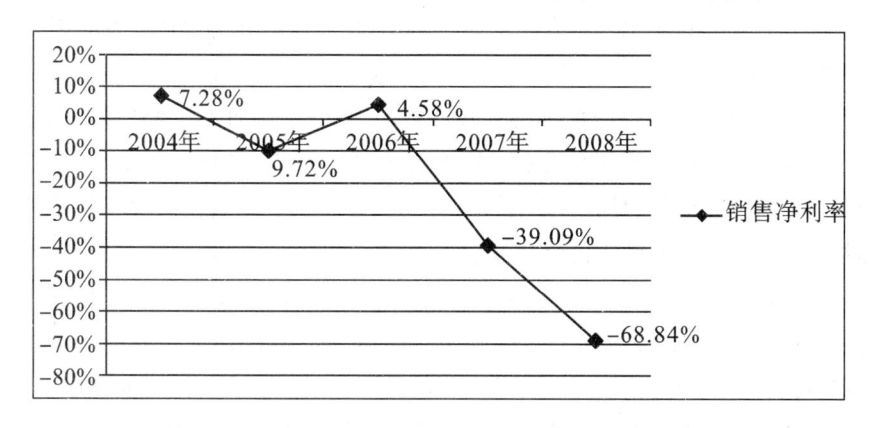

附图6-5　华夏建通2004—2008年的销售净利率情况

三、ST建通的脱困路径及重组选择分析

从2009年8月开始，华夏建通仅仅在两个多月内就接连从"华夏建通"变身成"ST建通"再变身为"＊ST建通"。表面看起来华夏建通的ST之路似乎有些突然，但深入细究之后发现华夏建通被特别处理也是在意料之中。上市之初，华夏建通作为国内冶金轧辊行业的龙头企业之一，其核心业务为冶金轧辊，在行业发展势头大好的阶段，华夏建通却于2003年错误地转变发展战略，向多媒体、电信行业进军，导致了公司错失发展良机。同时正是因为错误地调整了公司的业务重心，使得华夏建通在2003年度因市场份额减少导致营业收入由2002年的41 053.75万元下降至31 382.34万元，2005年持续下滑至9 848.88万元，相应的公司净利润也由2002年2 828.92万元的盈利下降到2005年-899.29万元的亏损。我们不能否认，华夏建通也一直在积极应对市场挑战，历经多次重组，置换公司的不良资产，不断引进新产品、新业务，然而此时的公司已经偏离主业太多，最终也没避免2007年和2008年的亏损。可见，华夏建通的财务脱困之旅任重而道远。

（一）对公司脱困路径的分析

从2007年公司发生亏损以后，华夏建通就已经开始打算对基础薄弱且管理不完善的电信产业计提加大额度的坏账准备，并进一步大力发展主业夯实经营基础。随后，公司开始有目的地调整投资企业的经营重点，对不适合企业长期发展规划的多项业务实施紧缩战略，进行了一系列产业调整和资源整合。看来，ST建通早已酝酿了主业转型的意图。

2008年12月12日，华夏建通与海南中谊（控股股东）、北京卓越房地产开发有限公司（以下简称：卓越房地产）、北京天地嘉利房地产开发有限公司（以下简称：天地嘉利）签订了《资产置换协议》，公司将以其所拥有的三项资产，即北京华夏星空传媒科技有限公司的100%股权计101 451 917.77元，北京华夏通网络技术服务有限公司的25%股权计19 760 913.50元，对海南中谊30 031 790.00元的债权，总计151 244 621.27元，来置换海南中谊及其实际控制人所拥有的龙腾文化厦76%建筑面积（地上10 178.58M2及地下58个停车位）的50年物业经营权、DBC加州小镇17处商铺产权，总计150 713 000元。置换价格为151 244 621.27元，差额部分531 621.27元由海南中谊在本协议签订日起三个月内以现金方式支付给公司。通过此次资产置换关联交易，华夏建通置出公司的非主营业务及部分债权，置入具有稳定收益并确立公司今后主营房地产业务的部分股权及资产，不仅可以提高公司资产质量，化解经营风险，更可确立公司的主营业务方向，为本公司提供稳定的利润来源。

紧接着，海南中谊拟计划于2009年向华夏建通注入优质的房地产资产，但由于后续的海南中谊和卷石轩置业的诉讼纠纷，此次资产重组工作被中断。与此同时，2009年8与6日，海南中谊将手中所持有的公司5 005万股股份过户到卷石轩置业名下，卷石轩置业成为公司的控股股东。同年华夏建通从"华夏建通"变身"ST建通"再变身"*ST建通"。然而在卷石轩置业在接手*ST建通之后对公司的发展没有做出太大贡献，并没有扭转公司亏损的局面。

至此，*ST建通已经易主多次，大股东借着重组套现，使公司的业绩情况不见改善，一直处于亏损状态，*ST建通已经濒临退市的边缘。直至九年之后，已经四易其主的*ST建通才终于走上了回归到河北国资系统之路。

2010年8月30日，*ST建通发布公告称，卷石轩置业与廊坊地建设签订了《股份转让协议》，卷石轩置业将所持有的公司5 005万股股份全部转让给廊坊地建设（实际控制人为廊坊市财政局）。相应的，廊坊地建设成为*ST建通的第一大股东，公司的股权性质由私营属性变更为国有属性。而一直以一级土地开发为主业的廊坊地建设的入主，使*ST建通在商业地产及其他业务的路上走得更稳。于是在2010年年底，*ST建通依法解散了其下属两个子公司：北京华夏铁通电信有限公司和北京华夏通网络技术服务有限公司。公司将变现后的资金继续用来投入商业地产项目，尽管此举没有使业绩有大幅度的提升，但却也保持了公司的稳定。

2011年11月22日，为了解决*ST建通所面临的暂时性经营困难，廊坊市财政局给予*ST建通8 000万元人民币的经营性财政补贴以维护公司的稳定发展。上述经营性补贴已计入公司2011年的当期损益。正是得益于廊坊市财政局给予*ST建通的经营性补贴，公司才能成功扭转亏损局面。2011年度公司的主营业务为租赁，实现营业总收入657.18万元（全部为主营业务收入），较上年同期增长9.53%，归属于上市公司股东的净利润52 407 694.91元。经上海证券交易所批准，公司股票撤销退市风险警示同时实施其他特别处理。

2012年2月和3月，公司分别召开的第六届董事会第十二次会议2011年年度股东大会审议，会上通过了《关于公司更名的议案》，决定将公司的名称变更为"廊坊发展股份有限公司"。自2012年3月27日起，公司证券简称发生变更，由"*ST建通"变更为"ST廊发展"。然而ST廊发展的脱困任务仍然没有结束。

为了彻底地摘星脱帽，ST廊发展加快了自己的步伐，之后进行了一系列产业调整和资源整合。2012年年初，ST廊发展开始完善内部控制和内部审计规范；修改、制定公司的各种工作管理制度、规则等。并在现有业务的基础上，积极拓展盈利性业务，先后两次修改公司章程，将园区投资、建设、运营、项目管理及咨询业务、招商引资服务业务纳入公司的经营方向，力求摆脱公司原有的经营困难的局面。通过努力，ST廊发展终于在2012年上半年的经营业绩有了较大的改善，实现了主营业务收入1 057.75万元，较上年同期增长了233.48%，归属于上市公司股东的净利润188.76万元，较上年同期增加了367.91万元，实现了扭亏为盈。在2012年8月20日公司被撤销了股票交易实施的其他风险警示，公司的股票简称由"ST廊发展"变更为"廊坊发展"，公司的财务困境得以恢复了。

（二）对公司重组选择的分析

回顾一下廊坊发展的脱困之路，我们发现其重组选择比较复杂，既有支持性重组也有放弃性重组，当然还有廊坊发展的自我调整。

首先，2008年公司的控股股东海南中谊将优质的地产资产置换给公司，是属于典型的支持性重组。一方面，公司在资产保值的前提下剥离了不良资产，减少了亏损来源；另一方面，为公司寻觅了新的经营业务，提供了稳定的利润来源，是公司后续重组的一个好的开端。

其次，单纯从公司的财务来看，多年来存在着资产不实，账务作假，股权分散的问题，可见公司的困境程度已经非常高。其控股股东选择放弃性重组，其实也是有利的，可以为公司引进新股东，尽可能地减少利益相关者的损失。

最后，廊坊发展得以脱困的重要路径还是公司的自我调整方式。多年来，主营业务的变化，使公司最终确定了以商业地产等为发展方向，选择放弃了经营不善的业务，最终成功地改变公司经营不利的局面。并且制定了符合公司发展、盈利的科学方案和措施，加强了财务管理工作，通过清收各种欠款，合理使用资金，逐渐将公司的主营业务调整好，为公司又好又快地发展打下了坚实基础。

（三）对公司脱困后的业绩分析

尽管廊坊发展已经成功渡过了退市危机，但是我们不可避免地要思考到：公司的历史遗留问题已经太多，脱困之后的业绩是否能尽如人意，后续发展是否良好。接下来，本文将对廊坊发展脱困当年即2011年和脱困后第1、2年即2012年、2013年进行综合绩效评价，来寻求答案。

由附图6-6的数据我们可以发现，廊坊发展在脱困之后的后续发展能力不容乐观，恢复后的业绩状况也不佳。提高分析可知，廊坊发展的营业收入尽管在脱困后3年内都在持续上升，但是公司的净利润可谓是一路骤降的趋势，在财务困境恢复当年即2011年的净利润是正数，可见重组之后公司的业绩有着明显的改善，但是8 000万元的经营性财政补贴也起着重要影响。第2年净利润开始下降但是依然保持着正数。第3年公司的业绩显然开始恶化，净利润为-5 062.89万元。导致2013年廊坊发展的净利润为负数的主要原因是，公司资产减值损失较2012年增加了2 191.95万元、中小股东诉讼赔偿1 205.99元以及2013年新开拓的钢材贸易业务的毛利率较低。看来，廊坊发展在摘帽之后的经营仍存在着阻碍。

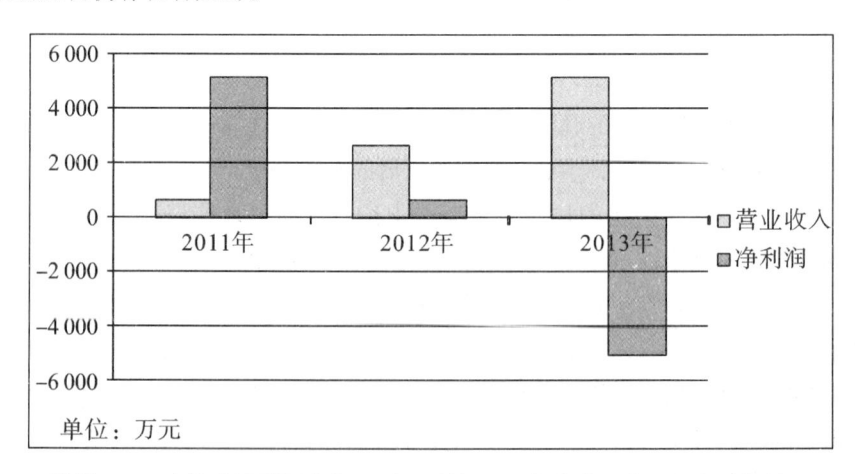

附图6-6 廊坊发展脱困当年及脱困后第1、2年的营业收入和净利润情况

仔细观察附表 6-1 中的数据，我们来综合分析一下廊坊发展脱困当年及脱困后第 1、2 年的业绩。首先，廊坊发展近 3 年的净资产收益率指标和每股收益指标均呈下降趋势，并且这两个指标都于 2013 年转为负数，造成这种现象与廊坊发展近 3 年的净利润变化有着直接关系，说明廊坊发展在脱困之后盈利能力稍有改善但该能力仍旧不强且经营不稳定。其次，廊坊发展的总资产周转率和应收账款周转率在重组前后表现出了小幅度的增长，说明公司的资产管理效率在逐渐提高。再次，廊坊发展的资产负债率在脱困后的 3 年仍然都低于 15%，该指标值有些偏低也不利于上市公司的经营。虽说资产负债率越低是说明公司的长期偿债能力越强，可是廊坊发展过低的资产负债率到底是公司经营者过于保守而对使用财务杠杆有所顾忌，还是各种客观因素难以贷款，仍需后续研究。最后，从后续发展能力来看，公司的销售增长率的变化趋势呈凸字形，最高时大约 300%，最低时不到 10%，而公司的资本保值增值率在逐年递减的同时也一直保持在 80% 以上，说明公司的成长状况不佳但资本的保全和增长状况较好。总体来看，廊坊发展在脱困之后的近三年业绩有所改善，但是大部分指标的情况略有回落，并没有彻底改善其盈利水平，公司发展后劲不强，仍需寻找更适合公司发展的经营战略。

附表 6-1 廊坊发展脱困当年及脱困后第 1、2 年的综合绩效评价指标

评价指数类别	基本指标	2011 年	2012 年	2013 年
盈利能力	净资产收益率	16.84	1.96%	-18.98%
	每股收益	0.14	0.02	-0.13
营运能力	总资产周转率（次）	0.02	1.3	1.3
	应收账款周转率（次）	1.5	3.5	4.0
偿债能力	资产负债率	11.95%	7.48%	13.65%
	流动比率（倍）	5.07	5.61	2.85
发展能力	销售增长率	9.53%	303.79%	9.46%
	资本保值增值率	119.37%	100.62%	84.05%

四、廊坊发展的后续发展

如果说之前的重组策略仅仅是为了廊坊发展能够尽快地摘星脱帽，那么在摘星脱帽之后，廊坊发展还需要进行有效的战略性重组，从真正意义上提高公

司的业绩水平，彻底摆脱亏损的困境。

2013年09月23日，廊坊发展发布公告称，经与控股股东廊坊地建设等有关各方论证和协商，本公司拟进行发行股份购买资产及配套融资的重大事项，该事项对公司构成了重大资产重组，公司以及有关各方正在全力推进本次重大资产重组的各项工作，积极完善重组预案。后为顺利推动公司重大资产重组事宜，于11月13日，公司控股股东廊坊地建设将其持有的廊坊发展5 005万股股份无偿划转给廊坊控股公司，廊坊控股公司成为公司的控股股东。截止到12月21日该重组都在积极推进。但是由于受到最新的监管政策及各种因素的综合影响，该重大资产重组条件尚不成熟，为保护全体股东利益以及维护市场稳定，公司在12月21日决定终止筹划该重组事项。

2014年2月15日，根据廊坊市财政局《关于下达2013年度市级企业上市扶持资金的通知》，廊坊发展收到扶持资金300万元，该项资金已拨付至本公司。

2015年8月12日，公司与廊坊控股公司、中国建行廊坊分行签署《委托贷款合同》。廊坊控股公司委托中国建行廊坊分行向公司发放贷款人民币1.5亿元，期限从2015年8月12日起至2017年8月11日，委托贷款的利率为年利率9%，委托贷款的计、结息方式为按季结息。公司将借款用于补充企业的流动资金。至此，廊坊控股公司持有廊坊发展5 027万股的股份，占公司总股本的13.22%。

2016年4月21日，廊坊发展被搁置的资产重组事项又重新提上了议程，目前重组工作仍在进行中。

但是截止到2015年12月31日，廊坊发展在摘星脱帽之后的一系列举动都并没有真正改善其盈利能力和业绩水平。从2013年至2015年的财务数据来看，廊坊发展仍旧存在问题。

由附图6-7至附图6-10可见，廊坊发展在近3年的资产规模稍有扩大，相比较2013年的资产总额30 891.50万元，2015年的资产扩大到了38 831.7万元，上升了将近25.7%；所有者权益于2015年下降到了20 929.1万元；净利润除了2014年是591.58万元以外，2013年和2015年都是负数，且2015年亏损高达-6 448.20；每股收益也是同净利润同方向变化，最高是0.016元/股。

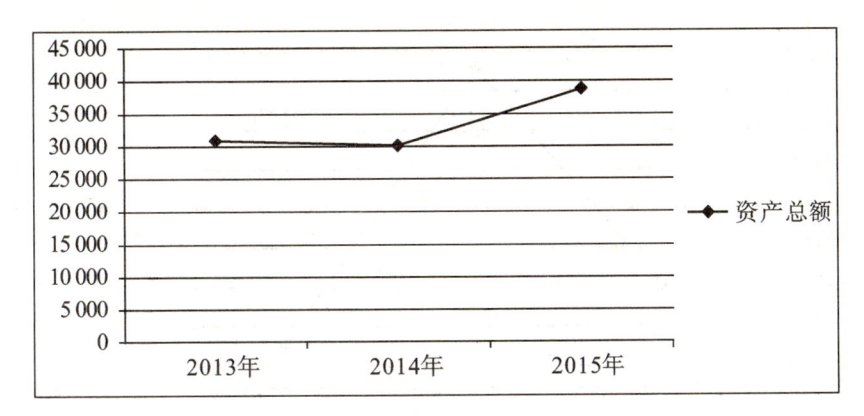

附图 6-7　廊坊发展 2013—2015 年的资产状况

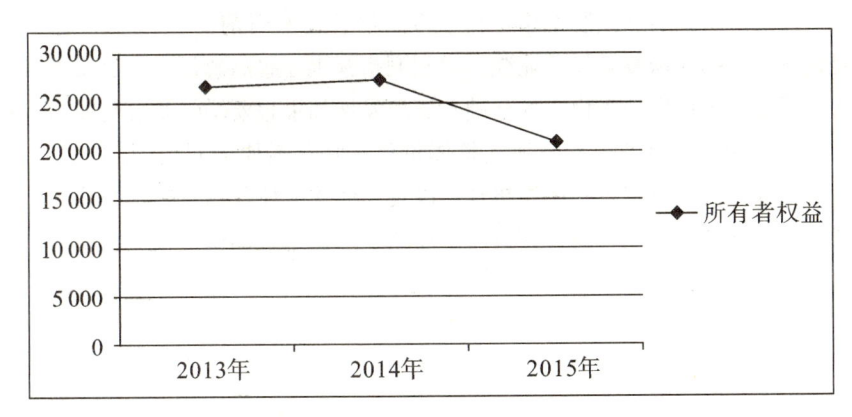

附图 6-8　廊坊发展 2013—2015 年的所有者权益状况

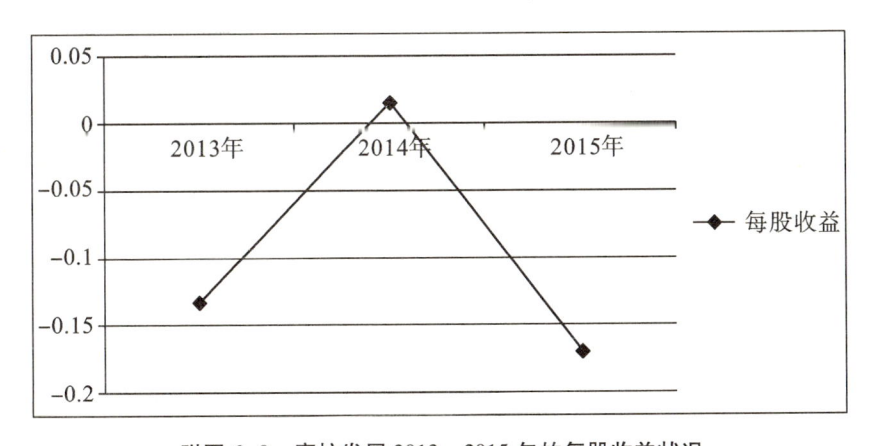

附图 6-9　廊坊发展 2013—2015 年的每股收益状况

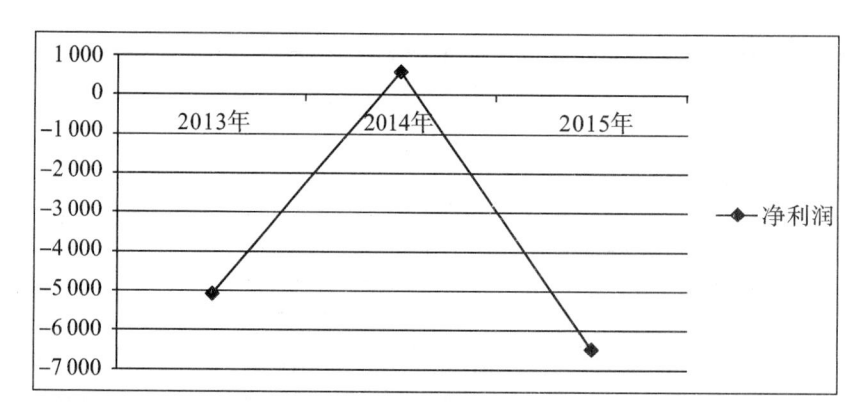

附图6-10 廊坊发展2012—2015年的净利润情况

可见，廊坊发展从摆脱退市危机至今，尽管在不断调整公司的产业结构，但是仍然没有彻底恢复其经营业绩，净利润指标也是忽高忽低，正负交替，不能为以后的发展提供一个稳定的基础。廊坊发展如果想要增强其盈利能力，提高其抗风险能力从而进一步增加其整体价值，是否需要先对公司的组织、管理、战略等方面进行有效的规划整合，以及如何才能使公司发挥其潜能，将公司的核心业务做大做强，提高其整体市场竞争力。这些都将是廊坊发展未来需要认真考虑的问题。

附录7 ＊ST天业的重组选择及脱困路径

随着各个行业的迅速发展，许多公司在激烈的竞争中逐渐败下阵来，其中不乏由于经营不善而陷入财务困境的公司，陷入财务困境的公司通常会选择企业重组摆脱财务困境。那么，陷入财务困境的公司究竟采用什么重组方式从困境中复苏？在成功脱困后发生什么变化以及经营业绩如何？这可以为其他陷入财务困境的公司在选择重组方式时提供参考。秦皇岛天业通联重工股份有限公司（以下简称"天业通联"）在2014年陷入财务困境，面临退市风险被特别处理。2015年，天业通联成功脱困，＊ST天业的成功脱困有赖于重组方式的选择。

一、公司简介

秦皇岛天业通联股份有限公司始由秦皇岛市北戴河通联路桥机械有限公司变更成立。天业通联属于专业机械制造业，产品覆盖装备制造业、氟化工、工程服务、采矿业四大板块，涉及交通工程、能源工程、采矿工程、物流工程等国家重点工程领域。主要产品包括有盾构机、非公路自卸机、架桥机、运梁车、提梁机、氟化氢等。通过企校联合、企研合作、委托开发等方式完成众多产品领域的重大技术课题，是集研发设计、制造安装、销售服务为一体的重大装备制造骨干企业。

2010年8月10日天业通联成功上市，开启了公司发展的新纪元。公司不断完善组织结构，调整战略部署，制定中长期的发展战略，力争成为"行业一流、产品一流、服务一流"的一等创新型企业。

天业通联自成立以来，股权频繁转让，历经多次转让后，2008年7月，公司以2008年5月31日为基准日、以经审计的账面净资产为基数整体变更为股份有限公司。变更后股本为12 000万元，公司于2008年7月18日办理了工商登记手续。同年12月，公司股东增资800万元，公司股本变为12 800万元。天业通联于2010年08月10日在证券交易所上市，代码为002459，实际控制人为朱新生和胡志军。由于2012年、2013年连续两年亏损，2014年3月17日，被实行"退市风险警示"特别处理。2015年4月13日，公司通过重组脱困，成功摘帽。

二、ST之路

虽然国家一直在支持制造业的发展，但由于全球经济萎缩、国内市场增速变缓、生产要素成本上升、投资增速下滑，天业通联面临的宏观环境比较严峻，所处行业处于低迷时期。尽管天业通联一直在优化自身结构，关注市场需求，增加研发投入，但自2010年上市以来，经营业绩逐年下降，形势不容乐观，逐渐走入了下坡路。见附表7-1、附图7-1：

附表7-1　　　　　　　＊ST天业主要财务数据表

年份	资产（元）	负债（元）	净资产（元）	营业收入（元）
2010年	2 124 215 038.75	798 119 148.67	1 323 636 219.33	1 094 380 380.87
2011年	2 221 580 099.19	923 655 741.87	1 242 401 748.21	999 390 057.88
2012年	2 352 306 355.19	1 119 632 308.40	927 067 785.22	493 318 048.76
2013年	1 623 306 355.19	937 746 853.36	500 797 955.92	664 192 155.27

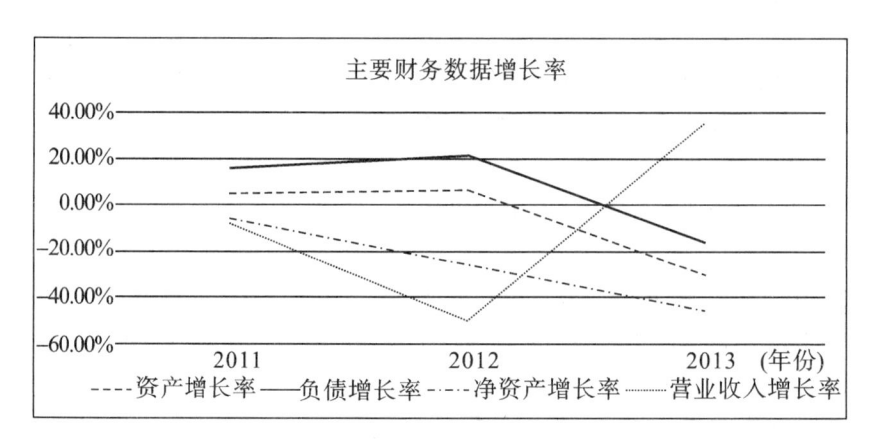

附图7-1　＊ST天业主要财务数据变动图

从2010年至2012年，＊ST天业的资产呈较平稳的低速增长趋势，资产总额从2 124 215 038.75元上升至2 352 306 355.19元，累计上升228 091 296.44元，到2013年，资产骤减至1 623 306 355.19元，下降比率高达30.99%。2013年的骤降与前两年相比，未免有些失常，这主要是由于归还到期借款和利息以及计提资产减值准备所致。总资产的大幅下降，使得公司的规模和发展能力大不如前。＊ST天业的负债相对于资产来说波动较大，2011年增长率为15.73%，2012年增长率为21.22%，这是因为企业需要增加借款来支撑企业的发展所致。负债的大幅增加，不可避免地导致财务费用的增加，为企业带来更多的负担。由于归还到期借款，*ST 天业 2013 年的负债下降了 16.25%。企业的负债增长速度高于总资产的增长速度，企业的所有者权益占总资产比率逐年减少。从附表 7-1 中可以看出，公司归属于上市公司股东的净资产逐年降低，由 2010 年的 1 323 636 219.33 元下降至 2013 年的 500 797 955.92 元，下降比率更是由 25.38% 上升至 45.98%，其中一部分原因是所有者权益的减少，另一部分原因是企业出售其子公司股权所致。由于产品市场需求下降，公司的营业收入在 2010 年至 2012 年大幅下降，2010 年营业收入为 1 094 380 380.87 元，2012 年下降至 664 192 155.27 元，2012 年的下降比率更是高达 50.64%。2013 年出现回缓，营业收入上升至 664 192 155.27 元，这是由于 2012 年的部分收入于 2013 年确认。从整体上来说，企业的营业收入在这四年中减少数额巨大，企业的创收能力逐渐步入低谷。

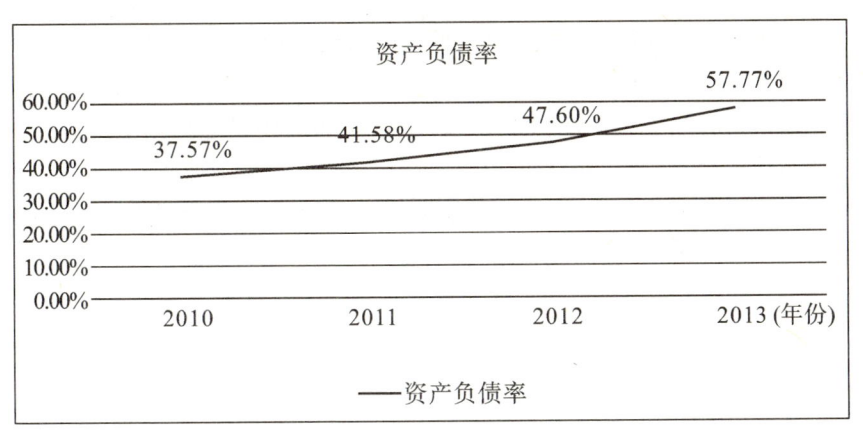

附图 7-2 *ST 天业重组前资产负债率

从附图 7-2 可以看出，*ST 天业的资产负债率呈逐年上升趋势。2010 年资产负债率为 37.57%，2011 年上升 4% 左右，2012 年上升 6% 左右，2013 年时，资产负债率上升 10%，达到了 57.77%。就往年情况来看，*ST 天业对负债的依赖性逐渐加强，相对而言，股东权益比率便呈逐年减少趋势。公司资产负债率的逐年增加势必会造成企业偿债能力减弱，若照此趋势发展，公司的财务风险会使得公司的债务偿还失去保障。就行业平均水平而言，专业机械制造行业这几年资产负债率来比较稳定，几乎每年都在 46% 左右。如此看来，企业 2010 年、2011 年资产负债率相对较低，对企业的发展信心不足，利用债权人资本进行经营的能力较差，2012 年与行业平均水平相当，资产负债率比较合理。然而，2013 年的资产负债率远远超于行业平均水平，就公司不乐观的发展状况而言，大量举债是由于公司难以支撑企业的发展，股东投入逐年降低，只得靠负债来维持企业前行。见附图7-3：

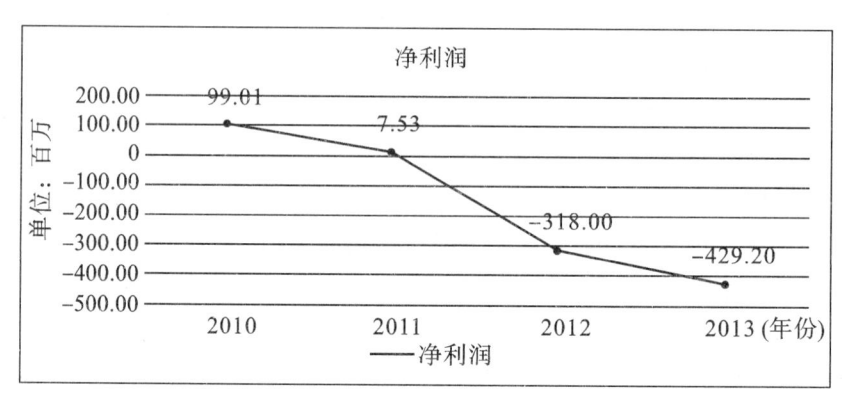

附图7-3 *ST天业重组前净利润

从附图7-3可以看出，*ST天业的净利润从2010年至2013年大幅下降，2010年净利润为99 013 782.83元，2011年骤降至7 530 346.99元，扣除非经常性损后净利润为-5 639 850.02元。2012年与2013年更是连续两年亏损，两年亏损累计额七亿多元。虽然较2012年相比，2013年营业收入有所上升，但净利润反减不增，部分原因是由于意大利子公司SELI因经营不善已经提请破产，*ST天业全额计提其对子公司长期股权投资为资产减值损失。此外，主营业务盈利能力下降也是出现亏损的重要原因，从2011年扣除非常性损失净利润为负值时，就可以看出，企业的主营业务盈利状况出现问题，在连续两年的亏损后，这一现象更显著地凸显出来。近几年来，其主营产品的市场需求量减少，部分传统机械开始逐渐失去市场，被新产品取代。*ST天业的主营业务之一，铁路桥梁施工起重运输设备，占业务比重近70%，随着相关矿山等业务的急剧下滑，该业务出现严重萎缩现象。主营业务缺乏市场，研发实力跟不上社会的发展，企业盈利能力必然出现问题。

如附图7-4所示，2010年至2012年期间，*ST天业毛利率急剧下降，2010年时，*ST天业的毛利率为28.65%，2011年下降了5%左右，降至23.72%，在2012年毛利率却骤降至4.10%，下降比率高达19%。这几年来，*ST天业的主营业务盈利能力逐年下降，在2012年时，其主营业务盈利能力更是出现严重问题。虽然2013年有些许回升，但毛利率与刚上市时相比，仍是天差之别。近几年来，工程机械类制造业平均毛利率有所下降，但下降幅度较小。*ST天业2012年、2013年的毛利率水平远远低于行业平均水平。究其根源，主要在于主营业务逐渐落伍，市场需求下降，而同行业的竞争又日益激烈。在多重困境的夹击下，公司主营业务难以盈利，新产品的开发需要一定的时间，造成了*ST天业盈利水平低下的局面。公司急需加大研发力度，开发新型产品，使企业在优胜劣汰的市场中稳住一席之地。

附图 7-4 *ST天业重组前毛利率

通过以上分析可以发现，*ST天业刚上市时，发展能力相对较好，但从2012年开始，走向了下坡路，企业规模开始出现萎缩。从2010年开始，企业的偿债能力每况愈下，财务负担逐渐加重。由于主营业务市场需求下降，公司盈利能力大幅下降，2012年与2013年更是出现巨额亏损。根据《深圳证券交易所股票上市规则》的相关规定，由于天业通联2012年度、2013年度连续两个会计年度经审计的净利润为负值，深圳证券交易所2014年3月17日对公司股票交易实行"退市风险警示"的特别处理，股票交易的日涨跌幅限制为5%，股票简称由"天业通联"改名为"*ST天业"。

三、重组脱困方式

一般情况下，公司在面临财务危机时会进行公司重组，大多数公司在重组后能够成功脱困，重新步入资本市场的舞台。公司在重组过程中，往往会发生一系列的变化，比如企业的主营业务、股权结构等。公司在重组时，往往会根据公司自身的情况选择适当的重组方式，来解决公司出现的财务问题，以扭转当前的局面。2014年度，*ST天业在陷入财务困境时，利用内外部资源，对公司进行了重组，使公司成功扭亏为盈。

（一）重组方式

通常，ST公司的重组行为包括三类：自我重整性重组、支持性重组、放弃性重组。自我重整性重组是指通过提高公司自身的管理效率以及整合业务的方式来应对困境的一种重组行为；支持性重组是指 ST 公司在股东支持下发生的各种资产重组，包括兼并收购、债务重组、资产剥离、资产置换、非控制权转移的股权转让；放弃式重组是指控股股东将所掌握的 ST 公司的控制权进行转让，由新的股东来控制该公司，并帮助其尽快脱困，其实质是控制权转移的一种股权转让重组方式。公司具体选择哪种重组方式脱困，应当基于公司的自身情况，选择合适的方式重组。重组方式的选择，在一定程度上会对企业的后续业绩产生影响，所以公司会慎重选择重组方式。通常情况下，财务困境较轻的公司会选择自我重整性重组，财务困境状况较严重的公司会选择放弃性重组。

*ST 天业选择的是放弃性重组，*ST 天业通过非公开发行股票来募集资金，使公司的控股股东发生改变，公司控制权转移，通过新股东的力量来帮助公司脱困。受宏观经济形势的影响，尤其是铁路建设投资的放缓，近年来天业通联高铁建设相关业务受到较大不利影响。天业通联近三年内高铁建设相关业务规模及比例大幅下滑，从而导致公司营业收入规模下滑幅度较大，天业通联 2012 年度与 2013 年均处于亏损状态。天业通联需要通过资本市场融资，解决自身财务困难，优化自身资本结构，提高运营能力，为未来实现盈利打下基础。华建兴业投资有限公司以大宗交易的方式买进股票，由天业通联向华建盈富非公开发行普通股股票，华建盈富认购天业通联的股票。本次发行后，华建盈富成为天业通联的控股股东，公司控制权发生转移。

（二）重组过程

2014 年度，*ST 天业坚持以市场为导向，充分利用内外部资源，加强生产管理，提升生产工艺、产品质量水平，在全体员工的共同努力下，公司经受严峻考验，克服了资金短缺等诸多不利因素，保证了平稳运行，实现了扭亏为盈的目标。其重组主要包括优化财务结构、加大研发力度、提高盈利能力三方面。

1. 优化财务结构，降低营运成本

2014 年 12 月，公司通过非公开发行 A 股股票募集资金总额近 10 亿元，致使公司资产负债率大幅下降，资本结构得到优化，财务费用大幅降低，提高公司抗风险能力及财务稳定性。天业通联经中国证券监督管理委员会《关于核准秦皇岛天业通联重工股份有限公司非公开发行股票的批复》核准，非公开发行人民币普通股 166 389 351 股，每股面值 1 元，发行价格为人民币 6.01 元/股，募集资金总额为人民币 999 999 999.51 元，扣除发行费用人民币 12 176 947.96 元后，实际募集资金净额为人民币 987 823 051.55 元。本次募集资金不超过10亿元,扣除发行费用后将全部用于偿还公司借款及补充流动资金。本次非公开发行募集资金到位前,公司可能根据债务偿还的需要自筹资金偿还部分债务,待募集资金到位后予以置换。本次股票募集后,公司总资产为1 749 884 355.90元,负债为235 669 913.63,资产负债率为13.47%。与以前年度相比,*ST天业的负债总额大幅下降,减少了财务费用,资产负债率也下降许多,公司财务负担减轻,抗风险能力提高。

2. 加大产品研发力度

2014年度,公司中小企业技术中心通过河北省发展和改革委员会评价;公司通过河北省科技厅等部门认定被评为高新技术企业;公司通过河北省科技厅认定被评为河北省科技型中小企业;公司承担的河北省科技计划项目"TTSJ900型隧道内外通用架桥机组的研制与应用"通过河北省科技厅验收。截至2014年年末,公司共拥有84项国家专利,其中2014年度获得授权专利7项,另有17项专利申请已获得受理。

3. 采取多种举措,提高盈利能力

(1) 债务重组。2013年10月12日,河北省秦皇岛中级人民法院判决*ST天业子公司北京华遂通掘进设备有限公司应支付秦皇岛秦冶重工有限公司盾构机加工费10 391 705.00元及利息,案件受理费、反诉讼非103 820.00元由华遂通承担;2013年9月26日,秦冶重工起诉至河北省秦皇岛市中级人民法院,要求支付除盾构机之外的备件加工费欠款17 090 068.40元及利息2 000 000.00元,合计19 090 068 40元,该起诉未经法院判决。上诉两项合计29 585 593 40元,秦冶重工未交付的盾构机零部件等价值约3 620 000.00元,实际应付欠款25 965 593.40元。因存在双方友好协商的基础,华遂通未将秦冶重工主张的利息2 000 000.00元预计入账,华遂通账面按不含税金额暂估材料及加工费20 476 246.50元,2014年经双方友好协商,华遂通支付16 000 000.00元后双方往来账结清,在华遂通支付货款的同时秦冶重工开具销售发票,款项已按协议约定支付,应支付货款16 000 000.00元,扣除进项税后13 675 213.64元与账面20 476 246.50元的差额计入债务重组利得。其他债务利得23 368 326.63元,系根据与供应商达成的协议,公司获得的债务减免,共涉及400余家。

(2) 加大应收账款管理。*ST天业对应收账款客户欠款情况进行全面梳理,针对客户及欠款原因制定解决方案,减少坏账损失。2013年*ST天业应收账款为359 708 597.46元,坏账准备为52 759 699.49元;2014年*ST天业应收账款为327 380 828.81元,坏账准备为30 905 873.75元。经过一年的优化管理，企业的应收账款下降三千多万元，坏账准备下降两千多万元。公司在这一年中，加大了对应收账款的回收力度，使企业的营运能力有所增强。

（3）优化子公司结构。2014年，转让了敖汉银亿矿业有限公司的部分股权和意大利Eden公司的全部股权，优化股权投资结构。公司于2014年12月8日与北京新华联产业投资有限公司签署股权转让协议，转让公司所持敖汉银亿矿业有限公司75%股权中的60%，转让价格为5 508万元。暗含亿元正在办理的内蒙古自治区敖汉旗小四家矿区硅石矿，内蒙古自治区敖汉旗得力胡同矿区硅石矿，内蒙古自治区敖汉旗罗洛营子矿区硅石矿，由于三个矿的采矿权证未办理完毕，因此评估时未考虑，由双方协商作价，三个矿的采矿证目前已完成编制，等待评审备案，北京华联产业投资有限公司对此项正在办理的采矿权向公司支付1 200万元转让款，公司转让该股权在合并报表层面形成股权转让收益66 167 188.76元。

2014年10月25日，公司将持有的EDEN公司51%的股权转让给全资子公司秦皇岛森诺科技有限公司，于意大利时间2014年12月1日在当地完成了Eden公司股权转让变更手续。2014年12月23日，公司与恒基伟业投资发展有限公司签署股权转让协议，转让公司所持森诺科100%股权，转让价格1 500万元。森诺科技是为控股EDEN公司而于2014年10月17日专门设立的管理型持股公司，本次转让森诺亚科技股权实质是转让EDEN公司的股权，公司转让该股权在合并报表层面形成股权转让损失12 847 338.35元。

ST经过一系列重组措施后，公司2014年度实现营业收入63 038.34万元，实现归属于上市公司股东的净利润为2 629.96万元，其中非流动资产处置损益为5 446.54万元，债务重组利得为3 016.94万元，主要因子公司北京华隧通债务重组、其他债务重组所致。归属于上市公司股东的净资产为151 900.49万元。据此审计结果，表明了公司最近两年连续亏损的情形已经消除。因此，公司股票交易的退市风险警示情形得以消除。经核查，公司也不存在其他涉及退市风险警示及其他风险警示的情形，公司符合申请撤销退市风险警示的条件。经公司第三届董事会第十二次会议审议通过，公司已向深圳证券交易所提出撤销股票交易退市风险警示的申请。

（二）重组后的变化

＊ST天业在撤销退市风险警示后的证券简称由"＊ST天业"变更为"天业通联"；证券代码不变，仍为"002459"；股票交易的日涨跌幅限制由"5%"变为"10%"。重组之后，公司主营业务并未改变，大股东由朱新生和胡志军变为了何志平。天业通联刚上市时，股东朱新生和胡志军共持有发行人

股份 50 527 114 股，占发行前股本总额的 39.48%。朱新生和胡志军通过一致行动成了天业通联的实际控制人。从公司上市以来，公司多次发行新股，募集资金，股权结构也随之发生变化，大股东朱新生和胡志军的股权被稀释。截至*ST天业在被新的大股东何志平收购前，朱新生持有公司 12.24% 股权，胡志军持有公司 7.41% 股权，华建兴业持有公司 14.42% 股权，其他股东共计持有公司 66.22% 股权，朱新生与胡志军通过一致行动持有 19.65% 的股权，成为公司的控股人。股权结构如附图 7-5 所示：

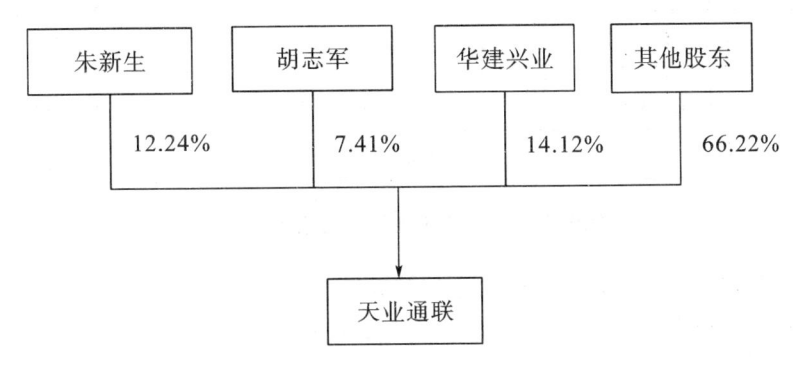

```
  ┌─────┐  ┌─────┐  ┌──────┐  ┌──────┐
  │朱新生│  │胡志军│  │华建兴业│  │其他股东│
  └──┬──┘  └──┬──┘  └──┬───┘  └──┬───┘
   12.24%   7.41%   14.12%    66.22%
      │       │       │         │
      └───────┴───┬───┴─────────┘
                 ▼
             ┌──────┐
             │天业通联│
             └──────┘
```

附图 7-5　*ST 天业重组前股权结构图

何志平一直看好天业通联的发展前景，在本次收购前，已通过其控制的华建兴业投资有限公司以大宗交易的方式买进股票，使华建兴业投资有限公司成为公司的第一大股东。目前，天业通联经营亏损主要是受温州动车事故后国家对铁路的投资规模下滑导致公司主营的铁路桥梁运架提产品市场需求锐减的影响。2014 年将是我国铁路建设复苏的一年，中国铁路总公司预计全年铁路固定资产投资目标为 8 000 亿元，何志平看好铁路桥梁运架提产品市场的复苏，同时认同天业通联正在推进的向盾构机、非公路自卸车等领域转型以实现"适度多元"的业务发展思路，认为通过认购天业通联本次非公开发行的股份从而取得控股地位，有助于天业通联改善财务状况，提高其承接大额订单的能力，逐步恢复并提升其盈利能力和市场竞争能力，更好地回报全体股东，有效促进天业通联的良性发展，同时实现自身股东权益的保值增值。

天业通联于 2014 年 12 月向华建盈富、中铁信托和国泰君安合计发行 166 389 351 股。发行完成后，华建盈富持有天业通联 36.39% 的股份，成为天业通联的控股股东。原股东华建兴业持股比例稀释为 8.08%，华建盈富与华建兴业的实际控制人均为何志平，因此何志平通过华建兴业及华建盈富间接持股比例合计为 44.47%，成为天业通联新的实际控制人。天业通联原控股股东、实际控制人朱新生和胡志军已不再是天业通联的实际控制人。截止到2014年12月31日，何志平持有天业通联44.47%股权。天业通联与实际控制人之间的产权及控制关系如附图7-6所示。

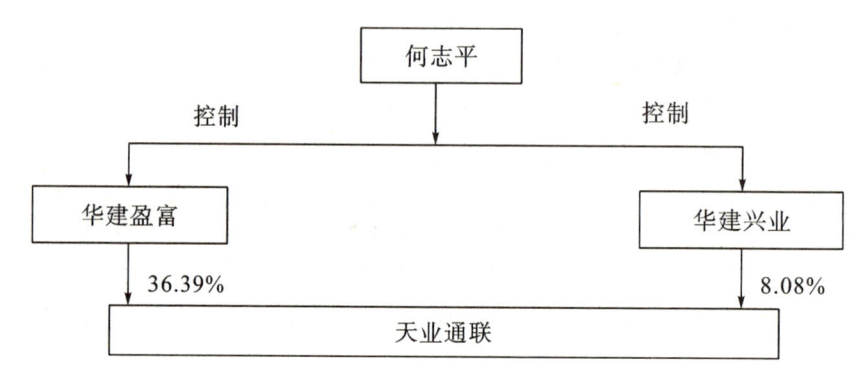

附图7-6 *ST天业重组后股权结构图

在公司完成重组后，*ST天业的控股股东至今为止未发生变化，也从未减持股份，仅中小股东略有变动。可见，控股股东对*ST天业的未来发展寄予深厚的期望。*ST天业的成功脱困有赖于其重组方式的选择。在公司面临困境时，公司大量募集资金，冲淡原有大股东股权，控股股东最终变为对公司抱有信心的何志平，这在一定意义上促进了公司发展，使公司在2015年度成功脱困。

四、脱困后业绩

*ST天业于2015年4月13起撤销退市风险警示，那么在此之后，*ST天业的业绩如何？据*ST天业的财务报表显示，*ST天业2014年总资产为1 749 884 355.90元，负债为235 669 913.63元；在重组后的2015年公司的资产下降为1 352 841 542.27元，负债下降为138 219 598.73元，公司所有者权益有所下降，归属于上市股东的净资产也随之下降。可见，在重组后的这一年，公司的规模有些萎缩。*ST天业2014年营业收入为630 383 386.14元，2015年企业的营业收入为322 324 822.71元，与上年相比下降了48.87%，企业的创收能力大幅下降，主要是由于其主营业务之一盾构机未实现销售收入，与去年相比较少了三千万，以及非公路自卸车实现的销售收入比去年下降40.83%。受全球矿山车市场延续需求大幅下滑和行业竞争激烈的影响导致经营环境发生重大变化。截至2015年与矿山车业务相关的实物资产可回收金

额远远低于账面价值，造成巨额的资产减值损失，资产减值损失总额达两千多万元，这对公司的利润造成了重大影响。2015 年，*ST 天业亏损额达 321 891 912.90 元，大量存货积压造成了公司的严重亏损。见附表 7-2：

附表 7-2　　　　　　*ST 天业重组后主要财务数据表

年份	资产(元)	负债(元)	净资产(元)	营业收入(元)	净利润(元)
2014	1 749 884 355.90	235 669 913.63	1 519 004 899.48	630 383 386.14	26 299 646.35
2015	1 352 841 542.27	138 219 598.73	1 214 621 943.54	322 324 822.71	-321 891 912.90

如附图 7-7 所示，*ST 天业在重组后资产负债率整体上呈下降趋势，在这一年多的时间中，公司的资产负债率由 14.47% 下降至 8.46%。公司的资产负债率在重组前远远高于行业平均水平，如今，专设设备制造业的平均资产负债率并未发生较大变化，而*ST 天业的资产负债率已经降至 8.46%。与之前的偿债能力较差相比，*ST 天业的偿债能力良好。但是，*ST 天业的资产负债率早在 2014 年时已经远远低于行业平均水平，这几年更是拉大了差距。公司较少借用资金，表明公司利用债权人资本进行经营活动的能力较差。随着资产负债率的不断降低，这种能力也随之降低，企业的保守经营方式使企业的规模逐渐缩小，影响到了企业的发展。

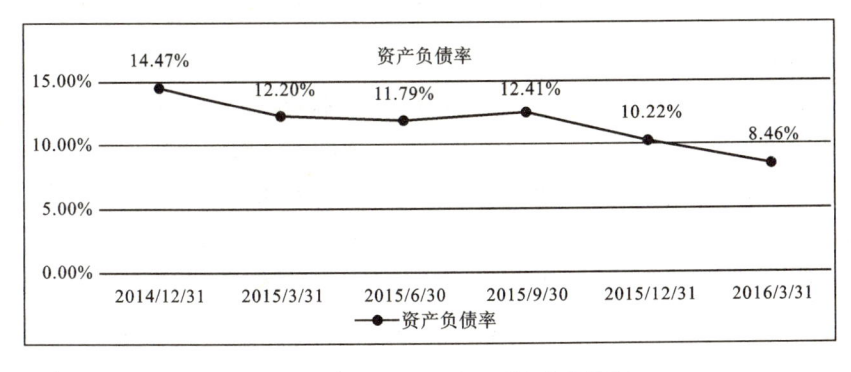

附图 7-7　*ST 天业重组后资产负债率

*ST 天业的毛利率于 2012 年出现 4% 的极低值，2013 年有所回缓，2014 年达到 17.23%。相较于前两年，公司的毛利率有了很大的提升，但是在随后的一年多时间内，*ST 天业的毛利率又开始出现下滑趋势，下降至 10.88%，2016 年第一季度有所回升。纵观这一年多的毛利率水平，除了 2015 年第三季度和第四季度出现大幅度下滑外，其他时间相对稳定，维持在 17% 左右。毛利

率主要反映的是公司主营业务盈利状况，可以看出，相较于重组前而言，*ST天业主营业务盈利水平有了很大提升，获取利润能力增强。但就其重组后的状况而言，主营业务盈利水平并不乐观，2015年的大幅下降反映了其主营业务获取利润能力仍存在问题。见附图7-8：

附图7-8 *ST天业重组后毛利率

如附图7-9所示，*ST天业的净资产收益率在重组前呈逐渐下降趋势。2011年*ST天业的净资产收益率为0.61%，公司2012年出现亏损，净资产收益率大幅下降，下降至-34.30%，由于2013年持续亏损以及净资产大幅下降，*ST天业净资产收益率下降至-85.70%。说明公司在重组前盈利能力出现严重问题。在进行重组的2014年，公司的净资产收益率回升至1.73%，此次回升很大一部分原因是债务重组以及非经常性活动带来的经济利益，使公司在2014年的净利润出现正值，并不能代表公司的盈利能力有所提高。在随后的2015年存由于货积压，计提近两亿元的资产减值损失导致公司出现严重亏损，公司的净资产收益率再次出现负值。可以看出，公司在重组后盈利能力并没有增强。通过与行业的平均水平对比可以发现，行业的平均净资产收益率呈逐年下降趋势，但坡度较小，表明整个行业近几年来的盈利能力处于下滑状态。虽然如此，但是该行业这几年的净资产收益率最低值为6.74%，远远高于*ST天业。此外，*ST天业每年的净资产收益率均低于行业平均值，表明公司盈利能力的下滑最主要的原因不在于行业整体，而是*ST天业本身，包括其产品的市场需求，获利能力以及公司管理层决策、分析能力。

净资产收益率

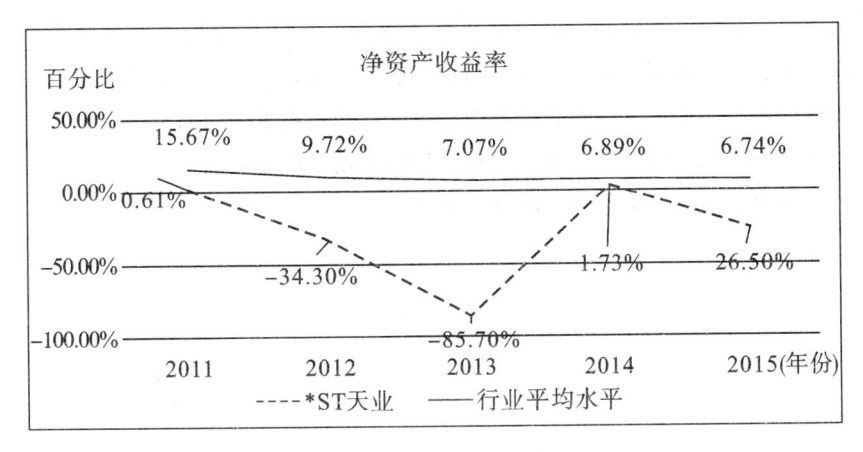

年份	2011	2012	2013	2014	2015
行业平均水平	15.67%	9.72%	7.07%	6.89%	6.74%
*ST天业	0.61%	-34.30%	-85.70%	1.73%	-26.50%

附图 7-9 *ST 天业净资产收益率

由附图 7-10 可以看出，随着净利润的波动，公司的历年来的每股收益也随之波动。只有在 2011 年与 2015 年时，*ST 天业每股收益出现正值，其他年份 *ST 天业的每股收益均为负值。尽管 2014 年每股收益出现正值，但是大量非经常性损益只能暂时地增加每股收益，2015 年公司的每股收益继续出现负值，可见，无论是重组前还是重组后，公司股东的回报并没有很丰厚，甚至是处于股东财富减少的状态下。

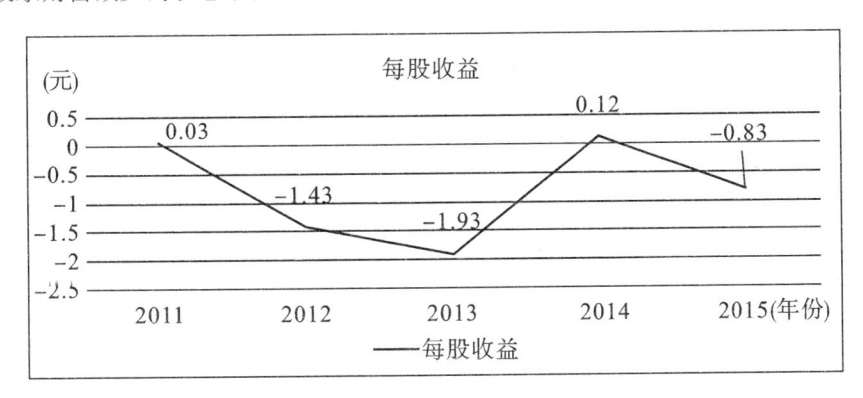

每股收益

年份	2011	2012	2013	2014	2015
每股收益	0.03	-1.43	-1.93	0.12	-0.83

附图 7-10 *ST 天业每股收益

通过以上分析可以发现，虽然 *ST 天业经过公司重组，使公司成功摘帽，但是，*ST 天业经营状况依旧不容乐观。公司的成功脱困有赖于债务重组利得以及非经常经营活动损益，这种获利是不长久的，不能反映企业的长久状况。*ST 在摘帽后的一年内便反映出此种盈利模式的弊端，公司规模持续下降，经营业绩止步不前，盈利水平再次出现问题。*ST 天业的此次重组只能说是暂时的脱困，并没有使公司真正脱离困境。*ST 天业财务困境并不只是注入大量资金所能解决的，其根本问题在于主营业务。主营业务难以盈利以及缺乏市场需求，造成大量产品的积压，这一问题拖累了公司的发展。公司应当致力于对新产品的研发，以及加强对获利能力较强产品的投资，从公司自身着手，进行业务整合，从根本上解决公司的问题。

参考文献

[1] Altman, E. Financial ratios, discriminate analysis and prediction of corporate bankruptcy [J]. The Journal of Finance, 1968, 23 (4): 589-609.

[2] Aharony, J., Jones, C. An analysis of risk and return characteristics of corporate bankruptcy using capital market data [J]. The Journal of Finance, 1980, 35 (4): 1001-1016.

[3] Frydman H., Altman E., Kao D. Introducing recursive partitioning for financial classification: the case of financial distress [J]. The Journal of Finance, 1985, 40 (1): 269-291.

[4] Harlan D. Platt, Marjorie B. Platt, Jon Gunnar Pedersen, Bankruptcy discrimination with real variables [J]. Journal of Business Finance & Accounting, 1994, 21 (4): 491-510.

[5] Altman, E. Corporate financial distress and bankruptcy: a complete guide to predicting & avoiding distress and profiting from bankruptcy [M]. New York: John Wiley & Sons, 1993: 384.

[6] Chatterjee, S., Dhillon, U., Ramirez, G. Resolution of financial distress: debt restructurings via chapter 11 prepackaged bankruptcies and workouts [J]. Financial Management, 1996, 25 (1): 5-18.

[7] Cecilia W. Bankruptcy Prediction: the case of the CLECS, American Journal of Business [J]. 2003, 18 (1): 71-82.

[8] Wruck, K. Financial distress, reorganization, and organizational efficiency [J]. Journal of Financial Economics, 1990, 27 (2): 419-444.

[9] Datta, S., Datta, M. Reorganization and financial distress: an empirical investigation [J]. Journal of Financial Research, 1995, 18, (1): 89-108.

[10] Ward, T., Foster, B. A note on selecting a response measure for financial

distress [J]. Journal of Business Finance & Accounting, 1997, 24 (6): 869-879.

[11] Rose, S., Westerfield, R., Jaffe, J. Corporate finance (2nd ed) [M]. Homewood, IL. Irwin, 1990: 420-424.

[12] Turetsky, H., McEwen, R. An empirical investigation of firm longevity: a model of the exante predictors of financial distress [J]. Review of Quantitative Finance and Accounting, 2001, 16 (4): 323-343.

[13] Deakin, E. A discriminant analysis of predictors of business failure [J]. Journal of Accounting Research, 1972, 10 (1): 167-179.

[14] Blum, M. Failing company discriminant analysis [J]. Journal of Accounting Research, 1974, 12 (1): 1-25.

[15] Barker, V., Patterson, P., Mueller, G. Organizational causes and strategic consequences of the extent of top management team replacement during turnaround attempts [J]. Journal of Management Studies, 2001, 38, (2): 235-270.

[16] Zmijewski, M. Methodological issues related to the estimation of financial distress prediction models' [J]. Journal of Accounting Research, 1984, 22 (Supplement): 59-82.

[17] Crapp, H. Stevenson, M. Development of a method to assess the relevant variables and the probability of financial distress [J]. Australian Journal of Management, 1987, 12 (2): 221-236.

[18] Chalos, P. Financial distress: a comparative study of individual, model and Committee Assessments [J]. Journal of Accounting Research, 1985, 23 (2): 527-543.

[19] DeAngelo, H. Dividend policy and financial distress: an empirical investigation of troubled NYSE firms [J]. The Journal of Finance, 1990, 45, (5): 1415-1431.

[20] Hill, N., Perry, S., Andes, S. Evaluating firms in financial distress: an event history analysis [J]. Journal of Applied Business Research, 1996, 12 (3): 60-71.

[21] Kahya, E., Theodossiou, P. Predicting corporate financial distress: A time-series cusum methodology [J]. Review of Quantitative Finance and Accouting, 1996, 13 (4): 323-345.

[22] Platt, H., Platt, M. Predicting corporate financial distress: reflections on choice-based sample bias [J]. Journal of Economics and Finance, 2002, 26 (2):

184-199.

[23] Altman, E., Haldeman, R. and Narayanan, P. Zeta analysis: a new model to identify bankruptcy risk of corporations [J]. Journal of Banking & Finance, 1977, 1 (1): 29-54.

[24] Shrieves, R. E., Stevens, D. L. Bankruptcy avoidance as a motive for merger [J]. Journal of Financial and Quantitative Analysis, 1979, 14 (3): 501-515.

[25] Taffler, R. J. The assessment of company solvency and performance using a statistical [J]. Accounting and Business Research, 1983, 13 (52): 295-308.

[26] Sudarsanam, S., Lai, J. Corporate financial distress and turnaround strategies: an empirical analysis [J]. British Journal of Management, 2001, 12 (3): 183-199.

[27] Amy Hing-Ling Lau. A five-state financial distress prediction model [J]. Journal of Accounting Research, 1987, 25 (1): 127-138.

[28] Morris, R. Early warning indicators of corporate failure: a critical review of previous research and further empirical evidence [M]. United Kingdom: Ashgate Publishing Limited, 1997: 438.

[29] Jones, S. Hensher, D. Predicting firm financial distress: a mixed logit model [J]. The Accounting Review, 2004, 79 (4): 1011-1038.

[30] Hong, S. The outcome of bankruptcy: model and empirical test [R]. University of California, Berkeley, 1984.

[31] Robbins, D., Pearce, J. Turnaround: retrenchment and recovery [J]. Strategic Management Journal, 1992, 13 (4): 287-309.

[32] Shleifer, A., Vishny, R. Large shareholders and corporate control [J]. Journal of Political Economy, 1986, 94 (3): 461-488.

[33] La Porta, R., Lopez-de-Silane, F., Shleifer, A., Vishny, R. Law and finance [J]. Journal of Political Economy, 1998, 106 (6): 1113-1155.

[34] Ming, J., Wong, T. J. Earnings management and tunneling through related party transactions: evidence from Chinese corporate groups [C]. EFA 2003 Annual Conference Paper, No. 549, June 2003.

[35] Jianping, D., Jie, G., Jia, H. A dark side of privatization: creation of large shareholders and expropriation [R]. Chinese University of Hong Kong, January 2006.

[36] Johnson, S., La Porta, R., Lopez-d-Silanes, F., Shleifer, A. Tunneling [J]. American Economic Review, 2000, 90 (2): 22-27.

[37] La Porta, R., Lopez-de-Silane, F., Shleifer, A. Corporate ownership around the world [J]. Journal of Finance, 1999, 54 (2): 471-517.

[38] Friedman, E., Johnson, T., Mittton. Propping and tunneling [J]. Journal of Comparative Economics, 2003, (31): 732-750.

[39] Johnson, S., Boone, P., Breach, A. and Friedman, E. Corporate governance in the Asian financial crisis [J]. Journal of Financial Economics, 2000, 58 (1): 141-186.

[40] Modigliani, F., Miller, M. The cost of capital, corporation finance, and the theory of investment [J]. American Economic Review, June, 1958, 48 (3): 261-297.

[41] Baxter, N. D. Leverage risk of ruin and the cost of capital [J]. The Journal of Finance, 1967, 22 (3): 395-403.

[42] Ho, T., Saunders, A. The determinants of bank interest margins: theory and empirical evidence [J]. Journal of Financial and Quantitative Analyses, 1981, 16 (4): 581-600.

[43] Jensen, M., Meckling, W. Theory of the firm: managerial behavior, agency costs and ownership structure [J]. Journal of Finance Economics, 1976, 3 (4): 305-360.

[44] Altman, E., Haldeman, R. Corporate credit-scoring models: approaches and tests for successful implementation [J]. Journal of Commercial Lending, 1995, 77 (9): 273-311.

[45] Dodd, P., Richard, R. Tender offers and stockholder returns: an empirical analysis [J]. Journal of Financial Economics, 1977, 5 (3): 351-373.

[46] John K., Lang H. P., Netter J. The voluntary restructuring of large firms In response to performance decline [J]. The Journal of Finance, 1992, 47 (3): 891-917.

[47] Ofek, E. Capital structure and firm response to poor performance: An empirical analysis [J]. Journal of Financial Economics, 1993, 34 (1): 3-30.

[48] Kang, J. K., Shivdasani, A. Corporate restructuring during performance declines in Japan [J]. Journal of Financial Economics, 1997, 46 (1): 29-65.

[49] Denis, D. J., Kruse, T. A. Managerial discipline and corporate restructu-

ring following performance declines [J]. Journal of Financial Economics, 2000, 55 (3): 391-424.

[50] Winnie, P. Q., John, K. C., Zhishu, Y. Tunneling or propping: evidence from connected transactions in China [J]. Journal of Corporate Finance, 2011, 17 (2): 306-325.

[51] Kow, G. Turning around business performance [J]. Journal of Change Management, 2004, 4 (4): 281-296.

[52] Clapham, S., Schwenk, C., Caldwell, C. CEO perceptions and corporate turnaround [J]. Journal of Change Management, 2005, 5 (4): 407-428.

[53] Franks, J. R., Harris, R. S. Shareholder wealth effects of corporate takeovers: The U. K. experience 1955—1985 [J]. Journal of Financial Economics, 1989, 23 (2): 225-249.

[54] James, R., David, G. Financial distress, reorganization and corporate performance [J]. Accounting and Finance, 2000, 40 (3): 233-259.

[55] Laitinen, E. K. Effect of reorganization actions on the financial performance of small entrepreneurial distressed firms [J]. Journal of Accounting & Organizational Change, 2005, 7 (1): 57-95.

[56] Bushee, B. J. The Influence of institutional investors on myopic R&D investment behavior [J]. The Accounting Review, 1998, 73 (3): 305-333.

[57] Guercio, D., Seery, L., Woidtke, T. Do boards pay attention when institutional investor activists "just vote no"? [J]. Journal of Financial Economics, 2008, 90 (1): 84-103.

[58] Chaganti, R., Mahajan, V., Sharma, S. Corporate board size, composition and Corporate failure in retailing industry [J]. Journal of Management Studies, 1985, 22 (4): 400-417.

[59] William, O. Political dynamics and the circulation of power: CEO succession in U. S. industrial corporations, 1960-1990 [J]. Administrative Science Quarterly, 1994, 39 (2): 285-312.

[60] Lipton, M., Lorsch, J. A modest proposal for improved corporate governance [J]. Business Lawyer, 1992, 48 (1): 59-77.

[61] Eisenberg, T., Sundgren, S., Martin, T. Larger board size and decreasing firm value in small firms [J]. Journal of Financial Economics, 1998, 48 (9): 35-54.

[62] Baysinger, B. D., Butler, H. N. Corporate governance and the board of directors: performance effects of changes in board composition [J]. Journal of Law, Economics & Organization, 1985, 1 (1): 101-124.

[63] Agrawal, A. Charles, R. 1996, Firm performance and mechanisms to control agency problems between managers and shareholders [J]. Journal of Financial and Quantitative Analysis, 1996, 31 (3): 377-397.

[64] Anderson, C. A., Anthony, R. N. The new corporate directors: insights for board members and executives [M]. New York: Wiley, 1986, 4.

[65] Daily, C. M., Dalton, D. Separate, but not independent: board leadership structure in large corporations [J]. Corporate Governance: An International Review, 1997, 5 (3): 126-136.

[66] Barro J. R., Barro, R. Pay, performance, and turnover of bank CEOs [J]. Journal of Labor Economics, 1990, 8 (4): 448-481.

[67] Morck, R., Shleifer, A., Vishny, R. Management ownership and market valuation: an empirical analysis [J]. Journal of Financial Economics, 1988, 20 (1): 293-315.

[68] 章铁生, 徐德信, 余浩. 证券发行管制下的地方"护租"与上市公司财务困境风险化解 [J]. 会计研究, 2012 (8): 43-50.

[69] 赵丽琼, 柯大刚. 股权结构特征与困境公司恢复——基于中国上市公司的实证分析 [J]. 经济与管理研究, 2008 (9): 32-37.

[70] 赵丽琼. 高管报酬激励与困境公司的恢复 [J], 经济研究导刊, 2010 (36): 128-131.

[71] 李善民, 李珩. 中国上市公司资产重组绩效研究 [J]. 管理世界, 2003 (11): 126-134.

[72] 李秉祥. 我国上市ST公司财务危机的战略重组研究 [J]. 管理现代化, 2003 (3): 53-57.

[73] 杨天宇, 杨诶. 中国综合类上市公司盈利持续性研究 [J]. 湖北经济学院学报, 2009 (2): 77-82.

[74] 李孟鹏. 中国股市成年记: 1996 年 [R/OL]. 中国经济网, http: //finance. ce. cn/sub/stockage/2008.

[75] 倪中新, 张杨. 基于 Cox 比例危险模型的制造业财务困境恢复研究 [J]. 统计与信息论坛, 2012 (1): 15-20.

[76] 周俊生. 郭树清之问和IPO的制度困境 [C]. 国际金融报, 2012-02

-13(02).

[77] 吕长江,赵宇恒. ST公司重组的生存分析 [J]. 财经问题研究, 2007 (6): 86-91.

[78] 李哲,何佳. 支持、重组与ST公司的"摘帽"之路 [J]. 南开管理评论, 2006 (6): 39-44.

[79] 马磊,徐向艺. 中国上市公司控制权私有收益实证研究 [J]. 中国工业经济, 2007 (5): 56-63.

[80] 陈慧琴. 中国上市公司资产重组绩效之动态分析 [J]. 统计教育, 2006 (3): 30-33.

[81] 杨薇,王伶. 关于ST公司扭亏的分析 [J]. 财政研究, 2002 (4): 79-81.

[82] 李秉祥. ST公司债务重组存在的问题与对策研究 [J]. 当代经济科学, 2003 (5): 70-96.

[83] 赵丽琼. 财务困境公司的重组战略——基于中国上市公司的实证分析 [J]. 商业研究, 2009 (2): 193-196.

[84] 李增泉,余谦,王晓坤. 掏空、支持与并购重组——来自我国上市公司的经验证据 [J]. 经济研究, 2005 (1): 95-105.

[85] 侯晓红. 大股东对上市公司掏空与支持的经济学分析 [J]. 中南财经政法大学学报, 2006 (5): 120-124.

[86] 陈骏,徐玉德. 并购重组是掏空还是支持——基于资产评估视角的经验研究 [J]. 财贸经济, 2012 (9): 78-86.

[87] 陈矽. 中国股市场对股票交易实行特别处理(ST)的公告的反应 [J]. 当代经济科学, 2001 (4): 27-31.

[88] 王震. 上市公司被特别处理(ST)公告的信息含量与影响因素 [J]. 金融研究, 2002 (9): 61-71.

[89] 陈收,邹鹏. ST公司重组对股价波动的影响 [J]. 统计与决策, 2009 (16): 136-137.

[90] 刘黎,欧阳政. 中国ST公司资产重组绩效实证研究 [J]. 经济视角, 2010 (24): 44-46.

[91] 唐齐鸣,黄素心. ST公布和ST撤销事件的市场反应研究——来自沪深股市的实证检验 [J]. 统计研究, 2006 (11): 43-47.

[92] 孟焰,袁淳,吴溪. 非经常性损益、监管制度化与ST公司摘帽的市场反应 [J]. 管理世界, 2008 (8): 33-39.

[93] 陈收, 罗永恒, 舒彤. 企业收购兼并的长期超额收益研究与实证 [J]. 数量经济技术经济研究, 2004 (1): 110-115.

[94] 吕长江, 宋大龙. 企业控制权转移的长期绩效研究 [J]. 上海立信会计学院学报, 2007 (5): 48-56.

[95] 陈收, 张莎. 特别处理公司重组绩效评价实证研究 [J]. 管理评论, 2004 (12): 33-36.

[96] 赵丽琼. 我国财务困境公司重组摘帽的股价效应 [J]. 系统工程, 2011 (8): 46-55.

[97] 李善民, 朱滔. 中国上市公司并购的长期绩效——基于证券市场的研究 [J]. 中山大学学报(社会科学版), 2005 (5): 80-86.

[98] 张玲, 曾志坚. 上市公司重组绩效的评价及财务困境预测实证研究 [J]. 管理评论, 2003 (5): 48-51.

[99] 赵丽琼, 柯大钢. 我国财务困境公司的长期绩效研究——基于ST上市公司重组摘帽前后的实证分析 [J]. 山西财经大学学报, 2009 (2): 113-118.

[100] 陈晓, 陈小悦, 刘钊. A股盈余报告的有用性研究——来自上海、深圳股市的实证数据 [J]. 经济研究, 1999 (6): 21-28.

[101] 冯根福, 吴林江. 我国上市公司并购绩效的实证研究 [J]. 经济研究, 2000 (1): 54-61.

[102] 李善民, 史欣向, 万自强. 关联并购是否会损害企业绩效?——基于DEA-SFA二次相对效益模型的研究 [J]. 金融经济学研究, 2013 (3): 57-69.

[103] 和丽芬. 中国ST公司脱困路径研究 [M]. 北京: 中国社会科学出版社, 2015.

[104] 李杭. 上市公司资产重组与产业结构调整整 [D]. 武汉: 华中科技大学, 2004.

[105] 李维安, 李滨. 机构投资者介入公司治理效果的实证研究——基于CCGI[NK]的经验研究 [J]. 南开管理评论, 2008 (1): 4-14.

[106] 白重恩, 刘俏, 陆洲, 等. 中国上市公司治理结构的实证研究 [J]. 经济研究, 2005 (2): 81-91.

[107] 刘斌, 刘星, 李世新, 等. CEO薪酬与企业业绩互动效应的实证检验 [J]. 会计研究, 2003 (3): 34-38.

[108] 李瑞, 马德芳, 祁怀锦. 高管薪酬与公司业绩敏感性的影响因素——来自中国A股上市公司的经验证据 [J]. 现代管理科学, 2011 (9): 14-16.

后 记

本书为河北省人文社科基地研究成果和笔者 2014 年承担的河北省社会科学基金项目研究成果,项目编号:HB14GL055。

本书由河北经贸大学金融与企业创新中心研究撰写,由河北省人文社科基地基金资助。

感谢河北省人文社科基地对本书的资助,感谢西南财经大学出版社,感谢为本书的出版提供帮助的各位专家与学者。

和丽芬
2016 年 6 月